Menschliche Darsteller:

Timmi, 13 Jahre

Bernd, 47, leitender Bankangestellter, Vater von Timmi

Hilde, 43, Werbetexterin, Mutter von Timmi

Marion, 42, Schwester von Bernd, seit 15 Jahren verschwunden

Helga, 40, Freundin von Marion

Pia, 12, Tochter von Helga

Tierische Darsteller:

Etliche …

Montags verändert sich die Welt

Schon wieder so ein Montag, der einem mindestens die kommende Woche völlig verhagelt, dachte sich Timmi, als er auf die Minute genau um sieben Uhr die Haustürschlüssel suchte, vergeblich wie er feststellte … Ginge es nach ihm, würden Montage, vergessene Schlüssel und Klassenarbeiten verboten; er schnüffelte nach den untrüglichen Essensgerüchen, kochende Väter ebenfalls, schoss es ihm durch den Kopf, als er schellte. „Jetzt nicht!", rief Bernd, als es an der Tür bimmelte. Doch er gab nach, öffnete die Tür und musste grinsen, denn sein Sohn war nicht nur völlig vom Regen durchnässt, sondern zog auch den passenden Flunsch. „Na, hat Europas Fußballtalent das Ding auf dem Hals wohl doch nur für Kopfbälle, was? Ein eigener Schlüssel ist gut, aber nur, wenn man ihn nicht ständig vergisst, komm rein, mach dich fein und deck den Tisch, die Bratkartoffeln sind so gut wie fertig!" „Hi Daddy, jaja …!" Timmi zog sich die Schuhe aus und flüchtete in sein Zimmer. Bratkartoffeln, jeden Montag dasselbe Spiel, wenn seine Mutter mit ihren Freundinnen vom Tennisklub den „Damentag" zelebrierte. Da sie Bratkartoffeln hasste, sein Vater diese aber liebte, nutzte er den Montagabend zum Kartoffelnbraten, wie er dieses Ritual nannte.

Timmi deckte den Tisch, während sein Vater in der Küche hantierte. Gabel, Messer, Gläser, der einzige Vorteil an Mutters Damentag war die Cola, die ihm nur der Vater genehmigte, wahrscheinlich als Ausgleich für das Futter oder vielleicht auch nur für die etlichen Biere, die sein Vater ebenfalls immer montags trank.

„Guten Appetit, und erzähl doch mal, wie es in der Schule

so läuft!" Timmi verdrehte die Augen. Nicht nur die widerlichen Bratkartoffeln, nein, auch diese verhasste Frage gehörte unweigerlich zu diesem Ritual des Montagabends, welches das Haus der Familie Hecker wie eine biblische Plage wöchentlich heimsuchte. „Tja, die Schule", begann Timmi, während er angestrengt über die bestmögliche Präsentation seiner kläglichen Leistungen nachdachte, „hat viel von der Bundesliga, wie du weißt." Geschafft, so könnte für beide Fußballfans doch noch ein gemütlicher Abend beginnen, aber sein Vater ahnte Böses. „Ja, ich weiß schon, was kommt, der Schiri hatte Tomaten auf den Augen, das war 'ne Schwalbe, das war gar kein Abseits und so weiter! Trotz der Leier steigen sie am Ende der Saison ab und müssen mit der Schmach und dem kleineren Budget leben, weil die Werbeverträge zurückgezogen wurden, die Fernsehübertragungen wegfallen und die Fans auch nicht mehr wie der berühmte zwölfte Mann mit von der Partie sind, an der ‚Schweineliga' ist halt keiner interessiert. Also, Herr Hecker junior, ist der Klassenerhalt gesichert oder sind die Schwächen in den Disziplinen Mathematik, Chemie und Latein doch gravierender als Sie und ihre Werbepartner und Fans, also ihre Eltern es wahrhaben wollen?"

Mist, der wusste es eh, aber die aktuellen Zwischenstände, Mathearbeit und Lateintest, hätte Timmi doch lieber für sich behalten. „Nun, ja, wie Sie wissen, es waren schwere Spiele gegen knallharte Gegner …"

Just in diesem entsetzlichen Augenblick klingelte das Telefon. „Na, wer stört die Montagskonferenz?", brummelte sein Vater. „Bestimmt wieder Willi vom Tierschutzverein, der macht sich ja schon wieder ins Hemd, nur weil in acht Wochen das Sommerfest steigt." Er nahm ab: „Willi, altes Nervenbündel …!" Doch am anderen Ende der Leitung war jemand ganz anderes. „Bernd, bist du es? Ich bin nicht Willi, sondern deine Schwester!" „Marion??? Äh, hallo! Ich bin sprachlos, du lebst noch?"

Timmi spitzte die Ohren. Marion, etwa seine verschollene Tante? Die Tante Marion, von der auf Familienfeiern nur getuschelt wurde, die er noch nie zu Gesicht bekommen hatte? Er kannte sie nicht, dankte ihr aber schon mal für die äußerst willkommene Ablenkung. Wow, 'ne verschollene Tante, die absolut unerwartet das Montagsritual durchbrach.

„Wo bist du? In der Eifel? Aha …", hörte er seinen Vater. „Mensch, da bin ich platt … Äh, ja, das muss ich allerdings mit Hilde und Timmi, den du ja noch gar nicht kennst, absprechen. Hast du 'ne Nummer, ich melde mich morgen, versprochen! Freue mich, bis morgen!"

„Ich glaub das einfach nicht, ich hab jetzt seit fünfzehn Jahren nichts mehr von meiner Schwester gehört!" Die Irritation war seinem Vater deutlich anzumerken, der einen sehr tiefen Schluck nahm. „War das jetzt echt die Tante Marion, von der ihr mal irgendwann gesprochen habt? Die Tante Marion, die eigentlich in Südamerika oder in England im Knast oder sonst wo sein soll? Das glaub ich nicht …" „Doch, eben die, nur dass die jetzt bei ihrer Freundin in der Eifel hockt und uns für kommendes Wochenende eingeladen hat!" „Wow! Wo ist die Eifel? Wann fahren wir?" Timmi war Feuer und Flamme. „Na, die Eifel ist in NRW und die Einladung ist für das nächste Wochenende, aber da muss ich erst mal mit deiner Mutter sprechen."

Timmi überlegte kurz. „Nee, nächstes Wochenende geht nicht, da haben wir Meisterschaftsspiel, da können die nicht auf mich verzichten, und am Sonntag kommen die Essener. Für das Sonntagsspiel bei Holstein Kiel haben wir bereits die Karten. Lass uns dann das Wochenende fahren, bei fünfzehn Jahren kommt es auf die eine Woche wohl kaum an, Daddy."

Bernd überlegte ebenfalls kurz: „Stimmt, aber abwarten, was deine Mutter dazu sagt."

Der weitere Abend verlief nach Timmis Geschmack, die Schule war kein Thema mehr. Komischerweise wollte sein Vater aber auch nicht über Tante Marion reden und war recht schweigsam. Er protestierte auch nicht dagegen, dass Timmi den gesamten Abend chattete und im Internet surfte, der Tante sei Dank.

Befürchtungen oder Erwartungen

Was Timmi erstaunte, war die Einsilbigkeit seiner Mutter am nächsten Morgen, als er ihr erzählte, dass Tante Marion mit ihrem Anruf den gesamten Abend auf den Kopf gestellt hatte. „Das ist bestimmt spannend für dich, aber lass uns heute Abend eine kleine Familienkonferenz machen", war ihr einziger Kommentar. „Nee, nee, erst abtauchen und wenn alles erledigt ist, dann meldet sie sich", murmelte seine Mutter kaum hörbar für Timmi in sich hinein, der aber alles verstanden hatte und nun die Welt gar nicht mehr verstand. War er der Einzige, der sich über den Anruf freute? Was hatte die ihm unbekannte Tante ausgefressen? Er wusste nur, dass er sich immer einen Bruder gewünscht hatte und dass er, wenn er einen hätte, sich sehr darüber freuen würde, wenn sich dieser nach einer 15-jährigen Weltreise wieder melden würde. Nein, manchmal verstand er seine Eltern absolut nicht. Da seine Mutter völlig verstummt war, packte er seine Sachen und ging eher als nötig zur Schule, in der Hoffnung, vor der ersten Stunde noch eine Runde mit seinen Kumpels Fußball zu spielen.

Abends, Timmi kam aus eigener Kraft nach dem Fußball-Training ins Haus, hörte er seine Eltern aus der Küche. „Mensch Bernd, du malst das bestimmt wieder alles viel schwärzer als es ist, Marion hat sich bestimmt nicht nur wegen des Erbes eurer verstorbenen Eltern gemeldet!" „Welchen Grund sollte sie sonst haben, von Pusemuckel in die Eifel zu ziehen und sich von dort aus bei uns zu melden? Nächstenliebe? Pah, du kennst Marion doch auch noch, die heult eher einem verstorbenen Mistkäfer nach, als irgendeinem Menschen und seien es auch ihre Eltern! Wenn es nach ihr ginge, würde die komplette Menschheit ausradiert werden, damit Mutter Erde und die Tiere wieder in Frieden leben könnten!" „Vielleicht hat sie sich geändert. Bernd hast du noch dieselben Ansichten wie vor 15 Jahren?" „Nee, das nicht, aber ich glaube kaum, dass die alte Hexe was Gutes im Schilde führt!"

„Oh, hallo Timmi, na, spielst du wieder Eltern belauschen?" Mist, erwischt! Timmi hätte sich die beiden gerne noch ein bisschen länger angehört. „Öh, nö, hallo ihr beiden, bin gerade vom Training rein gekommen", erwiderte er scheinheilig. „Na gut", meinte seine Mutter, „dann zieh dich schnell um, wasch dir die Hände und mach dich beim Tischdecken nützlich, ja?"

„Yo!"

Scheinbar hatten seine Eltern ihre Ansichten geklärt, das zur Familienkonferenz umfunktionierte Abendessen verlief harmonisch und gesprächig. Seine Mutter hatte einen interessanten Auftrag erhalten, sein Vater hatte das Sommerfest des Tierschutzvereins von der Arbeit aus organisiert und Timmi hatte gestern den Vokabeltest in Latein immerhin mit einer Drei bestanden, eitel Sonnenschein bei Familie Hecker. Dies änderte sich auch nicht, als Timmi es nicht mehr aushielt: „Was ist denn jetzt mit Tante Marion?"

Sein Vater antwortete: „Nun, wie wir beiden gestern besprochen haben, kommt das nächste Wochenende aus sportlicher Sicht nicht infrage, aber das darauf folgende könnten wir für einen Ausflug in die Eifel nutzen."

„Allerdings müsstet ihr beiden ohne mich auskommen, weil ich für den neuen Auftrag nach Berlin muss, denn an dem Wochenende sind die beiden Chefs von Brilliant Hairs aus London da und die wollen unbedingt ihre neue Werbetexterin, also mich, kennenlernen." Sie machte eine, wie Timmi fand, recht alberne Kopfbewegung, über welche sein Vater gelassen hinwegsah: „Na gut, das ist kein Beinbruch, wir werden eh nur zum Mittag runterfahren und auf dem Rückweg noch kurz bei Heinz vorbeischauen. Den kennst du auch noch, der vom Kölner Tierschutzverein, die haben da irgendein Gerät, mit dem man Grillen und Tombola spielen kombinieren kann oder so. Klang ganz gut, und wenn ich eh da unten bin, kann ich auch gleich die Attraktion unseres Sommerfestes organisieren."

Timmi fand das zwar ganz gut, aber irgendwas fehlte: „Und warum habt ihr beide so komisch geguckt, als Tante Marion sich gemeldet hat?"

Beide zögerten einen Augenblick, seine Mutter fand eher ihre Sprache wieder: „Tja, sicher haben wir uns gefreut, mal wieder von ihr zu hören. Aber als Oma und Opa vorletztes Jahr nacheinander starben, da wusste die ganze Familie nicht, wo sie steckte oder ob sie überhaupt noch lebte … Das war schlimm."

Sein Vater ergänzte: „Tja, und dann war da ja auch das Erbe, also sie hätte auch Ansprüche gehabt, da ich aber gar nichts von ihr wusste, hat mein Steuerberater mich zum Alleinerben gemacht, obwohl ich unsicher war, denn eigentlich hätte ihr ja auch ein Teil zugestanden. Aber der Steuerberater meinte, solange sie sich nicht meldet, ist das in Ordnung. Und so haben wir nach einigen Überlegungen dieses Haus hier gekauft und jetzt meldet sie sich …"

Timmi glaubte zu verstehen: „Jetzt habt ihr ein schlechtes Gewissen, weil ihr auch das Geld von Tante Marion ausgegeben habt, richtig?"

Sein Vater hatte mittlerweile einen Gesichtsausdruck, der übelste Zahnschmerzen vermuten ließ: „Richtig. Ich habe meinen Steuerberater angerufen und ihm die neue Situation geschildert, er hat zwar versucht mich wieder aufzubauen, aber wenn es hart auf hart kommt, wird die Hütte hier um einiges teurer als geplant. Abgesehen von dem ganzen Stress."

Doch Timmi sah das als Einzelkind, das sich immer Geschwister gewünscht hatte, viel entspannter: „Na, Geschwister sind doch so was wie Freunde für das Leben, da kann man sich bestimmt einigen. Hat denn Tante Marion irgendwas gesagt?"

„Nein, das nicht, aber was nicht ist, kann ja noch werden", meinte sein Vater vielsagend.

Timmi, weder Kind noch Erwachsener, erkannte das typische Verhalten von Erwachsenen: Sie fürchten meistens nicht die Dinge an sich, sondern die Vorstellung von ihnen. Er wusste nicht, wo er diesen Spruch aufgeschnappt hatte, jedoch bewahrheitete er sich immer wieder. Wenn seine Eltern Tante Marion gern hätten, wäre ihre Reaktion trotzdem eine andere gewesen. So probierte er es noch mal: „Und deswegen zieht ihr, nachdem sie sich gemeldet hat, ein Gesicht als wäre das AKW Brunsbüttel in die Luft geflogen? Was hat

Tante Marion denn so Schlimmes angestellt?"

Gute Frage, fand Timmi, während seine Eltern verzweifelt nach einer passenden Antwort suchten. Würden sie all ihre Vorbehalte darlegen, gäbe es Diskussionen bis in die Nacht, würden sie die Frage ignorieren, hielte sie ihr Sohn für gefühlskalte Monster, würden sie …

Hilde brach zuerst das Schweigen: „Abgesehen von dem Schrott mit dem AKW, nein, sie hat uns nichts angetan. Nicht direkt, sie ist halt ganz ganz anders. Sie hat ihre Familie für verrückt erklärt und sich mit jedem angelegt, der … ihre fanatische Tierliebe kritisiert hat."

Aha, Timmis Gespür hatte ihn nicht getrogen, Erbe schön und gut, aber da war noch mehr.

„Fanatische Tierliebe? Was ist daran so schlimm? Daddy ist doch auch im Tierschutzverein?"

Sein Vater beeilte sich, den Fragenfluss seines Sohnes zu bremsen: „Man kann zu Tieren so oder so eine Einstellung haben und wir denken, dass Tiere für uns da sind und wir Tieren ohne Herrchen ein neues Zuhause geben sollten. Tante Marion sah das aber völlig anders und wollte, dass alle ihre Auffassung teilen, so mit Tiere sind nicht für uns da usw. Absolut weltfremd! Und dieser ständige Wille immer alles mies zu machen und von den anderen zu verlangen, dass sie es so bescheuert sehen wie Tante Marion. Krank!"

Seine Mutter ergänzte: „Einmal hat sie eine Geburtstagsfeier deiner Oma ruiniert, indem sie wieder mal alle überzeugen wollte. Das war keine Diskussion, das war einfach nur noch unverschämt. Zum Schluss schrie sie nur noch rum, das werde ich meinen Lebtag nicht vergessen! Was schrie sie noch mal? ‚Entweder seid ihr ein Teil der Lösung oder ihr seid ein Teil des Problems! Die Erde bedankt sich, wenn ihr verreckt!' Gütiger Himmel, ich dachte, die gehört in die Klapse. Grausam. Tja, nachdem sie so rumgeschrien hatte, verschwand sie und wir haben 15 Jahre nichts mehr von ihr gehört."

Sein Vater nickte: „Verstehst du jetzt, warum deine Mutter und ich nicht losjubeln, nur weil sich Tante Marion bei uns meldet?"

„Ja", musste Timmi gestehen, „das ist echt heftig. Was das mit Tierliebe zu tun hat? Aber egal, ich möchte sie trotzdem kennenlernen!" Insgeheim musste er bei der Vorstellung, eine dieser stinklangweiligen Familienfeiern mal so richtig aufzumischen, lachen. Respekt, jetzt wollte er diese Tante erst recht treffen!

„Ja, ich ruf mal an und frage, ob wir wie besprochen eine Woche später kommen können."

Wenig später kam er zurück. „Ja, das passt. Ihre Freundin verreist zwar auch an diesem Wochenende, aber das ist egal. Scheint so ein Alle-müssen-Verreisen-Wochenende zu sein." Damit war die Familienkonferenz beendet, die Reise zur unbekannten Tante beschlossene Sache. Gleichzeitig begann Timmis Fantasie immer wildere Blüten zu treiben, er fieberte dem Kennenlerntermin von Tag zu Tag stärker entgegen. Er spürte deutlich, dass sich eine Veränderung in seinem Leben ankündigte, obgleich er keine Vorstellung hatte, wie diese aussehen könnte.

Enthusiasmus oder Mittelmaß?

Die Zeit bis zur Reise verging schneller als Timmi befürchtet hatte, besonders das Wochenende war wirklich spannend. Die Essener hatten leider das Spiel gegen Holstein Kiel mit 3:1 gewonnen und damit den Aufstieg perfekt gemacht, schade für Kiel, aber den über 3000 mitgereisten Essenern gönnte er es schon ein bisschen, schließlich hatten sie ihre Mannschaft immer wieder nach vorne geschrien, besonders nachdem Kiel 1:0 in Führung gegangen war. Timmi war tief beeindruckt, so einen Enthusiasmus kannte er bisher nur vom Hörensagen, besonders die bengalischen Feuer, mit denen die Essener das Stadion ausleuchteten, obwohl das eigentlich streng verboten ist, hatten es Timmi angetan. Seit diesem Sonntag war er, auch wenn er es keinem erzählte, heimlicher Fan von RWE. Für ihn stand fest, dass er, wenn er im Ruhrgebiet leben würde, Dauerkartenbesitzer wäre. Noch wichtiger war ihm natürlich der eigene Sieg, jetzt war er mit seiner Mannschaft immerhin Bezirksmeister geworden, sogar die Zeitung hatte mit Foto berichtet. Die halbe Schule, einschließlich einiger Lehrer, gratulierte ihm, was ihn ziemlich stolz machte, auch wenn er es nicht zugab. Auch sein Vater war mächtig stolz auf ihn und erlaubte ihm daher, bei EBay auf die neuesten Adidas-Fußballschuhe, nämlich die von David Beckham, mitzubieten. Tatsächlich, er war der Höchstbietende! Schon Ende der Woche wurden die Schuhe geliefert, Timmi platzte beinahe vor Stolz, erst die eigene Meisterschaft, dann das Erlebnis in Kiel und jetzt auch noch die originalen Schuhe seines absoluten Idols, wow!

Auch auf den Besuch der Tante hatte er sich vorbereitet, was er auch niemanden anvertraut hatte, denn er hatte heimlich, während seine Eltern arbeiten waren, in den alten Fotos seines Vaters geschnüffelt, er wollte sich unbedingt vorab ein Bild von seiner Tante machen. Mit dem dazugehörigen pochenden Herzen kramte sich Timmi durch die alten Fotos, viele ganz alte in schwarz-weiß auf denen sein Vater und seine Schwester noch Kinder waren, hauptsächlich Bilder von Weihnachtsfeiern. Dann noch ein paar andere und die scheinbar neuesten Fotos getraute er sich kaum genauer anzuschauen – sie waren offenbar an einem Nacktbadestrand aufgenommen! Mal saß seine Mutter neben Tante Marion, mal sein Vater. Potz Blitz, FKK-Bilder von seinen Eltern! Das hätte er seinen bestimmt sehr netten, aber eben auch etwas spießigen Eltern nicht zugetraut. Er drehte eines der Bilder um, Rügen 1990 stand dort in Mutters akkurater Schrift. Timmi überlegte kurz, die Bilder mussten etwa drei Jahre vor seiner Geburt aufgenommen worden sein. Er sah sich die Bilder noch mal an, nach kurzer Zeit gelang es ihm, sich fast nur auf die Gesichter zu konzentrieren, obwohl die nackten Körper, besonders der von Tante Marion, um seine Aufmerksamkeit buhlten. Die Ähnlichkeit zwischen seinem Vater und Tante Marion war unübersehbar, beide hatten stechende blaue Augen, sehr ähnliche schmale Nasen und ein spitzes, leicht nach vorne fliehendes Kinn. Durchaus attraktiv alle drei, fand er, besonders aber die unbekannte Tante. Timmi packte sämtliche Fotos sorgfältig in die jeweiligen Beutel und verstaute den Karton haargenau so in den Kleiderschrank seines Vaters, wie er zuvor dort gewesen war, schließlich sollte sein Vater nicht merken, dass Timmi geschnüffelt hatte. Nun konnte er sich zumindest ein Bild von seiner Tante machen, wenn auch die Fotos älter waren und zusätzlich noch seine Eltern in einem neuen Licht dastehen ließen.

Trotz aller durchaus willkommenen Ablenkung wuchs Timmis Spannung tagtäglich und am Samstag, dem Tag vor der Fahrt zur Tante, wurde sie unerträglich. Glücklicherweise fand er im Internet einen Live-Stream, so konnte er seiner neuen heimlichen Leidenschaft, den Essenern frönen. Wahnsinn, 19 000 im Georg-Melches-Stadion, davon gerade mal knapp 1000 Gäste aus Oberhausen, die Zeugen wurden, wie ihre Mannschaft von RWE auseinander genommen wurde. Der Sieg von den Essenern war hoch verdient und hätte auch noch besser ausfallen können, obwohl ein 5:0 schon deutlich ist.

Beim Abendessen war die bevorstehende Fahrt kaum ein Thema, nur die frühe Abfahrt erläuterte der Vater mit den knappen Worten: „Eigentlich müssten wir Wetten dass..? heute streichen, denn wir müssen morgen früh um 5 Uhr losfahren! Also, keine Diskussion, wenn es ins Bett geht, okay?" „Daddy, du hast leider übersehen, dass ich die gesamte Fahrt über schlafen kann – im Gegensatz zu Dir!" Sein Vater schaute Timmi zerknirscht an: „Da hast du recht, also erspar mir heute Abend bitte jegliche Diskussion, ja?" Zwischendurch rief noch seine Mutter aus Berlin an, sie versuchte Bernd davon zu überzeugen, dass ein Geschäftstermin mit zwei männlichen Geschäftsführern nichts Verwerfliches sei, vergeblich. Timmi wusste nicht, was sein Vater befürchtete, aber er war so gedankenverloren, dass er noch nicht mal mehr den Wetten von Thomas Gottschalk folgen konnte. Nicht weil er müde war, mehr um seinem Vater unnötigen zusätzlichen Ärger zu ersparen, ging Timmi nach der Sendung folgsam ins Bett. Während er dort einzuschlafen versuchte, fielen ihm die Aussagen ein, die von Tante Marion stammen sollten: „Entweder du bist ein Teil der Lösung oder du bist ein Teil des Problems!" Okay, sehr kompromisslos, aber der Gedanke hatte irgendwas. Es war ihm zwar rätselhaft, worin das Problem bestand und wie die Lösung, derer man ein Teil sein sollte, aussehen könnte, aber der Spruch hatte was. „Die Erde bedankt sich, wenn ihr verreckt!" Uff, das war strong! Wer ist diese Erde, galt diese Drohung auch ihm, einem noch 13-jährigen Jungen, der sich nicht entsinnen konnte, je etwas wirklich Böses getan zu haben, nun ja, mal abgesehen von so Detektiv-Spielchen wie letzte Woche, geschweige denn dieser Erde. Nein, wahrscheinlich war er nicht gemeint, hoffte er. Mit einem Mal fiel ihm ein, was ihn besonders an der ersten Aussage so faszinierte. Jemand der so etwas sagt, der kämpft wirklich für etwas, der sagt nicht so lala Ja. Nein, so jemand ist absolut entschieden nichts und niemanden hinzunehmen, der dem Ziel im Weg steht. Ihm fielen die Essener Fans wieder ein und jetzt wusste er, warum er sie so bewunderte: Die Kieler waren so Lalas, die nach einem 0:1 den Kopf in den Sand gesteckt hätten, das wusste er aus Erfahrung, die Essener wurden da erst richtig laut, feuerten ihre Mannschaft an, als wenn sie 15:0 führen würde. Das übertrug sich auf den Platz und das Ergebnis war bekannt, aber ohne diese kompromisslosen Fans wäre das nie geschehen, da war Timmi sicher. Er erinnerte sich an die verächtlichen Kommentare seines Vaters, als die Essener Fans richtig aufdrehten, für ihn waren das „Hooligans", „Chaoten" und „Abschaum", nur weil sie ihre Meinung vertraten und sich nicht vorschreiben ließen, wie sie den Sieg zu feiern hätten. Klar, ein langweiliger Lala-„Fan" konnte mit so einer kompromisslosen Haltung nichts anfangen – und ein solcher war sein Vater leider auch. Dementsprechend wollte er ihn auch zu einem solchen Lala erziehen – und konnte mit seiner Schwester nichts anfangen und das Problem wie auch die Lösung dessen war nebensächlich, es ging um die Einstellung zum Leben. Jetzt galt nur noch herauszufinden, worin Tante Marion das Problem sah und wie die Lösung aussehen könnte – und ob sie nicht auch mittlerweile zu einem Lala-Typen geschrumpft war. Timmi hoffte inständig, später auch ein Kämpfer zu werden und schlief ein. Im Traum rannte eigentümlicherweise eine attraktive nackte Frau mit einer übergroßen RWE-Flagge an einem Strand entlang und sang die ganze Zeit „Nur der ERWE–EE!" …

Am nächsten Morgen oder, wie Timmi fand, noch mitten in der Nacht, fuhren sie wie geplant los. Nachdem sie Hamburg hinter sich gelassen hatten, wollten sie an einer Raststätte frühstücken. Auf dem Parkplatz standen zwei sehr große LKW, die auf zwei Etagen über und über mit Schweinen beladen waren. Es herrschte dort eine unvorstellbare Enge und einige Schweine grunzten laut, andere schienen zu schreien. Timmi war mit einem Schlag hellwach. Er hatte von Tiertransporten mal am Rande in den Nachrichten gehört, aber live hatte er noch keine erlebt. Das war ja grässlich! „Schau mal, Daddy, die armen Schweine dort in den LKW! Die haben ja gar keinen Platz dort drin, sieh mal dort liegt eins an den Gittern und die anderen trampeln auf ihm herum!" Sein Vater warf einen kurzen Blick zu den LKW und den danebenstehenden Fahrern, die ebenfalls eine Frühstückspause machten. Ihnen schien der grauenvolle Anblick ihrer LKW weder den Appetit, noch die Laune zu verderben. Während dort ein hilfloses Schwein von den anderen zu Tode getrampelt wurde, machten sie Scherze und lachten dabei! „Tja, Tiertransporte", grummelte sein Vater nur. „Daddy, wo fahren die denn hin?", wollte Timmi wissen. „Weiß ich nicht", murmelte sein Vater. „Ich frag mal eben die Fahrer!", sagte Timmi und war auch schon bei ihnen. „Äh, Entschuldigung, könnten Sie mir mal sagen, wo Sie die Schweine hinbringen?" Die Fahrer guckten Timmi erstaunt an. „Na, kleines neugieriges Mann", begann einer von ihnen, unüberhörbar ein Holländer, „dieses Schweine fahren erst nach Frankreich und dann weiter nach Monaco." Mit einem Grinsen fügte er hinzu: „Das nämlich reiche Glücksschweine sind, Fürst Albert und seine ganzen Frauen, hahaha!" Der andere Fahrer lachte und ergänzte: „Weißt du, die fahren Urlaub, so mit Etepetete spielen im Kasino und Champagner am Strand, hahaha!" Timmi hatte genug gehört, drehte sich grußlos weg und ging zu seinem Vater zurück. „Mir ist der Hunger vergangen, lass uns bitte weiterfahren!" Bernd war etwas verärgert, er hätte Timmi bestimmt nicht erlaubt, die Fahrer anzusprechen und jetzt musste er auf sein wohlverdientes Frühstück verzichten. „Okay", nickte er nur kurz und sie fuhren schnell weiter. Timmi schaute noch mal angewidert zu den LKW. Im Rückspiegel beobachtete Bernd seinen schweigsamen Filius. Na, ist halt doch ein Sensibelchen, mein kleiner Fußballer, dachte er sich. Er studierte den ihm unbekannten Gesichtsausdruck von Timmi, keine Spur von Lächeln, dafür umso mehr Zorn, gepaart mit etwas Entsetzen und gewürzt mit einer Entschlossenheit, die Bernd verunsicherte. Sein Sohn veränderte sich, das war ihm klar. Sollte Timmi womöglich, es war ja nicht völlig auszuschließen, ein ähnliches Fanatismus-Gen wie seine Schwester Marion von wem auch immer geerbt haben? Erst Timmis Begeisterung für diese völlig idiotischen sogenannten Fans aus Essen, wie nannten sich diese abscheulichen Hooligans noch, „Ultras Essen", genau, und nun noch dieser Gesichtsausdruck, der Bernd erschauern ließ. Er wusste, dass ein Dreizehnjähriger leicht, aber eventuell auch nachhaltig zu beeindrucken ist. Er fragte sich, ob dies wirklich der richtige Zeitpunkt war, Timmi mit seiner Schwester bekannt zu machen, aber das ließ sich wahrscheinlich nicht mehr ändern. Timmi hingegen fragte sich, was ihn mehr aufregte: Diese Quälerei von den armen Schweinen, die blöden Kommentare der Fahrer oder die Gleichgültigkeit seines Vaters, ihn schienen die LKW nicht zu verärgern, er nahm es einfach ganz gelassen hin! Typischer Fall von Lala-Wischiwaschi-Haltung, wohingegen sich Timmi fragte, weshalb es eigentlich, laut seinen Eltern, verboten ist, so Typen wie diese beiden Fahrer gehörig zu verprügeln. Timmi stockte, denn eigentlich war ihm jegliche Gewalt absolut zuwider, er hatte sich noch nie geprügelt, wie kam er auf einmal auf solche Ideen?

Nach einiger Zeit fuhr Bernd erneut auf einen Rastplatz. „So, genug geschmollt, jetzt gibt es Frühstück!" Timmis Laune hatte sich etwas gebessert und nach zwei Schokocroissants und einem Pott Kakao war seine Welt fast wieder in Ordnung.

Als sie weiterfuhren, wirkte das Frühstück in Kombination mit Bernds bevorzugter klassischer Musik wie ein Schlafmittel, innerhalb kürzester Zeit war Timmi eingeschlafen. Im Traum sah er das größte Feuer, dass man sich vorstellen konnte. Gelegentlich schien in dem Feuer etwas zu explodieren und brennende Teile flogen durch die Luft. Auch freudiges Jubeln hörte er, es kam von einer Menschenansammlung, die in der dunklen Nacht von dem riesigen Feuer angestrahlt wurde. Timmi erkannte, dass dort LKW, leere Tiertransporter, brannten und explodierten und die Menschen machten keinerlei Anstalten den riesigen Feuerball zu löschen, stattdessen standen sie dort und jubelten … Die Szene verschwamm und mit einem Mal erblickte Timmi ein grässliches grünes, haushohes Monster, das triumphierend ein verzweifelt blökendes Lämmchen in seinen gewaltigen Pranken hielt. Eine junge Frau, mit einer weißen Toga bekleidet, stellte sich dem Ungeheuer in den Weg. Es glupschte die Frau aus seinen eitrigen Augenhöhlen fragend an. „Sei ein Teil der Lösung und gib mir das unschuldige Lamm, bevor du verreckst!" Die weiße Frau schrie weiter auf das Ungetüm ein: „Gib mir das Lamm! Verrecke! Gib mir das Lamm!" Das Ungeheuer bekam lila Pocken, der Eiter quoll aus den Augenhöhlen, langsam löste es sich auf. Es brach nach vorne, hielt aber das Lämmchen schützend in die Höhe. Die Frau lief zu dem Lämmchen, entriss es den sich auflösenden Händen und sprang mit einem gewaltigen Satz aus der Lache aus Schleim und Eiter – den einzigen Überresten des Monsters. Das Lämmchen leckte ihr dankbar über das Gesicht.

„Hecker?", hörte Timmi seinen Vater, der ans Telefon gegangen war. Langsam öffnete Timmi die Augen, realisierte, wo er sich befand. Puh, seine Träume der letzten Zeit durfte er auf keinen

Fall seinen Eltern erzählen, die würden ihm glatt die Computer-Spiele verbieten. Obwohl das völliger Quatsch wäre, schließlich explodieren bei seinen Spielen keine LKW, und Monster aus Schleim mit Lämmchen auf den Armen existieren dort ebenfalls nicht. Aber sicher ist sicher, was Daddy nicht weiß, macht ihn nicht heiß und immerhin hatte die Frau im Traum eben etwas an! „Okay, mach's gut, bis später, tschau!" Sein Vater hatte das Telefonat beendet. Timmi blinzelte nach draußen: „Daddy, ist es noch weit?" „Oh, ausgeschlafen, junger Mann? Nee, wir sind gerade an Köln vorbei, ich würde vorschlagen, dass wir noch schnell einen Kaffee trinken, bevor wir uns auf die Landstraße begeben."

Direkt nach der kurzen Kaffeepause verließen sie die Autobahn und fuhren auf immer kleiner werdenden Straßen durch die grüne hügelige Einsamkeit. „So, nach dem nächsten Dorf müssten wir endlich da sein. Kaum zu glauben, dass hier im Niemandsland jemand lebt!" Timmi verstand seinen Vater mal wieder nicht, denn für ihn war das genauso Pampa wie die Gegend in der Kieler Förde, ihrem Zuhause. Grüne Einöde, im Gegensatz zur heimatlichen nur durch Hügel, schon beinahe kleine Berge, unterbrochen. Nachdem sie durch ein weiteres kleines Dörfchen gefahren waren, bogen sie links in einen befestigten Feldweg ab, der tief in ein immer engeres Tal führte, um dann steil den einen der beiden dicht bewaldeten Hügel hinaufzuführen. „Mist, wo jagt die uns hin!" Bernd war überzeugt, dass sie sich verfahren hatten oder eine falsche Wegbeschreibung erhalten hatten, oder wahrscheinlich beides zugleich. „Und wenden kann man hier nicht, Mist! Fragen kann man

auch niemanden, hier ist ja nichts. Himmel, Arsch und Zwirn!"
Timmi war baff. Sein ach so oberkorrekter Daddy konnte flu-
chen, aha!

Zu Besuch bei der unbekannten Tante

Bernd raste den Weg entlang und nach einer engen Kurve erreichten sie eine Lichtung, in die ein kleines Fachwerkhäuschen sowie zwei Stallungen eingelassen waren. Timmi war überwältigt, das war ja klasse hier! Am Ende der doch größeren Lichtung waren Felder und Weiden, ein Bach rauschte hinter einem der Ställe entlang und das Häuschen war gar nicht so klein. Es hatte einige An- und Umbauten erlebt, scheinbar war das Häuschen jahrhundertelang von einer an die nächste Hexe weitergegeben worden und jede schien durch die Zugabe eines Balkons, eines Erkers oder zumindest zusätzliche Dachfenster jeweils ihre Individualität ausdrücken zu wollen. Timmi wäre nicht erstaunt gewesen, wenn jetzt ein großes grünes Monster oder eine nackte Frau erscheinen würde, denn er war fest davon überzeugt, dass er mal wieder träumte. „Na, das ist ja mal eine Überraschung!", murmelte Bernd. Er stellte den Wagen vor der Haustür ab, welche sich öffnete, als sie ausstiegen. Aus dem Haus stürmte ein Rudel Hunde laut bellend auf Bernd und Timmi zu. „Entschuldigt, ich konnte die Bande nicht aufhalten, aber die wollen euch nur begrüßen, keine Panik!" Die Stimme kam von der Frau in der Haustür, unverkennbar Tante Marion. „Arkor, Hektor, Herbert und Guste, hierher, sofort!", herrschte sie nun die Hunde an, die äußerst neugierig Bernd und seinen Sohn beschnupperten. Beide waren erstaunt, wie gehorsam die Bande von ihnen abließ und ins Haus trottete. „Hallo Bernd, schön dich zu sehen!", begrüßte sie ihren Bruder. „Und du bist also Timmi!" Sie musterte ihn kurz: „Na, eigentlich bist du ja eher schon ein Tim, oder?" Sie schenkte ihm ein bezauberndes Lächeln. Timmi wusste nicht, wie er reagieren sollte, nur dass sie um einiges hübscher als auf den Fotos war. „Bevor ich euch ins Haus bitte, habt ihr Angst vor Hunden? Dann müsste ich sie nämlich eben in einem anderen Zimmer parken, denn die wollen natürlich gucken, wer ihr Haus betritt. Aber eigentlich sind die nur ein bisschen bekloppt und völlig verschmust, wie ihr wollt …“ Bernd schaute Timmi fragend an: „Nee, nee, lass die mal schön hier, wir werden uns schon verstehen, nicht wahr, Timmi?“ Bernd wusste, dass sein Sohn ein Faible für Hunde hatte. „Gut, dann herein mit euch und lasst euch nicht irritieren, dass die sich jetzt wie Türsteher in einer Disco aufführen.“ Sie folgten Marion in ein behagliches Wohnzimmer, beobachtet von vier Hundeaugenpaaren und einigen Katzen.

„Wollt ihr 'n Kaffee – oder was anderes?“

„Ja, für mich gerne Kaffee.“

Timmi blickte zu seinem Vater, doch der verbannte Timmis Hoffnung ins Reich der Utopien: „Und für Timmi eine Saftschorle, falls es keine Mühe macht!“

„Birne? Apfel? Oder Maracuja?“, fragte Tante Marion zurück. Na, dafür, dass mein Herr Vater mir den freien Willen versagt, habe ich zumindest freie Wahl beim Saft, dachte sich Timmi und entschied sich für die ihm gewagt erscheinende Kombination Birne-Maracuja.

Marion kam mit einem großen Tablett ins Wohnzimmer und setzte sich in einen Sessel, den eine Katze nur widerwillig freigab, gegenüber ihrem Besuch. Timmi musterte sie möglichst unauffällig, seine Tante gefiel ihm noch besser als auf den Fotos. Klar, sie war etwas älter geworden, sah aber jünger aus, die Haare waren lang und lockig, vor längerer Zeit musste sie diese gefärbt haben, anders war der Mix aus blond, Henna rot und gräulich nicht erklärbar. Ihr Gesicht war wettergegerbt mit beeindruckenden Lachfalten. Aus ihren blauen Augen strahlte pure Lebensfreude. Sie war völlig ungeschminkt und trug ein dünnes, etwa knielanges Sommerkleid, das ihre schlanke Figur umspielte und gleichzeitig erahnen ließ. Wie sie nun mit übereinandergeschlagenen Beinen dasaß, wirkt sie wie ein junges Mädchen, das sich bewusst ist, viel Bein zu zeigen und gleichzeitig hofft, zu gefallen. Ihre Freundlichkeit wirkte echt. Bernd fielen einige Kommunikationsstrategien aus einer seiner Fortbildungen ein, wer das Gespräch eröffnet, hat beste Aussichten zu gewinnen, war eine.

„Marion, wie kommen wir zu der Ehre? Ich meine, natürlich freue ich mich wirklich, dich nach so langer Zeit wieder zu sehen, aber …?"

Marion lächelte: „Tja, ich ahne, was kommt: Wo warst du, warum, usw."

„Ja, in der Art, obwohl, das klingt zu sehr nach Kreuzverhör", warf Bernd schnell ein.

„Hm." Tante Marion schien zu überlegen, während sie einem der Hunde den Nacken kraulte. „Tja, wie soll ich anfangen. Also, den modernen Kommunikationsmedien sei Dank, weiß ich einiges, zum Beispiel, dass wir seit vorletztem Jahr Vollwaisen wurden und dass unsere Eltern beide immerhin einen schnellen und schmerzlosen Tod erleben durften."

Bernd stockte. „Äh, ja, im Großen und Ganzen schon."

„Und nun glaubst du, dass ich mich wegen des Erbes bei euch gemeldet habe, richtig? Ich hab doch gemerkt, wie erschrocken du am Telefon warst. Machen wir es kurz: Lass mich raten, euer neues Haus ist ein Resultat des Erbes, weil du nicht wusstest, ob ich überhaupt noch bin, richtig? Sei beruhigt, nichts liegt mir ferner, als eure neue Idylle zu stören, okay?"

Bernd war perplex. Timmi staunte ebenfalls: Wow, Tante Marion war wirklich genau so tough, wie er erwartet hatte. Nicht lange um den heißen Brei herumreden, sondern direkt sagen, was Sache ist.

„Uff, jetzt bin ich platt! Ich hatte befürchtet, ich müsste dir jetzt alles schonend beibringen, dabei weißt du längst alles. Tja, Mutter ist eines Morgens nicht mehr aufgewacht und Vaters Herz wollte nicht mehr, der Kummer hat ihn aufgefressen. Ein halbes Jahr nach ihrem Tod erlag er einem plötzlichen Herzinfarkt, er hatte vorsorglich schon auf eine Grabstätte für Ehepaare bestanden …"

Marion sah ihren Bruder betroffen an: „Halte mich bitte nicht für herzlos, aber ich bin froh, dass es so gekommen ist, heutzutage müssen ja viele alte Menschen nahezu um Erlösung betteln."

„So gesehen hast du recht, aber es war trotzdem schwer und dann noch die Unsicherheit, was mit dir ist …"

„Tut mir leid, ich habe das erst erfahren, als Vater schon tot war, per Mail von einer Bekannten aus Kiel, die hatte eure Anzeige in der Zeitung gelesen. Ich war zu dem Zeitpunkt noch im Dschungel von Costa Rica und hatte kurz vorher einen kleinen Knoten in meiner linken Brust festgestellt."

„Und?", platzte es aus Timmi heraus.

„Ich habe Glück gehabt. Ich habe von Helga erfahren, dass es hier in Köln einen Arzt gibt, der auf Brustkrebs spezialisiert ist und dass dieser in der Regel nur operiert und ansonsten bereits erprobte Alternativen verwendet, der beteiligt sich also nicht an diesem Forschungswahn seiner Berufskollegen, die im Namen des medizinischen Fortschritts Abertausende Tiere foltern und morden. Wie gesagt, ich habe Glück gehabt, der Brustkrebs war noch im Anfangsstadium und konnte operativ entfernt werden, ich bin wieder zu hundert Prozent gesund!"

Bernd schaute sie irritiert an: „Das ist schön, aber wenn man dich so hört, scheinst du dich gar nicht verändert zu haben. Du klingst immer noch so militant wie früher!"

„Mmh. Na ja, soo militant war ich eigentlich nie, konsequent schon eher. Damit haben viele Leute ein Problem und dann werten sie das Engagement halt sprachlich ab, sie diffamieren jemanden als fanatisch, extremistisch oder eben militant. Das ist meistens ein ungerechtfertigter Versuch, sich erst gar nicht mit vernünftigen Argumenten auseinanderzusetzen, denn über solche können Extremisten ja nicht verfügen. Du scheinst dich auf jeden Fall keinen Millimeter weiter entwickelt zu haben. Entschuldige, ich wollte dich eigentlich nicht angreifen, das war ein Reflex."

„Okay, angenommen, aber geantwortet hast du nur indirekt."
Marion schaute die beiden fragend an: „Ich weiß nicht, was du hören möchtest, allerdings, was ich dir bestimmt nicht sage, nämlich, dass der Mensch in meinen Augen über den Tieren steht oder so ein Quatsch. Andererseits habe ich sehr viel erlebt und ich bin um einiges nachdenklicher geworden, ich glaube zu wissen, dass es Schwarz und Weiß gibt und dass dazwischen

10 000 Grautöne zu finden sind, die von den meisten Menschen aus Bequemlichkeit übersehen werden, denn das Leben wird nicht leichter, wenn man weiß, dass Entweder und Oder nur zwei von 10 000 Optionen sind."

Timmi kam nicht mehr ganz mit: „Klingt kompliziert."

Marion lächelte ihn an: „Ist es auch, leider. Einfache Wahrheiten verkaufen sich besser, nur sind sie fast immer nur ein Teil des Ganzen. Na ja, ich kürz diesen philosophischen Exkurs mal ab, meine Einstellung hat sich nicht grundsätzlich verändert, Bernd, aber ich bin mittlerweile bereit, mich mit anderen Ansichten, wenn sie vernünftig dargeboten werden, auseinanderzusetzen. Und dass Deutschland die Hölle für Tiere ist, glaube ich auch nicht mehr, es scheint mir aber auch noch nicht das Paradies zu sein, okay?"

Eine dicke graue Katze ließ sich von der Sofalehne auf Timmis Schoß gleiten und quittierte seine Streicheleinheiten mit inbrünstigem Schnurren, was ihn beruhigte. Er kannte Katzen eigentlich nicht, aber er schien alles richtig zu machen. Marion schmunzelte, sie hatte gesehen, wie Felix, der Kater, Timmi vom Sideboard hinter dem Sofa aus minutenlang beobachtet hatte, bevor er sich dem Jungen angenähert hatte. „Du bist ein Auserwählter!", sagte sie zu Timmi. „Denn normalerweise ist Felix total scheu und hält von Menschen absolut nichts. Ich bin seit einiger Zeit hier und von niemandem ließ er sich bisher streicheln!"

Einen Augenblick lang schwiegen alle drei, nur Felix genoss weiterhin gut hörbar Timmis Hände. Marion funkelte ihre Gäste unternehmungslustig an: „Was haltet ihr von einer kurzen Haus- und Hofführung?" „Ja, zeig uns mal, wo du hier untergekommen bist.", forderte Bernd seine Schwester auf. Felix bemerkte, dass auch Timmi aufstehen wollte, hielt dies aber für eine sehr schlechte Idee und krallte sich demonstrativ im Pullover fest. „Ähm, Tante Marion, wie bekomme ich dieses Tier wieder von mir los?", fragte er hilflos. Bernd lachte, Marion auch: „Tja, vielleicht gar nicht mehr. Normalerweise steht man einfach auf, aber in diesem speziellen Fall weiß ich das auch nicht genau, wie gesagt, ich erkenne diesen Kater nicht wieder, so anhänglich, wie der ist …!" Timmi erhob sich kurzerhand, wenn auch sehr vorsichtig. Felix maunzte protestierend und sprang auf den Boden. Timmi hätte schwören können, dass dieser Kater gerade äußerst unflätig fluchte.

„Nun, das Wohnzimmer kennt ihr ja bereits, dies hier ist die Küche, das eigentliche Zentrum des alltäglichen Geschehens." Sie zeigte in eine recht große, rustikale Wohnküche und ging weiter in die Diele, mittlerweile verfolgt von vier Hunden und einem Kater. „Wie alt ist dieses Haus eigentlich?", wollte Timmi wissen. „Keine Ahnung, mindestens 300 Jahre." Sie erklomm eine knarrende Treppe. „So, hier haben wir die Wohn- und Schlafräume von Helga und ihrer Tochter Pia und meinen Raum", sie stieß die Tür auf. „Nett, nicht?" Ja, ganz nett dachte sich Timmi, aber von außen sah das Haus spektakulärer aus. Das nächste Stockwerk war nur zur Hälfte ausgebaut, ein großzügiger, relativ leerer Raum, die andere Hälfte ein typischer Dachboden mit Wäscheleinen und noch typischerem alten Krempel.

Wieder im Erdgeschoss trat Tante Marion vor die Tür, die Sonne hatte die Luft angenehm erwärmt. „Aha, deinen Geschmack für schicke Autos hast du auch nicht verloren, wie ich sehe." „Ach ja, ganz nett das Ding, habe ich extrem günstig bekommen. Für Urlaubsreisen fast noch zu klein, noch schlimmer ist aber, dass er kein Navi hat. Um ein Haar hätten wir dich hier nicht gefunden!" „Alter Angeber!", dachte Timmi. Ganz nett, ha! Als sein Vater mit der Karre vor drei Monaten aufkreuzte, hatte er sich aufgeführt als wäre er der König von Sylt, mindestens. Angeber-Auto!

„So, da drüben haben wir einen Stall und einen Heuschuppen. Das Ganze hier war ja bis in die siebziger Jahre noch ein kleiner landwirtschaftlicher Betrieb." Aber jetzt habt ihr keine Kühe mehr oder so?", wollte Timmi wissen. „Nee, Tiere zu wirtschaftlichen Zwecken hat Helga nicht, das sind alles, wenn man so will, unnütze Fresser!", lachte sie. „Die Einzigen, die zumindest Danke sagen, sind die Hühner im Garten. Die legen immerhin noch ein paar Eier, wenn sie einen guten Tag haben. Die ganzen anderen, ich glaube vier Pferde, zwei Hängebauchschweine, eine Ziege, ein Esel und irgendwas habe ich jetzt bestimmt wieder vergessen, die sind allesamt mehr oder minder durch Zufall hier. Die sollten alle schon längst getötet werden und Helga bietet ihnen jetzt ein Gnadenbrot."

Bernd runzelte die Stirn: „Komischer Zufall, kannst du das näher beschreiben?"

„Nun, die Einzelschicksale kann Helga bestimmt besser erklären. Aber das Prinzip ist immer dasselbe: Irgendwelche Tierschützer erfahren von einem gravierenden Missstand und möchten die Tiere da rausholen. Diese müssen natürlich irgendwo untergebracht werden und Helga ist halt eine von vielen Pflegestellen, die Tiere annehmen, die von den traditionellen Tierschutzvereinen entweder vernachlässigt werden oder die in den Tierheimen einfach nicht ihrer Art gemäß versorgt werden können."

„Na ja, vernachlässigt klingt übertrieben, aber mit dem Platz, da hast du recht. Hängebauchschweine, Esel usw. könnten wir in unserem Tierheim beim besten Willen nicht unterbringen. Klasse!"

„Und wo sind die Tiere jetzt, im Stall?", wollte Timmi wissen.

„Nein, jetzt im Sommer sind die immer draußen auf den Weiden, die Ställe sind nur das Winterlager."

Bernd überlegte: „Wie gesagt, das finde ich echt gut, aber wie finanziert deine Freundin das Ganze? Ich weiß aus unserem Tierheim, was das alles kostet, Futter, Tierarzt, nicht zuletzt Pacht, etc., das läppert sich ja doch ganz schön. Mit Idealismus alleine klappt das leider nicht."

Marion sah ihren Bruder vorwurfsvoll an: „Jaja, einmal Buchhalter, immer Buchhalter, was? Ich kenne deine Devise: Geld ist nicht alles, aber ohne Geld ist alles nichts! Aber mach dir keine Sorgen, Helga ist clever und hat auch das Glück des Tüchtigen. Sie hat vor einigen Jahren einen kleinen, gemeinnützigen Förderverein gegründet, dessen alleiniges Ziel die Unterhaltung des Gnadenhofes ist. Dieser Verein ist in allen umliegenden Dörfern bekannt und wird von vielen unterstützt. Eines der Vereinsmitglieder ist praktischerweise auch Tierarzt, so entfällt ein Großteil der Kosten, die du gerade meintest. Abgesehen davon wird Helga auch von einigen praktisch unterstützt, zum Beispiel, wenn etwas an den Ställen repariert werden muss oder sonst irgendwas anliegt. Und seit letztem Jahr wird Helga als sogenannter Kooperationspartner von einer großen Organisation regelmäßig finanziell unterstützt. Die machen wohl alles, spektakuläre Aktionen, befreien Tiere, machen Fernsehberichte und vieles mehr. Ja, und unter vielen anderem unterstützen sie halt kleine Vereine und private Initiativen finanziell bei ihrer wichtigen Arbeit, nicht viel, aber immerhin."

Bernd wurde skeptisch: „Und ihre ach so tolle Arbeit finanzieren sie mit Drückerkolonnen, oder?"

„Na klar, du musst ja sofort wieder etwas Negatives suchen! Soweit ich weiß, machen die zwar Mitgliederwerbung, aber Drückerkolonnen, so'n Quatsch! Auf jeden Fall machen die tolle Arbeit und die kostet nun mal Geld! Ich finde es nicht weiter anrüchig, wenn die sich Sponsoren suchen!"

„Na ja, vielleicht hast du sogar recht", räumte Bernd ein.

Marion besann sich auf ihre Pflichten als Gastgeberin: „Sagt mal, findet ihr nicht auch, dass es Mittagszeit ist? Ich habe auf jeden Fall Hunger."

Timmi hätte lieber die Tiere auf den Weiden besucht oder die Scheunen erforscht, aber Appetit hatte er auch und stimmte zu. Sein Vater konnte sich einen Kommentar einfach nicht verkneifen: „Na, Marion, bietest du uns wieder Kaninchenfutter an?" Doch sie überhörte galant die Spitze und führte ihren Besuch zurück ins Haus, sehr zur Freude eines grau getigerten Vierbeiners …

„Sag mal, Marion, war das eigentlich Absicht, dass du uns bei der Tour durch das Haus nicht die Toilette gezeigt hast?", fragte Bernd.

„Ach, weißt du, so spannend fand ich das nicht, geh einfach in der Diele links!", rief Marion aus der Küche.

Timmi nutzte den ruhigen Moment, sich im Wohnzimmer genauer umzuschauen. Der Raum war durch eine Fachwerkkonstruktion unterteilt, er wirkte so in Kombination mit dem hellen Holzboden und den hellbeige verputzten Wänden gemütlich. In einer Wand war ein Kamin eingebaut, der scheinbar länger nicht benutzt worden war, was Timmi nicht erstaunte, es war immerhin schon Ende Mai, also nur noch knapp sechs Wochen bis zu den heiß ersehnten Sommerferien! Obwohl Timmi sicher war, dass er alleine im Wohnzimmer war, fühlte er sich beobachtet und drehte sich um. Er wurde beobachtet, Felix saß auf einem Sessel und ließ Timmi keine Sekunde aus den Augen. Timmi sah sich weiter um, in einer Ecke stand ein schöner alter Schreibtisch, darüber hingen einige Fotos. Auf einem posierten Mutter und Tochter. Timmi sah es sich genauer an. Dies musste Tante Marions Freundin Helga sein, sie schien etwas jünger als seine Tante zu sein, zumindest wirkte sie mit ihrem roten Bubikopf so, aber seine Tante, die er bereits ins Herz geschlossen hatte, fand er viel hübscher. Bei dem Mädchen war Timmi sich nicht so sicher, das stupsnäsige Gesicht, das von langen blonden Locken umrahmt wurde, fand er nett, sehr nett, wie er sich widerstrebend eingestand. Na ja, dachte sich Timmi, halt 'n nettes Mädchen! Und mit denen hatte er bisher halt nicht viel am Hut. Das nächste Foto irritierte Timmi: Es zeigte eine jubelnde Fußballmannschaft, genauer: -frauschaft. Denn es handelte sich um eine Mädchenfußballmannschaft! Timmi, ein absoluter Fußball-Fachmann hatte von Frauenfußball natürlich schon gehört, dass die Fußball-Damen, wie sie in der Zeitung genannt wurden, sogar Weltmeisterinnen geworden waren, hatte er ebenso zur Kenntnis genommen, er war schließlich zu einem toleranten Jungen erzogen worden. Aber seine Begeisterung für Frauenfußball hielt sich, ebenso wie die für Mädchen, schwer in Grenzen, er brauchte weder das eine noch das andere. In der Mitte der Fußballerinnen stand die Tochter von Helgas Freundin mit großen Torwarthandschuhen, sie war also die Keeperin.

„Ja, die Pia ist begeisterte und ziemlich erfolgreiche Fußballerin!“, hörte Timmi die Stimme seiner Tante, die aus der Küche gekommen war und belustigt beobachtet hatte, wie der, in ihren Augen schon junge Mann, eingehend die Fotos betrachtete. „Was ist bei dir mit Fußball? Du bist doch bestimmt auch ganz vernarrt, oder?“ „Ja“, sagte Timmi nicht ohne Stolz, „wir sind gerade Bezirksmeister geworden!“ „Nicht schlecht“, meinte seine Tante, „Pia und ihre Mitspielerinnen sind letzte Saison die zweitbeste Juniorenmannschaft im gesamten deutschen Damenfußball geworden!“ „Wow!“, antwortete Timmi nur. Insgeheim hatte er mächtig Respekt vor dem Mädchen mit den blonden Zöpfen und versuchte nun abzulenken: „Das riecht lecker, was gibt es denn eigentlich gleich zu essen?“ „Tu jetzt nicht so scheinheilig, das Essen hat dich eben auch nicht wirklich interessiert. Hat’s dir etwa die Pia angetan oder bist du jetzt neidisch – oder wovon willst du ablenken?“ Timmi fragte sich, wie Tante Marion auf seine Gedanken gekommen war. Selten hatte Timmi das Erscheinen seines Vaters so erfreut wie in diesem Moment, hoffte er doch, so seiner Tante die Antwort schuldig bleiben zu können. „Na, das riecht ja doch etwas besser als

Kaninchenfutter, das ich erwartet hatte." „Ja, ja, lenkt nur beide ab, aber ihr liegt richtig, das ‚Kaninchenfutter' ist gleich fertig." Timmi war beeindruckt: Tante Marion konnte kursiv sprechen! Er folgte seiner Tante in die Küche. „Was gibt's denn?", fragte er. „Wart's ab. Könntest du bitte eben den Tisch decken? Teller sind oben links, das Besteck dort in der Schublade." „Okay", fügte sich Timmi. Ein Stuhl wurde vom Kater Felix blockiert, Timmi spielte eine Sekunde mit der Idee, auch für ihn zu decken, verwarf sie aber wieder.

„Auf geht's!", rief Tante Marion ihre Gäste zu Tisch. „Ich dachte mir mit Frikadellen, Salat und verschieden Soßen kann ich nichts verkehrt machen", erläuterte sie die Speisen. „Frikadellen?", fragte Bernd ungläubig. „Na ja, selbstverständlich sind die fleischlos!", gab seine Schwester zurück.

Bernd nickte: „Dachte ich es mir doch …!"

Timmi fragte verständnislos, denn Vegetarismus war bei der Familie Hecker nie ein Thema gewesen: „Fleischlose Frikadellen? Aber Frikadellen sind doch immer aus Fleisch, oder?"

Tante Marion erwiderte: „Nun ja, klassische Frikadellen sind vielleicht immer aus Fleisch, aber moderne Frikadellen sind vegetarisch. Das ist halt um einiges besser für die Tiere, die Natur und auch für uns Menschen, deshalb ernähre ich mich schon sehr lange rein vegetarisch und bewirte meine Gäste natürlich genauso modern. Bisher hat es noch jedem geschmeckt und", sie blickte zu ihrem Bruder, „gewiss nicht geschadet, im wahrsten Sinne des Wortes mal über den eigenen Tellerrand zu schauen!"

Bernd fühlte sich bestätigt: „Du bist also immer noch die dogmatische Veganerin von früher!"

Tante Marion lässig: „Nee, Bernd, Erkenntnis und daraus resultierende Konsequenz haben mit Dogmatismus wenig zu tun. Ich bin weit gereist und habe sehr viel erlebt, aber …" Sie unterbrach sich selbst: „Ach, Papperlapapp, lass uns lieber essen, statt endlose Grundsatzdebatten zu führen! Guten Appetit!"

Schweigend begannen sie zu essen. Timmi, wesentlich unvoreingenommener als sein Vater, war begeistert, alles schmeckte anders als gewohnt, aber sehr gut, selbst dem Salat konnte er etwas abgewinnen. „Der Salat stammt übrigens gänzlich aus unserem Garten", erläuterte Tante Marion. „Sag mal, sind das etwa Brennnesseln?" Bernds Skepsis war unverhohlen. „Ja, ich hoffe, sie brennen nicht!", scherzte sie. Bernd stocherte weiter in dem Salat: „Und das andere Grünzeugs ist Löwenzahn?" Marion gluckste: „Richtig, ich muss doch deine Vorurteile der vegetarischen Küche gegenüber bestätigen, oder? Dementsprechend habe ich lange überlegt, wie ich ein echtes Kaninchenfutter servieren kann! Aber probier mal, du wirst feststellen, Kaninchen sind echte Gourmets!"

„Aber die Dips, die sind doch aus Joghurt?", wollte Timmi wissen. „Fast", antwortete seine Tante, „Sojajoghurt, um ganz genau zu sein. Also Joghurt aus Sojamilch statt Kuhmilch. Ist gesünder, schmeckt mir viel besser und ich kann den komplett selbst herstellen, klasse, was?"

Sie aßen weiter und plauderten über unverfänglichere Themen, Bernds Berufsleben, Timmis Kampf um die Versetzung in die achte Klasse, obwohl Timmi dieses Thema gewiss lieber ausgespart hätte, ließ es sich nicht umgehen. Tante Marion sah darin im Gegensatz zu seinen Eltern keine Katastrophe, noch mehr verwunderte ihn allerdings die Gelassenheit seines Vaters, der sich der Meinung seiner Schwester anschloss. Timmi vermutete weniger einen Gesinnungswechsel, sondern eher ausgeprägte, wenn auch bislang ungeahnte schauspielerische Talente, mit denen sein Vater die geschwisterliche Harmonie wiederherzustellen versuchte, im Auto, spätestens aber zuhause würde er sicherlich ganz anders auf die zu befürchtende Nichtversetzung reagieren …

Hatte das Mittagessen Timmi bereits überzeugt, dass die von Tante Marion bevorzugte moderne, also vegane Küche durchaus sehr schmackhaft sein kann, war er vom Nachtisch restlos begeistert. Seine Tante hatte ein Erdbeer-Vanille-Eis gezaubert, welches sie äußerst dekorativ in ausgehöhlten Pampelmusen servierte.

„Na, hat euch mein Kaninchenfutter geschmeckt?", fragte sie beim Abräumen.

„Das war superlecker!", lobte Timmi seine Tante.

„Auch mich hast du fast überzeugt, du kannst uns ja mal einige Rezepte geben, damit wir ab und zu mal einen fleischlosen Tag einlegen können." Wer Bernd kannte, den Fleischesser überhaupt, wusste dieses Kompliment zu schätzen, so auch seine Schwester.

„Freut mich, dass es euch geschmeckt hat. Euren fleischlosen Tag unterstütze ich natürlich gerne, besser ein einziger Schritt in die richtige Richtung, als gar keiner!"

Tante Marion, unterstützt von Timmi, holte Kaffee und Gebäck. „So ein kräftiger Kaffee nach einem Essen gehört einfach dazu, außerdem seid ihr ja schon lange auf den Beinen. Für Timmi wieder die Birne-Maracuja-Mischung?" Sie schaute ihren Bruder an: „Magst du mir ein bisschen von unseren Eltern erzählen? Ich hatte solange keinen Kontakt und abgesehen davon, dass beide relativ schnell nacheinander starben, weiß ich eigentlich nichts."

Mittlerweile hatte Kater Felix den Widerstand von Timmi gebrochen, seinen Schoss besetzt und quittierte die Streicheleinheiten mit dezentem Schnurren.

Bernd hatte mit dieser Frage gerechnet und sich während der Fahrt eine möglichst präzise, aber nicht zu ausschweifende Version der letzten Lebensjahre ihrer Eltern überlegt. So begann er einen längeren Monolog, beginnend bei dem letzten gemeinsamen Urlaub, über die Krankheit der Mutter und schließlich endend bei dem Tod beider. Gelegentlich ergänzte Timmi einige Begebenheiten aus seiner Sicht. Als er seinen längeren Monolog beendet hatte, war Tante Marion sichtlich ergriffen: „Uff, das war heftig. Aber ich danke dir, Bernd, dass du, beziehungsweise ihr den beiden bis zum bitteren Ende beiseite gestanden habt, manchmal mache ich mir schwere Vorwürfe, weil ich einfach weg war und mich nicht wirklich für meine Familie interessiert habe, geschweige denn, dass ich für euch da war." Sie stand auf und holte Taschentücher. Etwas gefasster sprach sie dann leise weiter: „Ich weiß, dass ich einen Fehler gemacht habe, den ich nicht wieder gutmachen kann. Dir oder euch das zu sagen, war der Grund, euch hierher einzuladen. Ich möchte aus meinen Fehlern lernen und wünsche mir, dass wir zukünftig eine gute Beziehung führen können. Ich habe lange gezögert, dich anzurufen, weil ich befürchtet hatte, dass du entweder gar nicht mit mir sprechen möchtest oder denkst, ich würde mich nur melden, um eventuelle Ansprüche am Erbe geltend zu machen. Aber dem ist nicht so, es geht mir wirklich nur um unsere Beziehung zueinander. Wenn du mir nach allem, was passiert ist, eine Chance geben würdest, wäre ich glücklich, Geld kommt und geht, aber glücklich macht es nicht."

Timmi schaute erst Tante Marion, dann seinen Vater an. Er kam sich deplatziert vor, aber nicht unbehaglich, er hatte die Ahnung, dass ein gutes Ende bevorstand.

„Nun", hob Bernd zögerlich an, „zugegeben, ich habe dich mehrfach verflucht und dann einfach abgeschrieben. Als du dann angerufen hattest, dachte ich auch wirklich erst, es würde um das Erbe gehen. Ich hatte auch wirklich keine Lust herzukommen, das hast du Hilde zu verdanken. Und eigentlich bin ich froh, dass sie mich umgestimmt hat."

Timmi ging dazwischen: „Ich wäre aber auf die Barrikaden gegangen, wenn ich meine Tante nicht hätte kennenlernen dürfen!" Marion und Bernd mussten schmunzeln. „Und Kater Felix, wie ich sehe!", konterte Tante Marion, wieder etwas lebendiger.

Bernd sah Marion an: „Weißt du Marion, ich habe dich nur verflucht, weil ich meine kleine Schwester immer sehr gern hatte und enttäuscht war, wie also könnte ich deinen Wunsch abschlagen? Ich kann zwar nicht sagen, einfach Schwamm drüber, aber du sollst deine Chance haben!"

Marion strahlte ihren Bruder sichtlich erleichtert an: „Danke, Bernd!"

„Wenn du möchtest, kann ich meinen Steuerberater mal fra-

gen, ob nachträglich aus dem Alleinerben auch eine Erbenge-
meinschaft gemacht werden kann …?"

Tante Marion schüttelte energisch ihr lockiges Haupt: „Nix da!
Komm mir bitte niemals mit so einem Mist! Ich habe das ernst
gemeint, als ich sagte, es ginge mir absolut nicht um das Geld,
verstanden? Davon abgesehen, ich denke, dass dir das Erbe
moralisch zusteht, wer hat sich um unsere Eltern gekümmert,
du oder ich?"

„Na gut, dann halt nicht. Aber ich lass es mir nicht nehmen,
zumindest darüber nachzudenken, mich erkenntlich zu zeigen,
immerhin sind wir so an ein sehr schönes Haus gekommen und
den Wagen hätte ich mir sonst bestimmt auch nicht geleistet."
Marion schaute ihre beiden Gäste an: „Ich gönne euch euer
neues Zuhause vollkommen, vielleicht komme ich euch mal
besuchen."

Timmi fand die Idee riesig: „Ja, komm mal vorbei!"
Bernd nickte: „Besuch ist ein schönes Stichwort, jetzt musst du
allerdings erzählen, wo du denn die ganze Zeit gesteckt hast.
Aber vorher muss ich noch mal wohin."

„Gut, und ich setze die nächste Runde Kaffee auf."

Timmi wollte die Gelegenheit nutzen, sich nochmals un-
gestört im Wohnzimmer umzusehen, er überredete Felix, ihn
kurzfristig freizugeben. Unter Protest erhob er sich und Timmi ging unter strenger Beobachtung zur Terrassentür. Den
großen Garten hatte Tante Marion während des Rundganges
ausgespart, er blickte auf die Mischung zwischen Gemüse- und
Ziergarten, die, wie er von zuhause wusste, viel Arbeit bereithielt.
Interessanter fand Timmi jedoch die Fotos, die neben der Ter-

rassentür hingen.

„Der Garten ist prima!", rief Timmi als seine Tante, gefolgt von einem der Hunde, aus der Küche kam. „Jaja, und die ganzen Fotos erst, nicht wahr? Du bist ganz schön neugierig, junger Mann!" Sie lächelte ihn an: „Aber schlimmer fände ich es ja, wenn es anders wäre." Timmi errötete leicht. Seine Tante lächelte weiter: „Ich habe den Eindruck, dass dich Fotos von Frauen, jungen insbesondere, anziehen und du dir das nicht erklären kannst, weil dich bisher eigentlich nur Fußball interessiert, mmh?" Timmi wusste keine Antwort, so sprach sie weiter: „Hast du dir schon mal Gedanken über Tiere gemacht? Wahrscheinlich ebenso wenig, vermute ich. Aber", sie zeigte auf Felix, der behaglich um Timmis Beine schlich, „ein Anfang ist gemacht, du hast einen neuen Freund. Ihr habt zuhause keine Tiere, oder?" „Nein, leider nicht, dabei habe ich mir schon immer einen Hund gewünscht, aber meine Eltern sagen immer, dass ich zu jung für einen Hund bin und dass der zu viel Arbeit macht." Sie sah ihren Neffen an: „Nun ja, ein gewisses Alter sollte ein Hundehalter schon haben, schließlich haben die ja auch ihre Bedürfnisse, wie alle anderen Tiere auch. Ich denke, dass alle Tiere das Recht haben sollten, ihren Bedürfnissen entsprechend zu leben, auch wenn das für die Menschen manchmal unbequem ist. Ich glaube, das ist die Arbeit, die deine Eltern meinen. Ich habe eine Idee: Was hältst du davon, uns in den Sommerferien für einige Tage zu besuchen? Dann kannst du hautnah erleben, was es bedeutet, Tieren ein angemessenes Leben zu ermöglichen. Vielleicht lernst du sogar noch etwas mehr?" Sie lächelte ihn an. „Etwas mehr lernen?

Du bringst den Jungen auf eine verdammt gute Idee! Obwohl, Timmis Schulprobleme wollte ich hier eigentlich nicht weiter erörtern!", unterbrach Bernd das Gespräch als er ins Wohnzimmer kam. „Aha, Schauspieler!", dachte sich Timmi. „Nee du, wir reden hier nicht über die Schule, im Gegenteil, ich habe Timmi gerade eingeladen, uns in den Sommerferien zu besuchen, falls du nichts dagegen hast. Er erzählte mir, dass er gerne einen Hund hätte und ich habe ihm angeboten, das Zusammenleben mit Tieren für einige Tage kennenzulernen, um einen Eindruck davon zu bekommen, was es heißt, den alltäglichen Bedürfnissen von Tieren entgegen zu kommen, unabhängig von Lust und Laune oder schlechtem Wetter." Bernd musste schmunzeln: „Also einen, sagen wir mal, Entromantisierungskurs, oder? Keine schlechte Idee, da habe ich absolut nichts gegen. Und wenn er dann immer noch einen Hund oder was auch immer haben will, können wir ja weiter sehen. Aber sprich das erst mit deiner eigenen Gastgeberin ab, schließlich hast du ja nicht das Hausrecht hier, wenn ich das richtig verstanden habe." Timmis Bild von seiner Tante bekam die ersten Risse, war sie auch nur so eine typische Erwachsene, die hauptsächlich die negativen Aspekte sah? Und wurde er vielleicht zur Abwechslung auch mal gefragt, wie er sich seine Ferien vorstellte? Das war wohl zu viel verlangt, schließlich mussten ja schon seine Eltern und die Freundin von Tante Marion gefragt werden, ihn nach seiner Meinung zu befragen war da wirklich zu viel des Guten! Bis eben hätte er begeistert zugesagt, aber nun begann er zu zweifeln, ein Entromantisierungs- was? Und was sollte er noch zusätzlich lernen? Mädchenfußball? Oder wollte seine Tante, er traute ihr alles zu, ihn mit dieser Zicke etwa verkuppeln? Das neue Dreamteam deutscher Fußballhoffnungen? „Na, meine Freundin hätte bestimmt nichts dagegen, wenn Timmi zu Besuch kommt, allerdings", sie musterte ihn, „glaube ich, möchte Timmi über das Angebot noch nachdenken, er hat weder Ja noch Nein gesagt. Ich frag sie vorsorglich mal und du sagst einfach rechtzeitig Bescheid, okay?" Timmi nickte nur stumm. „Mensch Timmi, jetzt schau' doch nicht wieder wie eine gestrandete Flunder, bedank dich lieber für das tolle Angebot!" Nee, ist klar, Papa tritt mit seinem Wunderknaben auf, tolle Show! Timmis Begeisterung sank rapide. „Jetzt lass den Jungen doch in Ruhe, komm, der Kaffee ist fertig!" Timmi lächelte seine Tante dankbar an, immerhin war sie so freundlich, ihm aus der Situation zu helfen, die sie, wie er hinzufügte, zu verantworten hatte. Tante Marion brachte den Kaffee und für Timmi Saft ins Wohnzimmer. „So, wo waren wir eben stehen geblieben?" Bernd blickte seine Schwester mitleidig an: „Na, sind das die ersten Mangelerscheinungen oder wirst du schon alt? Früher warst du nicht so schusselig, lenk nicht ab, du wolltest erzählen, wo du dich all die Jahre herumgetrieben hast." Tante Marion überlegte: „Tja, mit welcher Version der Wahrheit kommst du wohl am besten klar?"

„Mach es nicht so dramatisch, ich bin auf fast alles gefasst", kommentierte Bernd ihren Einstieg.

„Gut, zusammengefasst war ich in England, auf hoher See, mit anderthalb Beinen im Knast und in Südamerika, reicht das?", fragte sie schnippisch.

Bei dem Wort „Knast" war sein Vater merklich zusammengezuckt, es war weder Timmi noch seiner Tante entgangen. „Ich wusste, dass mein Leben für einen Bankfilialleiter der reine Horror ist!" Tante Marion konnte sich ein Lachen nicht verkneifen. Timmi fand seine Tante cool, sie saß da, schockierte ihren Bruder völlig und lachte ihn auch noch aus, wie er um Haltung bemüht war. „Ähm, wie muss ich mir das vorstellen, mit anderthalb Beinen im Gefängnis?" Bernd blickte konsterniert seine immer noch lachende Schwester an, er schien zu hoffen, dass sie darüber lachte, wie sie ihn irregeführt hatte. „Nun, mit anderthalb Beinen, das schaffst du nur, indem du verurteilt bist, per internationalem Haftbefehl gesucht wirst und illegal irgendwo lebst und rechtzeitig weiter ziehst, bevor sie dich entdecken, so einfach! Mein Verbrechen bestand darin, Crewmitglied eines Schiffes gewesen zu sein, welches Walfänger an der Ausübung ihres mörderischen Treibens gehindert hat. Irgendwann ist mal so ein elendiger Walfänger abgesoffen und unser Sabotagekahn wurde zu Unrecht damit in Verbindung gebracht, so sind einfach alle, die jemals auf diesem Schiff waren, zu international gesuchten Terroristen erklärt worden. Tja, und ich war halt auch eine ganze Zeit auf diesem Schiff, auch als der verdammte Walfänger untergegangen ist und seine Besatzung im eiskalten Nordmeer ebenso wenig Chancen hatte zu überleben wie die unzähligen Wale, die sie auf dem Gewissen hatten. Wir haben über Funk von dem ach so traurigen Unglück gehört, wir waren auch im Nordmeer, jedoch rund hundert Seemeilen entfernt. Vor lauter Trauer über dieses wahnsinnig schreckliche Schicksal haben wir spontan alle Sektvorräte an Bord vernichtet!"

Timmi und auch sein Vater waren irritiert und fasziniert zugleich, bei Timmi dominierte allerdings die Faszination deutlich, sie verscheuchte die Irritation kurzerhand. Der dringende Wunsch nach mehr Informationen einte Vater und Sohn. Marion deutete die Gesichter ihrer Zuhörer richtig und fuhr fort: „Also noch mal in aller Deutlichkeit: Wir, also unser Schiff, hatten nichts, aber auch gar nichts mit dem Untergang dieses Walfängers zu tun, okay?" Sie blickte ihren Bruder an, eine Art wohlwollender Zweifel äußerte sich in Bernds zögerndem Nicken. „Und wie bist du da rein gekommen, ich meine auf das Schiff? Die werden ja kaum in Kiel gelegen haben und junge Menschen ohne Arbeit zum Mitreisen oder wie das sonst in Annoncen steht, gesucht haben", fragte er. „Nee!", lachte sie auf, „obwohl, viel komplizierter war es wirklich nicht. Aber der Reihenfolge nach: Ich bin erst mal zu einer Freundin nach Hamburg gezogen, habe da Kommunikationswissenschaften studiert und nebenher allerhand Aktionen im radikalen Tierschutz mitgemacht. Dabei habe ich dann auch Engländer kennengelernt, die über unsere Protestaktionen gelächelt haben, weil die in England viel krassere Sachen gemacht haben." Sie lächelte verschmitzt. Timmi wusste nicht, was seine Tante meinte, weder mit den Protestaktionen, geschweige denn, was das krassere sein sollte: „Wie meinst du das?" Sein Vater verdrehte die Augen, schwieg aber. „Ein kleines Beispiel zeigt, was ich meine. Wir haben in Hamburg bei einer Protestaktion gegen Tiertransporte für kurze Zeit symbolisch die Zufahrt einer Spedition blockiert. Wir fanden das richtig spektakulär und aufregend, zumal die Aktion natürlich nicht angemeldet war und die Polizei unsere Veranstaltung schnell auflöste. Ja, und die Engländer, die fanden unser Engagement zwar niedlich, aber ineffizient, denn die Tiertransporter konnten ganz normal losfahren und wir hatten den Stress mit der Polizei. Tja, und unsere englischen Freunde vertraten den Standpunkt, dass die Tierausbeutung solange weitergeht, solange damit gutes Geld verdient werden kann, deshalb meinten sie, dass die Tierausbeutung teurer gemacht werden sollte, weil die anderen dann weniger daran verdienen und somit aufhören. Die logische Konsequenz ist, um bei dem Beispiel zu bleiben, dass die Engländer es sinnvoller fanden, bei nächtlichen Aktionen die LKW fahruntüchtig zu machen, so dass diese entweder teuer repariert oder aber noch teurer neu gekauft werden müssen. Dies führt dazu, dass mit Tierausbeuterei weniger Geld verdient werden kann, verstehst du? Unsere englischen Freunde gehörten zu dem militantesten Flügel der Tierschützer überhaupt, der in England recht bekannten Animal Liberation Front, abgekürzt ALF, also auf Deutsch Tier-Befreiungs-Front."

Bernd lief allmählich rot an: „Hör auf, das sind ja Terroristen, keine Tierschützer! So ein Schwachsinn, Tierausbeuter, wenn ich das schon höre! Du hast ja ganz glänzende Augen, wenn du von dieser Animal-Dingsbums-Verbrecher-Organisation erzählst!" Timmi war hin und her gerissen, einerseits fand er Terroristen uncool, andererseits schienen die zumindest ganz genau zu wissen, was sie wollten. Das waren keine Lala-Typen, nein, die spielten in der Champions League.

„Aber Bernd, ich finde das heute auch nicht mehr so klasse wie damals, aber Terroristen sind das für mich immer noch nicht, die haben immer lediglich Sachschaden angerichtet und streng darauf geachtet, dass keinem Lebewesen auch nur ein Haar gekrümmt wird, aber wie gesagt, heute sehe ich die ganze Sache auch etwas differenzierter." „Na gut!", brummte Bernd. „Lass uns jetzt bitte nicht über unterschiedliche Ansichten streiten, ich sollte doch erzählen, wo ich all die Jahre war, oder etwa nicht?" Timmi nickte, ja er wollte unbedingt wissen, wie es weiterging, auch wenn dies nur, das war klar, die zensierte Version sein würde. Ein weiterer Hund kam aus der Küche und schlurfte zielstrebig auf Bernd zu. Zwei aufmunternde Schubser mit der feuchten Nase genügten bereits, um Bernd zum Krau-len zu animieren, es gefiel nicht nur dem Hund, sondern wirkte nebenher auch auf Bernd beruhigend.

„Also, ich hatte auf jeden Fall die Engländer kennengelernt und obwohl die Leute, die ich in Hamburg getroffen hatte, schon in-teressant waren, beschloss ich, nach meinem Studium erst mal nach England zu gehen." Bernd schaute auf: „Du hast einen Studienabschluss?", fragte er ungläubig.

„In der Tat, ich bin Diplom-Kommunikationswissenschaftle-rin!", triumphierte Tante Marion, die ihren akademischen Grad selten so genossen hatte, wie in diesem Augenblick. „Mir wurde es auch wirklich leicht gemacht, die meisten Professoren waren von nahezu allen Widerstandsbewegungen dieser Welt faszi-niert und so konnte ich meine Diplomarbeit über die ästhe-tischen Wirkungsweisen der neuen sozialen Bewegungen am Beispiel der Tierbefreiungsbewegung schreiben!" „Was es nicht alles gibt!", murmelte Bernd erstaunt. Es war der erste Satz seit einigen Minuten, den Timmi auf Anhieb zu verstehen glaubte, die Worte, die seine Tante benutzte und die Welt, aus der sie stammten, waren ihm größtenteils, zumindest in dieser Aneinanderreihung völlig fremd. Aber so viel stand fest, Tante Marion war wirklich tough, haute von ihrer Familie ab, machte in Hamburg ein Studium und wohl noch einiges mehr, wow! Kater Felix war mittlerweile in seinen Armen eingeschlafen.

„Nun ja, nach dem Studium bin ich dann zu unseren Freunden nach London gezogen, aber keine Panik, an die richtig heftigen Sachen haben die mich nicht rangelassen, ich wusste nur, dass irgendjemand irgendjemanden kennen könnte, der vielleicht auch wieder jemanden kennen könnte und so weiter und so fort, also diejenigen, die Anschläge und dergleichen mehr auf Tiertransporter, Metzgereien und ähnliches machten, habe ich nie kennengelernt, zumindest nicht bewusst. Soweit ich weiß, blieben die völlig unter sich im Untergrund, gingen also nicht einmal auf die großen Demonstrationen, die es in London natürlich auch gab, damit der Staatsschutz erst gar nicht auf sie aufmerksam wurde. Kein Wunder bei den langen Haftstrafen, die ihnen drohten! Viele von der ALF saßen im Gefängnis, zu einer Aktivistin hatte ich lange Briefkontakt, der war über den legalen Arm der ALF, der ALF Supporters Group zustande gekommen. Meine Freunde hingegen waren mehr auf den Bereich Jagd spezialisiert, das heißt, wir haben häufig Fuchsjagden sabotiert. Aus dieser Aktionsform ist übrigens die Animal Liberation Front entstanden. An den Sabos haben sich aber nicht nur militante Tierschützer beteiligt, sondern wir wurden von einem breiten Spektrum ganz unterschiedlicher Menschen dabei unterstützt, den Füchsen das Leben zu retten. Das hängt damit zusammen, dass Fuchsjagden dort ein Privileg des Adels sind und selbst ganz normale Bauern haben bei den Jagdstörungen mitgemacht, weil das für sie ein Ausdruck ihres Zorns auf die althergebrachte Ständegesellschaft war. Die Bauern waren nicht einmal Tierschützer, sie hassten lediglich das höfische Getue und alles, was damit zusammenhängt, eben auch die Fuchsjagd. Nun für unser Vorhaben war die Unterstützung der Landbevölkerung sehr hilfreich und den Füchsen ist vermutlich egal, wem sie ihr Leben zu verdanken haben. Überhaupt hat die radikale Tierschutzbewegung in England eine viel breitere Unterstützung aus dem bürgerlichen Umfeld als hier in Deutschland, warum weiß ich allerdings auch nicht, aber ich habe es öfters selbst erlebt. Neben den Sabos haben wir auch einige Tierbefreiungen durchgeführt, meistens Hühner aus Käfigen, manchmal aber auch Kaninchen. Bei einer Befreiung haben wir mit über 40 Leuten über 3000 Kaninchen aus einer Anlage rausgeholt. Wir wussten durch Informanten, dass der Besitzer für zwei Tage weg war, tja und die Zeit haben wir genutzt!" Timmi war fassungslos: „3000 Kaninchen? Was habt ihr damit gemacht?" Tante Marion lächelte: „Nun ja, wir hatten uns für diesen Fall vorbereitet. Wir haben auf verschiedenen Demonstrationen Unterschriften von Menschen gesammelt, die mit uns gegen die industrielle Kaninchenmast demonstrieren würden und als wir zwei Wochen vor der Großaktion erfahren haben, welche Chance wir bekommen würden, haben wir über einen anderen Kontakt den Nachtwächter eines großen Bürogebäudes bestochen und so konnten wir abends und am Wochenende all die Leute, die unterschrieben hatten, umsonst anrufen und fragen, wie viele Kaninchen sie aufnehmen und vermitteln könnten. Ein anderer von uns kannte den Besitzer eines Paket-Kurierdienstes, der hat uns dann für eine knappe Woche seine Kleintransporter geliehen, weil er die Aktion so unglaublich fand. Der hat sogar die gesamten Benzinkosten übernommen, so begeistert war er. Ja, und mit diesen Wagen sind wir dann quer durch England gefahren und haben die Kaninchen verteilt. Die Aktion war in allen englischen Zeitungen und auch im Fernsehen, die haben auch Filmmaterial von uns gezeigt, wie schlimm die Kaninchen in den Mastbetrieben leiden müssen und die meisten Berichte fanden unsere Aktion gut, vielleicht auch, weil wir die Anlage nicht beschädigt hatten. Obwohl also sehr viele Leute wussten, wer den 3000 Kaninchen die Freiheit geschenkt hatte, sind wir von keinem Einzigen verpfiffen worden, versteht ihr jetzt, was ich mit Unterstützung in der normalen Bevölkerung meine?" Bernd räusperte sich: „Allerdings. 3000 Tiere in so kurzer Zeit zu vermitteln, ist für mich unvorstellbar. Wir vermitteln in unserem kleinen Tierheim keine 100 Tiere im Jahr!" Timmi starrte seine Tante ungläubig an: „Aber du hast die Geschichte nicht gerade erfunden, oder?" Sie lachte: „Nee, ich weiß, das klingt absolut unmöglich, ist aber wirklich so geschehen. Soll ich die Fotos von der Aktion raussuchen?" Bernd schaute zur Uhr: „Nee, lass mal, wir müssen leider gleich auch fahren!" Timmi war enttäuscht: „Och, Daddy!" „Ich sagte bald, nicht sofort, okay?", erwiderte er knapp. „Gut, und dann?", fragte er seine Schwester. „Ich blieb noch eine ganze Zeit in London. Da habe ich dann über Bekannte jemanden von Sea Sheppard kennengelernt, der hatte bei der Marine ein Kapitänspatent gemacht, damit er später mal Walfänger stoppen könnte. Der war echt irre, der ist nur deshalb zum Militär und später zur Marine gegangen, um die fachmännische Ausbildung zu bekommen. Ja, und der wartete in London auf die Ankunft von dem Schiff, mit dem er im Nordmeer Jagd auf die Walfänger machen wollte. Der fand mich wohl sehr sympathisch und fragte mich, ob ich nicht Lust hätte, für die nächsten Monate mit auf See zu gehen." Timmi sah seine Tante an, wie sie nahezu mädchenhaft dasaß und hatte vollstes Verständnis für den unbekannten Seefahrer. „Da es mir beinahe etwas langweilig geworden war in London, sagte ich kurzerhand zu und Paddy, so hieß er, besorgte mir eine Art unbezahlten Aushilfsjob auf dem Schiff. Wir waren ungefähr sechs Wochen unterwegs, bis die Episode mit dem norwegischen Walfänger, die sie uns anlasteten, passierte. Von da an waren wir auf der Flucht und fragt mich bitte nicht, wie es uns gelang, jedenfalls sind wir bis nach Südamerika gekommen, wo wir im Hoheitsgebiet von Kuba aufgegriffen wurden. Da haben sie uns dann in eine Zelle gesteckt und überlegten, was sie mit uns machen sollten, schließlich wollte der Klassenfeind uns haben. Nach vier entsetzlich langen Monaten in der Zelle ließen sie uns in Bananenplantagen arbeiten, das war zwar körperlich hart, aber immerhin ging die Zeit um. Etwa ein halbes Jahr haben wir dort gearbeitet, dann kam die Begnadigung von Fidel Castro persönlich, das heißt, Kuba hat uns nicht weiter inhaftiert und nicht ausgeliefert, Bedingung war jedoch, dass wir uns in Kuba nicht länger aufhalten durften. Für den Fall der Zuwiderhandlung drohten sie uns mindestens zwanzig Jahre Gefängnis an. Somit war Kuba fein raus, sie lieferten uns nicht direkt an den Klassenfeind aus und gleichzeitig schützten sie uns nicht vor den internationalen Ermittlungen. Wir saßen also in der Klemme, immerhin konnten wir uns einigermaßen frei bewegen, denn auf Kuba kontrolliert niemand ständig deinen Pass. Trotzdem wollten wir es nicht riskieren, länger als nötig auf Kuba zu bleiben und sind mit einem Fischer nachts in die Dominikanische Republik gekommen, von wo aus wir mit Schmugglern über den Umweg über die verschiedenen Inseln im Karibischen Meer nach Venezuela kamen. Tja, und dort lösten sich die Reste der Crew vollends auf, einige von uns sind auf Kuba geblieben, zwei auf einer der Inseln, einige von uns wollten so schnell wie möglich in die Regenwälder des Amazonas, um dort bei Umweltschutzaktionen mitzumachen, blieben also Paddy und ich. Wir lebten in einer verlassenen Hütte in der Nähe vom Meer und halfen entweder den Bauern in der Umgebung oder versuchten in der Stadt etwas zu essen aufzutreiben. Wir waren aber trotzdem kein festes Paar geworden und wir hatten verabredet, dass wenn einer von uns beiden abends nicht mehr zur Hütte zurückkommen sollte, warum auch immer, sollte der andere von uns nicht lange dort warten, sondern möglichst schnell weiterziehen. Das war eine reine Vorsichtsabsprache für den Fall, dass einer von uns beiden von der Polizei gefoltert wird und dann gegen seinen Willen unser Versteck verrät. Nun ja, und eines Abends kam Paddy nicht zu unserer Hütte, ich hatte schon länger damit gerechnet, denn wir hatten uns zwar ab und zu miteinander vergnügt, aber ich spürte, dass er immer häufiger mehr Verlangen hatte als ich und ich seine Begierde nicht stillen wollte." Timmi sah seine Tante an, die Fotos vom Strand schossen ihm durch den Kopf und er errötete gegen seinen Willen. „Keine weiteren Details in diese Richtung, bitte!", ermahnte sein Vater, dem die Reaktion seines Sohnes peinlicher war, als Timmi selbst. „Jetzt sei mal nicht päpstlicher als der Papst, das gehört zum Leben wie Essen und Schlafen", sie lachte kurz auf, „alleine meine ich natürlich, und so klein ist Timmi auch nicht mehr! Aber das ist ja nicht das Thema, gut, nachdem Paddy nicht wiederkam, ich war mir sicher, dass er irgendeine Schönheit kennengelernt hatte, bin ich weiter ins Landesinnere gezogen. Dort fand ich einen Job auf einer Bananenplantage, die Bio-Bananen für Europa an-bauten und meine große Liebe, Huan. Auf der Plantage war mein Ansehen anfangs sehr gering. Huan war einer der beiden Chefs, und die Frauen waren eifersüchtig auf mich, weil Huan eine gute Partie war und ihre Männer mich ständig anstarrten, aber mein Ansehen stieg, da ich mit meinen guten Englisch-kenntnissen die Preise unserer Waren nach oben korrigieren konnte, die Importeure hatten nämlich bislang die sprachli-chen Defizite geschickt ausgenutzt. Na ja, so wurde ich erst Huans Frau und dann doch angesehen, von tollen Menschen in einer tollen Umgebung, mein Glück schien perfekt. Nur Kinder wollten nicht kommen, obwohl Huan unbedingt mindestens fünf, besser noch zehn haben wollte. Als ich zu verzweifeln begann, wurde ich doch schwanger, allerdings", sie stockte kurz, „erlitt ich nach sechs Monaten eine Fehlgeburt. Und als wäre das für mich nicht schon schrecklich genug, wurde ich wieder das Gespött der anderen Frauen, weil ich nicht mal

Kindern das Leben schenken konnte. Auch Huan schien enttäuscht zu sein und eines Tages erwischte ich ihn mit einer anderen. Er versicherte mir, verführt worden zu sein, da sei nichts mit Amore und so weiter. Verliebt, wie ich war, verzieh ich ihm, bis ich ihn ungefähr ein Jahr später wieder mit derselben Frau, diesmal sogar in unserem Bett überraschte. Da wusste ich, dass meine Zeit im Paradies abgelaufen war und ich zog weiter, mal zu Fuß, mal wurde ich mitgenommen. Die Grenze nach Kolumbien überquerte ich nachts, lebte einige Zeit bei Bauern und schlug mich irgendwann zur Hauptstadt Bogotá durch, denn ich wollte nach all den Jahren wissen, was meine Freunde in Europa trieben. Tja, so schön es dort ist, aber Telefonzellen oder gar Internetcafés gab es dort nirgends, so zog es mich nach Bogotá. Von dort aus erreichte ich Freunde in Hamburg und London, von diesen erfuhr ich, dass der internationale Haftbefehl aufgehoben worden war. Obwohl ich die ganze lange Zeit nie das Gefühl hatte, gesucht zu werden, war ich erleichtert, fühlte mich richtig frei. Trotzdem verließ ich die Stadt schnell wieder, das Leben auf dem Land war einfach unkomplizierter und wesentlich billiger. Ich war gerade unschlüssig, wo ich mein Glück als Nächstes suchen könnte, da bemerkte ich diesen kleinen Knubbel in meiner linken Brust! Völlig geschockt wurde mir klar, dass ich wieder nach Deutschland zurück wollte, um mich behandeln zu lassen. Also ging ich wieder zurück nach Bogotá, nahm Kontakt zu allen möglichen Freunden auf und tatsächlich, eine gute Freundin aus London konnte ihrer steinreichen Tante das Geld für meinen Flug nach Deutschland entlocken. Während ich auf den Scheck wartete, recherchierte ich im Internet nach fortschrittlichen Behandlungsmethoden für Brustkrebs in Deutschland. Und das letzte, knappe letzte Jahr verging dann wie im Flug, tja und jetzt bin ich erst mal hier!" Mit einem Seufzer, der sich nicht zwischen Erleichterung und Genugtuung entscheiden konnte, beendete sie ihre Lebensgeschichte.

Einen Moment lang schwiegen alle drei. Timmi fand als erster seine Stimme wieder: „Willst du denn jetzt überhaupt hier in Deutschland bleiben?" Der Zweifel war unhörbar.

„Ja, fürs Erste schon. Vielleicht nicht für immer und ewig, aber vorerst schon. Abgesehen von einem Trip nach London zu meinen Freunden, falls ich es mir mal leisten kann."

„Ruf sie an, du kannst schon nächste Woche fliegen, ich kümmere mich darum, okay?" Bernd sah sie an: „Das ist das Mindeste, für den Anfang, aber nur unter der Bedingung, dass du dort keinen Mist machst, der dich für die nächsten fünfzehn Jahre wieder vom Erdboden verschluckt, ja?"

Sie strahlte: „Prima, abgemacht!"

Bernd sah wieder auf seine Uhr und zog die Stirn kraus: „Wie lange braucht man von hier bis Köln?"

Marion schmunzelte: „Kommt drauf an, mit dem Trecker drei Stunden, nein, ich denke, ihr braucht eine knappe Stunde."

Bernd warf einen Blick auf seinen Sohn, der den inzwischen aufgewachten Kater immer noch streichelte: „Du kannst dich langsam aber sicher verabschieden, Timmi, es ist später als ich gedacht hätte. Ich möchte losfahren, ich habe nämlich keine Lust erst um drei Uhr morgens ins Bett zu kommen!"

Timmi sah ein, dass sein Vater recht hatte, außerdem konnte er schon bald wieder kommen. „Okay. Tante Marion, schreib mir doch mal bitte deine E-Mail-Adresse auf, dann können wir ja mailen."

Bernd drängte zum Aufbruch und Timmi hatte arge Probleme, Felix von seinem Schoß zu bekommen, kaum war es ihm gelungen, verschwand der Kater. Sie tauschten gegenseitig ihre E-Mail-Adressen aus und versicherten sich, in Kontakt zu bleiben. Timmi fragte sich, wo Kater Felix wohl sei, er hätte sich gerne von ihm verabschiedet. An der Haustür erhielt er die Antwort: Felix saß auf der Motorhaube in der untergehenden Sonne! „Tja, der hat den Braten wohl gerochen!", lachte Tante Marion. Timmi sagte nichts, sein Vater kam ihm zuvor: „Nee, Katzentier, so schnell geht das nicht! Aber Timmi kommt bestimmt bald wieder, nicht wahr?" und knuffte seinen Sohn, der über seine Enttäuschung selber erstaunt war, in die Seite. Es folgte eine Viertelstunde voller Überredungsversuche, bis Felix das Auto freigab. Er trottete in Richtung Stall, ohne die Menschen eines Blickes zu würdigen. Die Verabschiedung fiel knapp, aber herzlich aus.

Während der Fahrt nach Köln hingen beide ihren unterschiedlichen Eindrücken und Gedanken nach und da Bernds geliebter Klassiksender nicht zu empfangen war, dudelte aus dem Radio der alte Hit „Winds of Change" während sie die Eifel verließen. In Köln holten sie kurz die Utensilien für das Sommerfest ab, ihr Aufenthalt war kaum länger als ein Boxenstopp bei einem Formel-1-Rennen. Timmi war es nur recht, dass sie nur kurz bei dem entfernten Bekannten des Kölner Tierschutzvereins waren, denn dieser war ihm unsympathisch.

Nachdem sie einige Zeit gefahren waren, überraschte Bernd seinen Sohn: „Du wirst es nicht glauben, aber irgendwie bewundere ich meine Schwester, denn sie ist auf jeden Fall ihren Weg gegangen. Vieles von dem, was sie vertritt, kann ich in dieser Radikalität nicht gutheißen, trotzdem habe ich großen Respekt vor ihr." Er blickte mahnend zu seinem Sohn: „Ich wollte dich nicht dazu ermuntern, ein international gesuchter Terrorist oder ähnliches zu werden, verstanden?" Timmi irritierte nicht nur die Aussage, sondern das durchaus wohlwollend klingende Lachen, das die Ermahnung seines Vaters begleitete. „Glaubst du denn die Geschichten, die Tante Marion erzählt hat?", fragte er zaghaft. Bernd runzelte die Stirn: „Nun, das klang schon reichlich fantastisch. Nur warum sollte sie uns angelogen haben? Das war ja kein Wettbewerb wie „Deutschland sucht den Märchenonkel" und mit dem Inhalt ihrer Erzählung hätte sie bei der Jury, also mir, keinen Blumentopf gewinnen können, das wusste sie genau. Vielleicht waren einige Details überzogen, die Grundstorys nehme ich ihr jedoch ab. Ob die jetzt wirklich zwei Wochen lang umsonst telefonieren konnten, weiß ich nicht, dass das aber so ähnlich abgelaufen ist, das glaube ich schon. Du musst wissen, dass deine Tante schon früh das Talent hatte, Dinge zu erleben, von denen andere nur träumten." Timmi schaute fragend auf. „Tja", begann sein Vater zögerlich, „nehmen wir zum Beispiel jugendliche Schwärmereien. Als sie fünfzehn war, machten wir Urlaub in Spanien, wie viele andere auch. Nach den Ferien schwärmten alle Mädchen von den spanischen Jungs am Hafen, aber sie träumten nur von ihnen. Bis auf meine Schwester, die hatte zumindest einen", Bernd schaute vielsagend, „na ja, kennengelernt!" Er lachte auf: „Sehr zum Entsetzen unserer Eltern! Oder was ganz anderes: Alle regten sich an der Schule auf, nur Marion fand den Mut, ohne Einladung in die Lehrerversammlung zu marschieren und ihnen die Meinung zu sagen, ich muss nicht sagen, dass sie danach zur Schülersprecherin gewählt wurde, oder?" Timmi horchte auf: „Das findest du gut? Schließlich haben sie uns dieses Jahr die Projektwoche ersatzlos gestrichen und bisher hat unsere Schülervertretung kaum protestiert. Meinst du, man könnte einfach mal die Lehrerkonferenz besuchen …?" Bernd beeilte sich um eine Korrektur, die eine gewisse Doppelmoral nicht verhehlen konnte: „Nein! Bloß nicht! Die Aktion damals von Marion war was ganz anderes, als wenn du jetzt …" Diesmal unterbrach Timmi seinen Vater: „Pah! Der einzige Unterschied ist, dass du keinen Ärger für den Protest bekommen konntest, wohingegen eine Protestaktion deines Sohnes ein unangenehmes Gespräch mit dem Schulleiter bedeuten könnte!" Bernd merkte, dass er sich auf glattes Eis begeben hatte, welches allem Anschein nach auch noch dünn war. So wagte er den Ausbruchsversuch des Hoffnungslosen: „Das ist ein Unterschied, gravierender ist jedoch die Tatsache, dass ihr Protest damals wohlüberlegt war, das hatte Hand und Fuß!" Timmi kombinierte: „Wenn wir uns vor dem Protest vergewissern, ob und wie oft uns eine Projektwoche gesetzlich zusteht und dann der Lehrerkonferenz auch noch Vorschläge machen, dann wäre unser Protest also richtig, oder?" Er lachte, denn er wusste, dass er seinen Vater mit seinen eigenen Mitteln argumentativ geschlagen hatte! Dem zerknirschten Gesicht seines Vaters zufolge war es sogar ein technischer K.o. Bernd war über das argumentative Geschick seines Sohnes nicht verwundert, bei diversen Verhandlungen über sein Taschengeld hatte dieser bereits beachtliche Fähigkeiten bewiesen. Vor seinen Augen entstanden grauenvolle Bilder, sie zeigten seinen eigenen Sohn, der die Lehrerkonferenz stürmt! Er verscheuchte die abstoßende Vorstellung, dass sein Sohn sich als Querulant hervortun könnte und gab dem Gebot der Fairness folgend zu: „So wird ein Schuh draus. Protest sollte begründet sein und niemals Selbstzweck, ich meine, wenn ihr euer gutes Recht einfordert und konkrete Vorstellungen habt, klingt das gleich ganz anders. Trotzdem möchte ich nicht im Nachhinein von eurem Direktor erfahren, dass mein Sohn sich als Rädelsführer hervorgetan hat. Solltet ihr was aushecken, sag mir bitte vorher Bescheid!" „Ist okay!", gab Timmi fröhlich zurück. Bernd verfluchte sich: Wie konnte er seinen Sohn auf eine Idee bringen, von der er gehofft hatte, dass Timmi nie und nimmer darauf käme? Zum krönenden Abschluss erteilte er dann auch noch, wenn auch indirekt seine Absolution! Bernd beschimpfte sich weiter, bis ihn Timmi aus den düsteren Gedanken aufscheuchte:

„Und weil Tante Marion in der Schule ihre Meinung sagte und weil sie einen Ferienflirt hatte, glaubst du ihr das alles?"

„Ja, in der Tat!", gab Bernd zurück und wollte sich für seine Bauchlandung revanchieren: „Aber mal was anderes, junger Mann", hob er an und Timmi hörte am Tonfall, dass nun die Zeit der „Streng-dich-etwas-an!"-Rede angebrochen war, „weißt du, warum sie gute Noten in der Schule hatte und wahrscheinlich auch das Studium ganz locker gemeistert hat? Sie wusste ganz einfach, was sie wollte. Leider kann ich dir eher aufzählen, was du alles nicht wollen sollst, aber ich bin sicher, wenn du für dich eine Idee hast, fliegt dir auch alles zu, denn du bist alles, nur dumm garantiert nicht. Ich bin nicht gerade begeistert, wenn du nicht versetzt werden solltest, aber vielleicht brauchst du noch ein Jährchen, um herauszufinden, was du möchtest." Timmi protestiert: „Du, ich habe auch keine Lust, das Jahr zu wiederholen. Ich gebe mir auch wirklich Mühe, das musst du mir glauben!" Bernd hatte kein Interesse an weiteren argumentativen Scheingefechten und versicherte seinem Sohn schmunzelnd, dass er heute seinen Glaubens-Tag habe.

Eine erste Ahnung

Am folgenden Tag fand abends ein Freundschaftsspiel zwischen Timmis Mannschaft und einer anderen Jugendmannschaft aus Flensburg statt, somit entfiel das Montags-Ritual. Für Timmi war dies ein Gottesbeweis, nicht nur, weil er das Fußballspielen über alles liebte, sondern auch, weil die Rückfahrt seinen Kommunikationsbedarf mit seinem Vater vorerst gedeckt hatte. Die Fahrt nach Hause hatten Vater und Sohn genutzt, um ausführlich ihre Eindrücke des Besuches, die letzte Planung des Familienurlaubes und einiges mehr zu besprechen. Ein Thema aber sparten sie aus: Tante Marions Einstellung zu Tieren, die ihr Leben maßgeblich beeinflusst hatte und Timmi ziemlich fremd war. Gleichzeitig imponierte ihm diese gelebte Konsequenz.

Das Freundschaftsspiel gewannen Timmi und seine Freunde haushoch, obwohl die Gegner in ihrer Region ebenfalls die Meisterschaft gewonnen hatten. Timmis Vater bildete zusammen mit den anderen Vätern einen kleinen und erstaunlich enthusiastischen Fanblock.

Timmis Mutter berief am Dienstagabend eine Familienkonferenz ein, um zu erfahren, wie es in der Eifel war. Sie hörte aufmerksam zu, nur als Bernd von der Versöhnung mit der bislang verschollenen Schwester berichtete, konnte sie sich ein „Na siehste!" nicht verkneifen. Die Einladung an Timmi, einen Teil der Sommerferien bei Tante Marion zu verbringen, fand Hilde klasse. Sie sah darin einen Beweis, dass Marion die Versöhnung mit ihrem Bruder und seiner Familie ernst meinte. Dann berichtete sie von ihrem gelungenen Wochenende in Berlin. Die große Überraschung hielt sie bis zum Ende zurück, eine weitere Einladung für die Sommerferien, diesmal jedoch an die gesamte Familie Hecker gerichtet und nach London. Timmi war hellauf begeistert, Bernd zunächst weniger. Er merkte jedoch, dass er der Begeisterung seiner Frau und seines Sohnes kaum ein sinnvolles Argument entgegensetzen konnte, zumal der Familienurlaub dieses Jahr in Form einer ausgedehnten Europareise mit einem Wohnmobil stattfinden sollte. Bernds Widerstand war innerhalb kürzester Zeit gebrochen und der Abstecher auf die Britischen Inseln während des Urlaubs war beschlossene Sache. Wieder mal ging eine Familienkonferenz harmonisch zu Ende.

In Timmi wuchs die Unruhe, nie in seinem Leben hatte er bisher die Sommerferien dermaßen herbeigesehnt, die Aussicht, sechs Wochen ununterbrochen unterwegs zu sein, raubte ihm beinahe die bitter benötigte Konzentration im Kampf um seine Versetzung. Doch hier nahte Hoffnung, denn der Chemielehrer bot ihm an, ein zusätzliches Referat zu halten, das seine Note verbessern könnte. Mit der tatkräftigen Unterstützung eines Mannschaftskollegen, der nicht nur als Libero ein As war, sondern auch in den Naturwissenschaften, arbeitete Timmi ein Referat aus, das den Lehrer angenehm überraschte. Die Fünf in Chemie und die damit einhergehende Gefahr der Nichtversetzung schien abgewendet.

Abends surfte Timmi häufiger als sonst im Internet, er suchte mehr Informationen über die faszinierende Welt, in der sich Tante Marion bewegt hatte oder, wie Timmi hoffte, noch bewegte. Timmi erging es wie sehr vielen anderen Nutzern auch, er hatte das dringende Bedürfnis nach Information, ohne konkret benennen zu können, welcher Art diese sein könnten.

Schlimmer noch: Er wollte wissen, was ihn an Tante Marion und ihren Aussagen begeistert hatte und vielleicht zusätzlich, was seine Eltern und vermutlich alle anderen Erwachsenen auch, gegen ihre Aussagen und seine Begeisterung einzuwenden hatten. Timmi vermutete diese Ablehnung nur, er hatte bewusst darauf verzichtet, seine Eltern anzusprechen, denn er wollte seine Fahrt zur Tante nicht gefährden. Schließlich wollten sie, dass er dort von den alltäglichen Pflichten eines Tierhalters derart abgeschreckt würde, dass er sich nie wieder ein eigenes Tier wünschen würde. Sie wünschten sich bestimmt nicht, dass Timmi dort bestärkt würde, ihr Weltbild und das der anderen Erwachsenen auch infrage zu stellen und gegebenenfalls gar zu ersetzen. Timmi war unbewusst an einem entscheidenden Punkt bereits angelangt: der Frage des Weltbildes und den daraus resultierenden Konsequenzen. Diese Erkenntnis wäre jedoch bei seiner Internetrecherche kaum behilflich gewesen, sie hätte ihn höchstens auf Esoterik-Seiten oder die eines Buchladens geführt. Nach etlichen erfolglosen Versuchen gab er, den Zenit der Verzweiflung erreichend, folgende Worte in die Suchmaschine ein:

Was – fasziniert – mich – an – Tante – Marion?

Wenn einer eine Reise macht

Endlich war er da, der heiß ersehnte letzte Schultag! Tausende von jungen Schulpflichtigen, später auch Nicht-mehr-Schulpflichtigen, sehnen alljährlich diesen Tag herbei, abgesehen vielleicht von einigen wenigen Strebern, aber die zählen hier, wie sonst im Leben auch, nicht. Timmi jedoch übertraf sie dieses Jahr alle, seine Vorfreude auf die Ferien hatte beinahe beängstigende Ausmaße angenommen: In der letzten Woche hatte er abends jeweils einen Zentimeter von dem Maßband seiner Mutter abgeschnitten, ähnlich den Soldaten, die auf ihren Tag der Entlassung warten! Doch Timmis extreme Vorfreude war begründet, dies wusste auch seine Mutter, welche die Verstümmelung ihres Maßbandes stillschweigend duldete. So glaubte Timmi den Prophezeiungen der Lehrer erst, als er sein Zeugnis selbst in der Hand hielt, auf dem eindeutig „Versetzt in die 8. Jahrgangsstufe" stand. Eindeutig, ohne Einschränkungen, ohne Kommentare. Er hatte schon befürchtet, einer dieser typischen Lehrer-Sprüche wie etwa: „Das wird eng!" oder „Mit ganz viel Glück!" würde seine Versetzung nachträglich einschränken, aber nein, es war vollbracht! Ein weiterer Grund zur Vorfreude bestand in der Reiseplanung der anstehenden Sommerferien. Zugegeben, gemeinsam mit den Eltern in den Urlaub zu fahren, ist für einen 14-jährigen nicht das höchste der Gefühle, eine Reise mit dem Wohnmobil war allerdings nicht zu verachten und darüber hinaus ohne Eltern nicht realisierbar. Abgesehen davon verstand er sich mit seinen Eltern prima, auch wenn kleine Ausnahmen diese Regel bestätigten. Ein glücklicher Umstand, der einen gemeinsamen Urlaub erheblich erleichterte. Die Reise mit dem Wohnmobil musste allerdings auf drei

Wochen gekürzt werden, mehr Urlaub hatte sein Vater nicht genehmigt bekommen. Timmi fand dies weniger dramatisch als sein Vater. Zusätzlich stand ja auch noch der Besuch in der Eifel auf dem reichhaltigen Ferienprogramm.

Voller Stolz und unendlich glücklich trug Timmi sein Zeugnis nach Hause. Als er die Haustür aufschloss, war er enttäuscht: Niemand war da, dem er seinen Triumph über die Lehrer und das Schulsystem, welches solche Fächer wie Chemie anstelle von Folter und körperlicher Züchtigung verordnete, präsentieren konnte. Schade eigentlich, obwohl, der Nachweis seines brillanten Intellekts, den Timmi in seinem Zeugnis sah, war es eigentlich nicht. Er war versetzt, das war aber auch schon alles. Doch Timmi war dies ziemlich schnuppe, bei einem schlechten Fußballverein zählte schließlich auch nur der Klassenerhalt. Einige Zeit später kam dann doch seine Mutter heim. „Und?", fragte sie vielsagend. „Ich hab es gepackt, wie die Lehrerin es versprochen hat!", jubelte Timmi. „Möchtest du es sehen?" „Na, ich glaube dir auch so, aber ich habe den Eindruck, du möchtest mir unbedingt dein Zeugnis zeigen, stimmt's?", grinste seine Mutter. „Ist aber gar nicht so gut!", schränkte Timmi ein. „Jetzt her damit, du Schlawiner!" Sie setzten sich an den Wohnzimmertisch und seine Mutter begutachtete das Dokument schweigend. „Geh doch mal zum Auto, ich habe den Kuchen also doch nicht umsonst gekauft", sagte sie schließlich. Er ging und entdeckte zu seiner großen Freude einige große Stücke Erdbeer-Rhabarber-Streifen, sein absoluter Favorit.

Später am Abend hatte sein Vater zwei weitere Überraschungen parat. „Ich weiß, es ist pädagogisch nicht sinnvoll, sein

Kind für ein derartiges Zeugnis zu belohnen", setzte er mit dem gönnerhaftesten Lächeln an, um ebenso großspurig fortzufahren: "Aber in diesem Fall konnte ich mir eine kleine Anerkennung Ihrer Anstrengungen nicht verkneifen und überreiche Ihnen nun diesen bescheidenen Brief!" Timmi und auch seine Mutter konnten sich ein Lachen nicht verkneifen, als ihm sein Vater mit würdevoller Miene, einen Diener andeutend einen Briefumschlag überreichte. Erwartungsvoll riss Timmi den Briefumschlag auf und las den kurzen Brief. Seine Gesichtszüge drohten zu entgleisen, binnen des Bruchteils einer Sekunde war seine Laune ins Gegenteil umgeschlagen. "Soll das ein schlechter Scherz sein?", fragte er seinen Vater, als er die Sprache wieder gefunden hatte. "Nee nee, das ist schon mein voller Ernst!", entgegnete dieser. Mutter Hecker schaute fragend ihren wutschnaubenden Sohn, dann ihren Mann an. Er hatte ihr zwar gesagt, er hätte eine Überraschung für Timmi, ihr aber verschwiegen, welcher Art. "Was steht denn darin?", fragte sie. "Das ist ein Gutschein für Nachhilfe!", grollte Timmi, dem augenblicklich 10 000 ihm passender erscheinende Anerkennungen für eine mühsam errungene Versetzung eingefallen wären. Aber er wurde, wie so oft, nicht gefragt. "Nun ja", erklärte sein Vater, "ich habe mit deiner Klassenlehrerin telefoniert und sie meinte, du bräuchtest eventuell jemanden, der dir etwas auf die Sprünge hilft. Die Tochter eines Arbeitskollegen studiert Mathematik, Physik und Chemie auf Lehramt und wird dir einmal in der Woche bei den Hausaufgaben helfen. Ist doch schließlich besser so, als nächsten Sommer wieder so einen Kampf um die Versetzung zu erleben, oder?" Timmi musste widerstrebend zustimmen, seine Begeisterung hielt sich aber weiterhin schwer in Grenzen. „Aber Bernd!", schaltete sich seine Mutter, verärgert über die Störung der Familienidylle ein. „Du hast mir doch gesagt, du wolltest Timmi eine kleine Freude bereiten …!" Sie konnte die Wut ihres Sohnes sehr gut verstehen. „Tja, ich habe es mir halt anders überlegt, etwas Nützliches und", er fischte einen zweiten Umschlag aus seinem Jackett, „eine etwas größere Freude!" Argwöhnisch beäugte Timmi den zweiten Briefumschlag. „Jetzt schau schon rein, das Schlimmste hast du überstanden!", ermutigte Bernd seinen Sohn. Missmutig öffnete Timmi den Umschlag, er enthielt keinen Brief, sondern zwei Dauerkarten für die kommende Saison von Holstein Kiel! Na, das war doch mal eine Anerkennung! Seine Laune besserte sich schlagartig und der Familienfrieden war wiederhergestellt.

Am nächsten Morgen holten Vater und Sohn das Gefährt ab, welches in den nächsten Wochen als rollende Ferienwohnung dienen sollte. Timmi war beeindruckt von der Größe des Wohnmobils. Nach zwei weiteren Tagen der Planung und Vorbereitung startete Familie Hecker in den Urlaub: Holland, Belgien, Frankreich. Timmi wusste nicht, was er davon halten sollte. Einerseits nervten ihn die vielen Stunden auf der Autobahn, andererseits gab es jeden Tag etwas Neues zu sehen, sodass keine Langeweile aufkam, zumal seine Eltern ausgeprägte Burgen-Fanatiker waren, die für nahezu jedes Schloss am Wegesrand die Autobahn verließen. Am spannendsten fand er jedoch die Überfahrt mit der Fähre nach England, denn es herrschte ein starker Sturm, der für heftigen Seegang sorgte. Er genoss das Schaukeln der Fähre, während seine Mutter mehr tot als lebendig in England ankam. Wie sich herausstellte, galt die vollmundig versprochene Einladung an die gesamte Familie lediglich für ein Abendessen mit irgendwelchen Geschäftspartnern seiner Mutter, die restliche Zeit verbrachten Vater und Sohn alleine in London. Sie erkundeten ausgiebig die riesige Metropole. Timmi, geprägt vom Leben in einer beschaulichen norddeutschen Kleinstadt, war absolut fasziniert. Ihm fielen die Ausführungen seiner Tante ein, denen zufolge England der Ausgangspunkt jener Bewegung sein sollte, der sie so lange angehörte. Auch fiel ihm der ergebnislose Versuch ein, im Internet zu erfahren, was es denn mit Tierrechten auf sich haben könnte. Bei dieser Suche war er zwar auf die Homepages von verschiedenen Gruppierungen gestoßen und hatte sich auch die diversen Foren angeschaut, aber die dort vertretenen Ansichten und Meinungen waren derart widersprüchlich gewesen, dass er schnell aufgegeben hatte.

Timmi überlegte, wenn in England Tierrechte so verbreitet waren, musste eine Riesenstadt wie London doch quasi die Zentrale sein … So hielt er bei den Streifzügen mit seinem Vater nach Zeichen dieser ihm eigentümlich erscheinenden Idee Ausschau und war zumindest auf den ersten Blick enttäuscht. Denn auch hier gab es jede Menge Metzgereien und auch ansonsten schienen die Engländer wenig revolutionär zu sein. In einem Supermarkt entdeckte Timmi jedoch zahlreiche Produkte, die mit einer Sonnenblume gekennzeichnet waren und meistens Aufschriften wie „Suitable for Vegans/Vegetarians" trugen. In den Kühlregalen lagen Dutzende von Würstchen und Aufschnitt, Käsesorten und andere typische Molkereiprodukte, die als „vegan" oder „vegetarisch" deklariert waren, ebenso abgepackte Kuchen und Kekse. Timmi war überrascht, vegane Ernährung schien in London völlig normal zu sein.

Auf den Spaziergängen bemerkte er auch an vielen Stellen Plakate, Aufkleber und Schablonengraffitis mit Slogans wie: „Animal Lib. Now!" oder auch „Support the ALF!" Klar fiel ihm ein, „Lib" steht für Liberation, also Befreiung, so wie ALF die Abkürzung für Tierbefreiungsfront ist. In einem anderen Supermarkt fand er ebenfalls viele vegane Käsesorten und überredete seinen Vater, einen zu kaufen. Dieser sträubte sich zwar gegen den, wie er es nannte, Sojafraß, kaufte ihn dann aber doch. Bei einer kleinen Pause in einem Park probierten sie ihn neugierig. Beide waren angenehm überrascht, er schmeckte etwas anders als gewohnt, aber durchaus gut. Vielleicht gibt es in London gar nicht so viele Veganer, überlegten sie, sondern auch andere Menschen, die nicht-tierische Produkte kaufen. Timmi beschloss, seine Tante danach zu fragen.

Weiterhin achtete Timmi verstohlen auf die nun allgegenwärtig scheinenden Aufkleber und Schablonengraffitis, die es ihm besonders angetan hatten, was seinem Vater natürlich nicht entgangen war. „Na, das sieht aber toll aus!", sagte er zu Timmi und deutete dabei auf ein sehr sorgfältiges Schablonengraffiti, das gut sichtbar an einer grauen, verwitterten Stützwand angebracht war. Es zeigte eine realistische Schwarz-Weiß-Zeichnung eines Schweins, in einer Sprechblase stand: „Meat means Murder!" Timmi fühlte sich ertappt und war von seinem Vater derart überrumpelt worden, dass er unumwunden zugab: „Ja, total klasse!" Herr Hecker indes konnte sich weder mit Form noch mit Inhalt anfreunden: Für ihn stellten Graffitis jeder Art und Weise eine Sachbeschädigung und gemeingefährliche Straftat dar und Begriffe wie „Fleisch" und „Mörder" quasi in einen Topf zu werfen, war Ausdruck eines weltfremden, verabscheuungswürdigen Extremismus. Beide Sichtweisen teilte er seinem Sohn unverblümt mit und erntete den erwarteten Widerspruch: „Ach, Papi! Sei doch nicht so spießig! Das Graffiti ist keine Beschädigung dieser vergammelten Wand, im Gegenteil, die haben sogar mit Wandfarbe vorgrundiert! Und ‚Mörder' ist doch im übertragenen Sinne gemeint, so als Metapher!" „Aha, schicke ich dich also nicht völlig umsonst auf das Gymnasium!", entgegnete dieser und schwieg.

Er machte sich Sorgen, denn sein Sohn schien von den Graffitis sehr angetan zu sein. War das wirklich der richtige Zeitpunkt, ihn jetzt für längere Zeit seiner Schwester zu überlassen? Ihre überideologisierte Sichtweise würde bei Timmi auf fruchtbaren Boden fallen, das stand fest. Andererseits hatte sie doch für ihren Fanatismus genug bluten müssen, sodass sie sich hüten würde, ihren Neffen anzustiften …? Wozu eigentlich? Andererseits, ein Sohn mit eigenen Ansichten ist doch erstrebenswert, oder? Ja schon, wenn es denn eigene Ansichten wären, oder zumindest andere …? Hatte er denn überhaupt eigene, also von ihm, Bernd Hecker, selbst entwickelte Ansichten? Hatte er sie als Jugendlicher?

An diesem Abend traf Frau Hecker auf ein eigentümliches Duo: einen Sohn, in dem Begeisterung und Tatendrang glühten – und einen ungewöhnlich nachdenklichen, schweigsamen Ehemann.

Am nächsten Tag machte die ganze Familie Hecker noch

einen abschließenden gemeinsamen Sightseeing-Tag in London, schließlich hatte Frau Hecker bisher nichts von der Stadt gesehen, außer Geschäfts- und Konferenzräume und das Hotelzimmer. So klapperten sie alle berühmten Touristenziele der Themse-Metropole ab. Als sie sich dem Piccadilly Circus näherten, begegnete ihnen eine riesige Demonstration. Auf Transparenten und Plakaten forderten die Teilnehmer „Stop Animal Abuse!" und einiges mehr, was mit Tieren zu tun hatte. Timmi war hellauf begeistert, denn er hatte insgeheim die Erzählungen seiner Tante bereits als Fabeln abgetan, denn London erschien ihm unterm Strich als wenig revolutionär. Und nun diese riesige Demonstration! Er hatte Mühe die Anzahl der Teilnehmer abzuschätzen, er glaubte, es müssten annähernd 10 000 Menschen sein, die sich hier lautstark, fantasievoll und auch lustig, viele hatten sich als Tiere verkleidet, für Tiere einsetzten. Immer wieder kamen Flugblatt-Verteiler und drückten Timmis Vater, seine Gegenwehr ignorierend ihre Flugblätter in die Hand, sodass er bald einen ansehnlichen Stapel in den Händen hielt. Seine Miene wies auf einen nicht besonders begeisterten Sammler gedruckter Meinungen hin. Trotzdem schaffte es Timmi mit Unterstützung seiner Mutter, den verstimmt wirkenden Vater Hecker zu überreden, der Demonstration etwas zu folgen. Sie verfolgten die Menschenmenge keine Viertelstunde, da hatte die Demonstration ihren Zielpunkt erreicht, auf einem großen Platz. Auf diesem waren etliche Stände aufgebaut, einige verkauften Snacks, andere Bücher und Zeitschriften. Timmi sah sich das Treiben an, es gefiel ihm, es herrschte eine im Gegensatz zu der Demonstration sehr entspannte Atmosphäre und die Menschen waren bunt gemischt. An einer Seite des wirklich großen Platzes stand eine Bühne, die gerade von einem ganzen Rudel Musiker erobert wurde. Vater Hecker ahnte Böses – seine erträgliche Laune hatte sich bereits in den Kartoffelkeller verkrümelt – zu Recht.

Die Combo begann lautstark mit einer beschwingten Mischung aus Reggae und Punkrock und der Frontmann gab sich Mühe, wie ein auch wirklich gequältes Tier zu klingen, zumindest empfand es Timmis Vater so. Er gab sich keine sonderliche Mühe, seine Abscheu vor diesen Leuten, dieser Musik, dieser Veranstaltung und deren Zielen zu verbergen. Problematisch waren für das selbst ernannte Familienoberhaupt jedoch die Reaktionen seiner Untertanen, wie er seine Frau und seinen Sohn manchmal scherzhaft nannte. Beide hatten derartige Musik noch nie gehört. Timmis Mutter aber war in ihrer Jugend großer Fan von Bob Marley und Peter Tosh, so hatte sie besonders an den Reggae-lastigeren Stücken ihre Freude, aber auch die Bläsereinsätze sagten ihr sehr zu. Timmi, bisher ohne Punk und Reggae aufgewachsen, fand die ihm unbekannte Musik spontan klasse, besonders wenn sie ganz schnell wurde und trotzdem unterstützt von Trompeten und Posaunen im Ansatz melodiös blieb, auch wenn der Sänger eher vor Wut zu schreien, denn zu singen schien. Die Band stoppte und der Sänger hielt eine kurze Ansprache. Timmi verstand nahezu gar nichts, zwischen dem Akzent des Frontmanns und seinem rudimentären Schulenglisch bestand keine Kompatibilität. Er ahnte lediglich, dass es sich um Politik handeln musste, es fielen Namen wie Blair und Bush und Ausdrücke, die ihm der Englischunterricht auch künftig vorenthalten würde. Schließlich erwähnte der Sänger, dem Anlass des Konzertes entsprechend, auch „Animals". Er beendete seinen kurzen Vortrag über Bush, Blair und die Tiere, indem er dem Publikum mit erhobener Faust zurief: This is the Animal Liberation Front! Das Publikum johlte begeistert. Dies war für die Band das Startsignal, sie spielten noch eine Zeit lang, dann bedankten sie sich bei dem frenetisch schreienden und klatschenden Publikum. Nachdem sie die Bühne verlassen hatten, kam ein Ansager, der sich bei Conflict bedankte und mit einem Comedy-Programm begann. Vater Hecker konnte Frau und Sohn endlich vom Platz lotsen. Als sie den Platz zu seiner großen Enttäuschung verließen, entdeckte Timmi ein Plakat, das verkündete: Stop Animal Abuse! Now! Demonstration, Street-Action and live in Concert: Conflict. Aha, dachte sich Timmi, der Name passt! Der ungeplante Besuch der Demonstration und des Konzertes hatte den Besichtigungsmarathon der Familie beendet, es war spät geworden. Sie beschlossen, den Urlaub in einem Restaurant nahe dem Hotel ausklingen zu lassen. Bei der Bestellung ignorierte Timmi die Warnungen seiner Eltern und orderte sein Fleisch in Medium. Der Kellner servierte ihm daraufhin ein halbrohes, in seinem eigenen Blut schwimmendes Stück eines scheinbar noch sehr lebendigen Tieres. Angeekelt schnitt Timmi ein Stückchen ab und probierte es: Bah! Blutgeschmack! Er hatte kein Problem mit seinem eigenen Blut, zum Beispiel mit Schürfwunden beim Sport, aber das hier ekelte ihn an. Er ließ es zurückgehen und weiter braten, was besonders seinen Vater belustigte. Als der Kellner wieder erschien, sah das Fleisch so aus, wie es Timmi gewohnt war und wie es ihm bisher auch immer vorzüglich geschmeckt hatte, an diesem Abend aber hatte er den Eindruck, einen großen Fehler zu begehen. Hervorgerufen wurde dieser Eindruck von dem alles überlagernden Blutgeschmack. Er beschloss, dieses Stück Fleisch nicht zu essen. Sein Vater, dessen Nervenkostüm am Nachmittag über Gebühr strapaziert worden war, stand unmittelbar vor einer Explosion. Doch Timmi hatte sich bereits entschieden: Lieber eine Standpauke als die Nacht auf der Toilette zu verbringen! Auch jetzt half ihm seine Mutter, indem sie ganz pragmatisch seinen Teller nahm und dieses widerwärtige Etwas aß. Timmi lehnte es ab, etwas anderes zu bestellen, ihm war der Appetit vergangen.

Später im Bett seines Einzelzimmers liegend, kämpfte Timmi gegen die ganzen Eindrücke der letzten Tage an. Er war völlig erschöpft und fand trotzdem keinen Schlaf. Die unfreiwillige Diät machte sich zusätzlich bemerkbar, sein Magen knurrte. Entnervt drehte er sich von der einen auf die andere Seite, wenn er zumindest Musik, am besten sogar die von heute Nachmittag hören könnte, aber sein Discman hatte irgendwo in Frankreich seinen Geist aufgegeben. Na ja, und ob es von dieser Band CDs zu kaufen gäbe, bezweifelte er. Um sein schlafloses Elend zu perfektionieren, stritten nun seine Eltern im Nebenzimmer. Es war kein lautstarker Zoff, mehr ein intensives Streitgespräch, das auf halber Lautstärke abgewickelt wurde. Somit konnte Timmi die Stimmen seiner Eltern vernehmen, aber das eigentlich Interessante, der Inhalt, blieb ihm leider vorenthalten. Obwohl ihm eigentlich klar war, worum es ging: Vor allen Dingen war sein Vater schrecklich eifersüchtig auf

Mutters Geschäftspartner, dann seine Abneigung gegen Groß-städte, Graffitis und Tierrechtsfestivals, so hatte Timmi das Ereignis am Nachmittag auf dem Platz mittlerweile getauft, und dergleichen mehr. Timmi fragte sich, ob sein alter Herr noch richtig tickte: Wie konnte man in jedem Geschäftspartner einen Feind sehen? Wie wickelt er denn in seiner Bank die Geschäfte ab, dass er derart eifersüchtig war? Und überhaupt: Wie kann man von so einer faszinierenden Stadt, die richtig lebendig ist, genervt sein? Timmi ging die kleinstädtische Langeweile gegen den Strich. Mittlerweile war nebenan wieder Ruhe eingekehrt und kurze Zeit später schienen sich seine Eltern zu versöhnen. „Das nicht auch!", dachte Timmi genervt, als er seinen Kopf unter dem erfreulich großen Kopfkissen begrub. Ihm war klar, dass er nicht von irgendeinem Klapperstorch bei seinen Eltern abgeliefert worden war, sondern, dass sie selbst bei der ganzen Sache ihre Hände und wahrscheinlich auch weitere Körperteile im Spiel gehabt hatten, aber seinen Eltern zuzuhören war ihm extrem peinlich. Das Sandmännchen war gnädig und fand Tim-mi unter dem Kissen, endlich schlief er ein … Er fand sich auf einer riesigen Wiese wieder, vorne war eine Bühne, auf der die Schulband spielte. Seine Mathelehrerin stand mit rot-grünen Haaren auf der Bühne und sang: „Das ist der Sommer unseres Lebens …" Das Publikum bestand aus Schafen, Kühen und Schweinen, die besonders beim nächsten Lied ganz laut mitsangen: „Wir sind geboren, um frei zu sein …!" Etwas später befand er sich in den Schluchten einer Riesenstadt mit bunt besprühten Wolkenkratzern, die Straßen waren überfüllt mit Tieren, die Transparente hielten, auf denen immer wieder nur ein einziges Wort stand: CONFLICT!

Timmi schreckte auf und blinzelte in den noch dunklen Raum. Puh, diese Träume würden ihn noch um den Verstand bringen! Er schaute aus dem Fenster und sah, dass die Sonne bald aufgehen würde. Er beschloss, schon mal frühstücken zu gehen, seine Eltern waren Langschläfer und nach den selbst auferlegten Strapazen des gestrigen Abends würden sie wahrscheinlich noch länger schlafen als üblich.

Nach einem ausgiebigen und befremdlich einsamen Frühstück, er war der erste Gast, weckte er seine Eltern. Nachdem er mit ihnen ein zweites Frühstück eingenommen hatte, fuhr Familie Hecker zügig Richtung Heimat. Die Überfahrt fand diesmal zur Erleichterung seiner Mutter bei völliger Flaute statt und auch ansonsten war die Heimreise unspektakulär. Timmi verbrachte sie größtenteils im Reich seiner wirren Träume.

Direkt am Tag nach der Ankunft rief Timmi bei seiner Tante an, er konnte es kaum erwarten, sie zu besuchen. Diese zeigte sich erfreut, dass er mit seinen Eltern wohlbehalten und früher als erwartet wieder zu Hause war. Da er mit der Bahn anreisen würde, nannte sie ihm den Namen eines kleinen Eifelörtchens, das direkt von Köln mit dem Zug erreichbar war. Sie vereinbarten, dass er bereits in zwei Tagen anreisen würde, da sie mit ihrer Freundin Helga und deren Tochter Pia nach seinem Besuch noch in einen kurzen Urlaub fahren wollten. Tante Marion schaffte es, Timmi auch in diesem Gespräch, das eigentlich nur um technische Details seiner Anreise ging, zu irritieren, indem sie ihn fragte: „Sag mal, hast du eigentlich eine Fahrradhose? Wenn ja, bring sie mit!" Nein, eine Radhose besaß er nicht, wozu auch? Anschließend überredete er seine Mutter, mit ihm zum Bahnhof zu fahren, um die Fahrkarte zu kaufen. Als sie die lange Schlange am Fahrkartenschalter sah, sagte sie zu Timmi: „Also, junger Mann, wer reisen will, muss warten können! Hier hast du Geld, mich findest du im Eiscafé gegenüber!" Sie drückte ihm einige Scheine in die Hand und ließ ihn etwas verdutzt zurück. Timmi stand nun alleine am Ende der unglaublich lang erscheinenden Schlange und kam sich verlassen vor. Seine ihn immer behütende Mutter ging Eis essen, während er hier herumstehen durfte, so schnell wurde man also erwachsen! Schließlich kam er am Schalter an und hatte Glück, denn die sympathische junge Dame am Schalter hatte Mitleid mit ihm und suchte ihm eine wirklich schnelle Verbindung von der schleswig-holsteinischen Küste in die entlegene Eifel heraus. Der Preis der Fahrkarte schockierte Timmi, denn er war kein routiniertes Opfer des Unternehmens Zukunft, ein solches hätte das Ticket, gemessen an den Maßstäben des besagten Unternehmens sogar noch günstig gefunden.

Abenteuer Bahnfahrt

Seine Eltern waren weniger über den Preis entsetzt, als über das Ticket an sich: Es war nämlich nur die Hinfahrt! Sie hatten ihm aufgetragen, die Rückfahrt etwa eine Woche später gleich mitzukaufen, denn dann ließ die Bahn mit sich reden. Außerdem hätte er dann noch einige Tage bis zum Beginn des neuen Schuljahres. Auf eben jene Tage spekulierte Timmi, der insgeheim hoffte, seinen Aufenthalt bei der Tante dadurch zu verlängern, dass er die Rückfahrt nicht gleich mit hinzukaufte. Das fehlende Ticket sorgte beim Abendessen für leichte atmosphärische Störungen. „Sag mal, hast du dir irgendwas Vernünftiges dabei gedacht, die Rückfahrt nicht zu kaufen?", wollte sein Vater denn auch wissen. Timmi, durch einen ersten kleinen Rüffel seiner Mutter bereits vorgewarnt, hatte sich eine, wie er dachte, unschlagbare Ausrede einfallen lassen: „Natürlich habe ich mir dabei etwas gedacht! Stell dir mal vor, es gefällt mir bei Tante Marion doch nicht so gut. Dann müsste ich länger bleiben, als ich eigentlich will, nur weil mein Ticket erst in ein paar Tagen gilt! So habe ich die Möglichkeit nach Hause zu fahren, wann ich möchte." Eine kluge Ausrede, aber eben eine Ausrede und Vater Hecker, dem der erste Arbeitstag gar nicht gut bekommen war, ließ sie nicht gelten. „Ach, der junge Herr möchte selbst entscheiden, wann er das Geld seiner Eltern zum Fenster heraus wirft? Pass mal auf, du Möchtegern-Schlaumeier, wenn du heute eine Fahrkarte kaufst, kannst du auch eine kaufen, die bis gilt, das heißt, bis zu diesem quasi Verfallsdatum kannst damit zurückfahren, wann immer du möchtest. Bei deiner glorreichen Idee zahle ich circa vierzig Prozent mehr, das sehe ich nicht ein! Den Betrag ziehe ich vom Taschengeld ab!", schnaubte er. „Aber

Bernd!", fuhr Timmis Mutter dazwischen. „Ich finde die Idee von Timmi gut, und er wusste bestimmt nichts von den Regelungen der Bahn!" „Pah, nicht gewusst! Ich glaube eher, dass unser Herr Sohn keine Lust hat, so rechtzeitig, wie wir uns das wünschen, wieder hier zu sein! Oder steckt gar meine Schwester hinter dem Versuch, unsere Anweisung, einige Tage vor Schulbeginn wieder nach Hause zu kommen, zu unterlaufen?" Er funkelte seinen Sohn wütend an. „Nein", erwiderte Timmi, eingeschüchtert vom seltenen Wutausbruch seines Vaters. Das Gefühl ertappt worden zu sein, ließ seine Stimme noch etwas dünner klingen. „Bernd, was soll das Theater eigentlich? Timmi fährt morgen zum Bahnhof, lässt sich ein passendes Rückfahrticket ausstellen und gut ist. Weder er noch ich können was dafür, wenn du Stress im Job hast!" Sie lachte kurz auf: „So wie du dich aufführst, hätte ich mir an Timmis Stelle auch keine Rückfahrt gekauft!" „Ja, du hast ja recht. Ich sollte meinen Ärger am Arbeitsplatz lassen, ihr könnt nichts dafür. Aber, wenn du es den ganzen Tag mit Menschen zu tun hast, die meinen, sie könnten denken, sich dann aber wie die letzten Ochsen verhalten, reagierst du halt allergisch auf dumme Ausreden! Entschuldigung Timmi, ich wollte dich nicht so anschnauzen!" Timmi sah erleichtert auf, der Sturm schien sich gelegt zu haben. „Okay!" Sein Vater sah ihn an: „Trotzdem holst du morgen die Karte, klar?" Timmi willigte ein, es blieb ihm schließlich keine andere Wahl.

Am folgenden Tag musste Timmi alleine zum Bahnhof, seine Mutter hatte keine Zeit, dafür aber einige kleine Aufträge, die Timmi in der Stadt erledigen durfte, zur Post und ähnliche zeitraubende Kleinigkeiten. Die junge Dame am Schalter musste schmunzeln, als sie den etwas zerknirschten Timmi wieder vor sich hatte. Er schilderte ihr sein Problem und wieder hatte sie eine gute Lösung. Sie fragte ihn nach dem Datum des letzten Ferientages, verdutzt nannte Timmi ihr das Datum. Daraufhin stellte sie ihm ein Ticket aus, das vom Tag der Anreise bis einschließlich zum letzten Ferientag gültig war. Somit galt seine Ausrede weiterhin und er könnte einen neuen Versuch starten, länger bei Tante Marion zu bleiben. Darüber hinaus erledigte er die Aufträge seiner Mutter, was ihn zwar nervte, aber den Tag des Wartens schneller vorübergehen ließ.

In der Nacht stand Timmi stundenlang in einer sehr langen Schlange, um ein Paket abzuholen. Mit diesem stand er dann in einer noch längeren Schlange, um es einer hübschen jungen Schalterbeamtin zu überreichen …

Am nächsten Morgen ging es endlich los. Timmi war sehr aufgeregt, denn er fuhr zum ersten Mal alleine mit der Bahn. Das hätte er locker weggesteckt, aber auf diese Fahrt hatte er unbewusst seit der Abreise bei seiner Tante hingefiebert. Seine Mutter schien ebenfalls aufgeregt zu sein, immer wieder ging sie mit Timmi die Reiseverbindungen durch, dabei waren es ganze zwei Umstiege, die er zu bewältigen hatte, Hamburg und Köln. Bei beiden hatte er reichlich Zeit, vor Ort das richtige Gleis zu finden. Endlich, seine Mutter wollte ihn zum fünften Mal in die hohe Kunst des Umsteigens einweihen, fuhr der Zug ein. Timmi drückte seiner Mutter leicht verschämt einen flüchtigen Abschiedskuss auf die Wange, schnappte sich hastig sein Reisegepäck und stieg ein. Im Zug fand er schnell seinen reservierten Fensterplatz, seine Mutter deutete ihm an, das Fenster zu öffnen. „Und melde dich, sobald du angekommen bist!", forderte sie ihn auf. „Ja, ja!", versicherte er ihr und zu seiner großen Erleichterung fuhr der Zug ab, bevor seine Mutter sämtliche elterlichen Ermahnungen über gutes Benehmen bei Tanten und dergleichen mehr durchs Fenster rufen konnte. Wenige Minuten später forderte eine glockenhelle Stimme die zugestiegenen Fahrgäste auf, die Fahrkarten vorzuzeigen. Vor Timmi stand eine junge, auffallend hübsche Zugbegleiterin. „Oh, junger Mann auf großer Reise?", lächelte ihn die rot ge-lockte Schönheit an. „Äh, ja", stammelte Timmi. „Du fährst aber in eine nette Gegend, meine Oma wohnt in der Ecke", strahlte sie ihn an, nachdem sie auf seinem Ticket den Zielbahnhof gelesen hatte. „Besuchst du dort deine Freundin?", fragte sie Timmi mit einem faszinierenden Augenaufschlag. Timmis Gesicht hatte mittlerweile den Farbton einer überreifen Tomate angenommen. „Na, da wird sie sich aber freuen!", flötete das als Schaffnerin verkleidete Geschöpf weiter. „Äh, nein, meine Tante!", brachte er schließlich raus, nachdem er die Sprache wieder gefunden hatte. „Na, die wird sich aber auch freuen! Viel Spaß und eine angenehme Fahrt!" Sie schenkte ihm noch ein weiteres bezauberndes Lächeln und verschwand. Timmi war höchst irritiert, noch nie hatte ihn der Anblick einer attraktiven Frau im wahrsten Sinne des Wortes sprachlos gemacht. Ab-gesehen davon stieg die Bahn sehr in seinem Ansehen, bisher dachte er, dass nur verschrobene, unfreundliche alte Männer bei der Bahn arbeiteten, allem Anschein nach ein Vorurteil. Die Zugbegleiterin kam noch einige Male vorbei und immer wieder lächelte sie ihn an. Timmi konnte es sich nicht verkneifen, entweder das Gesicht oder die Figur zu bewundern. „So, in zehn Minuten erreichen wir Hamburg, nur dass du Bescheid weißt!", strahlte sie ihn etwas später an. Prompt wurde Timmi wieder rot und nickte nur.

In Hamburg wurde Timmi klar, warum er einen Platz reservieren sollte. Auf dem Bahnsteig schien sich sein halbes Heimatstädtchen versammelt zu haben. Er fragte sich, wie all die Menschen in einen einzigen Zug passen könnten. Erneut hatte er einen Fensterplatz, wie er dankbar feststellte. Für einen kurzen Augenblick hegte er die Hoffnung, dass auch die Schaffnerin umsteigen würde … „Hach, guckt mal, meine Schnuckelchen! Da ist ja unser Plätzchen!" Die kratzige Stimme einer alten Frau riss ihn je aus seinen Tagträumen. Die kleine alte Dame in einem mintfarbenen Kostüm mit farblich abgestimmtem Hut steuerte zielstrebig auf den ihm gegenüberliegenden Doppelsitz zu, im Schlepptau hatte sie drei Pudel. Scheinbar aus dem Nichts zauberte sie eine Decke aus Samt hervor und breitete sie auf dem einen der beiden Plätze aus. Schnaufend setzte sie sich Timmi gegenüber ans Fenster und hob die Pudel nacheinander auf den anderen Platz. Timmi verfolgte das Spektakel argwöhnisch, dieser Teil der Zugfahrt schien eher anstrengend zu werden. Erst jetzt nahm er wahr, dass auch die Pudel Hüte trugen, genauer gestrickte Zylinder in schreiendem Rosa! Unwillkürlich verkrampfte sich sein Magen, vorsichtshalber schloss er die Augen, zählte bis Zehn und betete, der Albtraum möge vorüber sein. Doch dieses Quartett ihm gegenüber war Realität, unglaublich! Zwischen Abscheu und Mitleid schwankend, beäugte er erneut die Hunde: Ein augenscheinlich untalentierter Hundefriseur hatte allen Dreien den Großteil des Fells abrasiert, lediglich am Hals und oberhalb der Pfoten hatte er die Krussellocken stehen lassen, sodass sie einen zerrupften Kranz bildeten. Aber der Gipfel der Geschmacksverirrung waren die Hütchen, die den armen Hündchen auf den Kopf gebunden worden waren. Timmi erschauderte, wer seine Hunde so verunstaltet, ist wahrscheinlich zu allem fähig. Er blickte die Dame erneut an, sie hatte nun ihr Jackett geöffnet, darunter trug sie eine orangene Bluse. Sie musterte ihn auch und sprach ihn dann an: „Na, Kleiner, so alleine unterwegs?" Was eine Frage, das war doch offensichtlich! „Ja", sagte er dementsprechend knapp. „Na, fährst du zu deiner Oma?", es klang nach dem Auftakt eines Verhörs. „Fast, ich besuche meine Tante." Die Dame lächelte und nickte. „Habt ihr gehört, meine Lieben!", sie sprach ihre bereits dösende Hundesammlung an: „Er macht seiner Tante eine Freude und besucht sie, der anständige Junge!" Wieder an ihn gewandt fuhr sie fort: „Das ist toll von Dir, mich besucht nämlich keiner, aber das ist egal, ich habe ja meine Lieblinge! Weißt du, mein Hugo ist ja schon über zwanzig Jahre tot, aber ich bin nicht alleine, nein, ich habe ja meine Schätzchen!" Sie schüttelte energisch den Kopf. „Wir hatten schon immer Pudel, früher haben wir gezüchtet, unsere Pudel haben sogar Preise gewonnen, jaja!" Der Wortschwall ebbte ab. Die Dame kramte in ihrer überdimensionalen Handtasche. Im Handumdrehen zauberte sie Brötchen, Kokosmakronen und eine kleine Flasche Eierlikör hervor. „Bahnfahren macht ja immer so hungrig!" Timmi versuchte gelangweilt aus dem

Fenster zu schauen, aber so sehr ihn die alte Frau auch nervte, so sehr faszinierte sie ihn auch, wann begegnet man schließlich einer Frau, die offensichtlich irgendwo ausgebüchst ist und sich nun in der Realität vergnügt? „Hast du auch Tiere, mein Kleiner?", begann sie erneut mit ihrer Zwangskommunikation. „Äh, nein, leider." Sie sah ihn an, als hätte er und nicht sie ein ernsthaftes Problem. Dabei biss sie geräuschvoll in ein übermäßig mit Schinken beladenes Brötchen. „Das ist wahrhaftig schade. Ich könnte ohne Tiere gar nicht leben. Ich liebe Tiere!" Sie bestätigte ihre Tierliebe mit einem erneuten Biss in die Brötchen-Schinken-Skulptur. Timmi war sich nicht ganz sicher, ob sie unter Liebe dasselbe verstand wie er, er würde seiner Geliebten garantiert nicht die Haare abrasieren, das stand fest! Ob er ihr auch einen rosafarbenen Zylinder aufsetzen würde, wagte er ebenfalls zu bezweifeln. „Ach, du weißt ja noch nichts vom Leben, daher verrate ich dir jetzt mal was: Tiere sind die besseren Menschen!", raunzte sie ihm nun verschwörerisch zu. Sie zauberte ein Glas aus ihrer Handtasche, goss es randvoll mit der gelblichen dickflüssigen Masse und nahm hastig einen tiefen Schluck. „Weißt du, Kleiner!", hauchte sie ihm ihre Alkoholfahne hinüber: „Tiere verlassen dich nie! Die verstehen dich und lassen dich nie im Stich! Menschen sind alles treulose Tomaten, aber die Liebe von einem Tier, das ist echte Liebe, die hält garantiert ein Leben lang!" Hastig saugte sie ihr Glas leer. „Deswegen kriegen meine Schätzchen jetzt Leckerchen!", beschloss sie. Ungeschickt nestelte sie an der Tüte mit den Keksen, aufmerksam beobachtet von den drei Pudeln. „Hier, meine Lieblinge!" Sie schob einem Pudel nach dem anderen ein Plätzchen ins Maul. „Die habe ich extra für meine kleinen Schätzchen gebacken, ich darf ja nix Süßes mehr, von wegen Zucker und so, die wollten mir sogar mein Likörchen verbieten! Und die Tierärztin meinte, meine Hunde sollen auch keinen Zucker kriegen! Pah, du müsstest die Frau mal sehen, dann weißt du Bescheid! Spindeldürres Klappergestell, die sich nichts gönnt und meinen armen Lieblingen auch den Spaß am Leben verbieten will! Pah! Möchtest du mal kosten? Ganz ohne Zucker, aber mit ganz viel Honig, der ist ja gesund!", fragte sie Timmi. Er lehnte dankend ab. „Nein? Na, dann kriegen meine Lieblinge halt noch ein Leckerchen!" Sie stopfte abermals Kekse in ihre Hunde und verstaute anschließend den Beutel in ihrer Handtasche. Sie beäugte ihre Flasche und genehmigte sich nach kurzem Zögern ein weiteres Glas. Nachdem sie es leergeschlürft hatte, wischte sie es mit einem Papiertuch aus und verstaute alles wieder. „So, meine Schätzchen, Mutti ist jetzt müde und macht ein Nickerchen. Bis Stuttgart ist es noch ein weiter Weg!" Zu Timmis großer Freude drehte sich die alte Dame zur Seite und beendete somit ihr seltsames Unterhaltungsprogramm. Die Hunde schliefen ebenfalls, wahrscheinlich enthielten die Kekse ein Schlafmittel und er war soeben einem feigen Attentat entkommen …

Schneller als erhofft, verkündete die Stimme des Zugbegleiters die Ankunft in Dortmund. Timmi hatte zwar häufiger aus dem Fenster gesehen, aber das Ruhrgebiet und besonders Essen wollte er auf jeden Fall nicht verpassen. Aufmerksam blickte er hinaus und war etwas enttäuscht, denn weder Essen noch die anderen Ruhrgebietsstädte sahen besonders reizvoll aus. Etwas später erreichte der Zug dann auch Köln, Timmi hatte den größten Teil der Reise überstanden, ohne weiter von der seltsamen alten Dame belästigt worden zu sein: Sie schnarchte seit einiger Zeit lautstark, ebenso wie ihre Hunde. Für Timmi ein eindeutiges Indiz, dass die alte Dame ihn mit Schlafmittel vergiften wollte. Er gratulierte sich selbst zu seiner Vorsicht und stieg in der Domstadt am Rhein aus dem Zug.

Auch in Köln wuselten unglaubliche Menschenmassen durch den Bahnhof, Timmi hatte den Eindruck, dass Bahnfahren eine heimliche Leidenschaft aller Bundesbürger ist. Trotzdem fand er auch in dem Regionalzug einen Sitzplatz. Bereits auf der Autofahrt einige Wochen zuvor war ihm aufgefallen, dass die Landschaft hinter Köln abrupt hügeliger und einsamer wurde. Im Gegensatz zur Landstraße führte die Bahnlinie jedoch durch eine dermaßen einsame Einöde, dass Timmi glaubte, er würde eine Expedition in die Wildnis fernab jeglicher Zivilisation unternehmen. Die Hügel wurden höher, die Wälder dichter und die Bahnhöfe immer seltener und kleiner, eine lange Bahnreise neigte sich gemächlich im sprichwörtlichen Bummelzug-Tempo ihrem Ende entgegen. Laut quietschend hielt der Zug vor einem halbverfallenen Fachwerkhäuschen an einem Bahnsteig, der als solcher nur durch ein Schild, das jemand in der Wildwiese vergessen haben musste, erkennbar war. Timmi, der seit über einer Stunde völlig alleine in der Bahn saß, verließ den Geisterzug mit einem Sprung ins Gras. Mit lautem Tröten fuhr die Bahn weiter ans Ende der Welt. Timmi sah sich enttäuscht um, von Tante Marion keine Spur. Auch ansonsten schien er das einzige Lebewesen weit und breit zu sein, das sich in diesem Talkessel aufhielt. Es war bereits abends, die Sonne verschwand gerade hinter einem Berg. Timmi wurde unruhig, war er am richtigen Ort ausgestiegen? Er verglich den Ortsnamen auf dem verwitterten Schild mit seinen Notizen und seiner Reiseverbindung. Doch, er war am richtigen Ort. Er überlegte, ob er Tante Marion überhaupt Bescheid gegeben hatte, wann er ankommen sollte. Hatte er etwa vergessen, ihr eine Mail zu schreiben? Doch, er hatte ihr gemailt, wann er ankommen würde, ganz bestimmt. Er war also zur richtigen Zeit am richtigen Ort. Er sah sich erneut um und wurde etwas unsicher. Timmi beschloss, auf dem Parkplatz nachzusehen, ob ihn dort jemand erwarten würde. Er schnappte sich sein Reisegepäck und ging über das Gleis zu den Resten eines ehemaligen Bahnhofshäuschen. Er umrundete dieses und fand einen kleinen geschotterten Parkplatz, der, wie befürchtet, leer war. Von diesem kleinen Parkplatz führte ein immerhin asphaltierter, aber ziemlich zugewucherter Weg in einen Wald. Sollte er Tante Marion schon entgegenlaufen? Schließlich war dieser asphaltierte Trampelpfad die einzige Verbindung zwischen diesem verlassenen Bahnhof und dem Rest der Welt. Er verwarf diesen Gedanken und beschloss sie stattdessen anzurufen. Er zückte sein Handy, es zeigte keinerlei Netzverbindung an! Trotzig versuchte Timmi anzurufen, vergeblich. Funkloch! Nun wurde er allmählich panisch, was sollte er tun? Über eine Telefonzelle verfügte der scheinbar ehemalige Bahnhof natürlich auch nicht. Entmutigt ließ er sich ins hohe Gras nieder und versuchte sich einzureden, dass sie ganz bestimmt gleich kommen würde. Nach einiger Zeit ging Timmi abermals um das Fachwerkhäuschen herum, erneut zu der kleinen Straße und setzte sich wieder. Eine Flut von Gedanken und Gefühlen tobte in seinem Kopf, doch eine besonders grausame Befürchtung setzte sich durch und beanspruchte eine Führungsposition: Er war von der Schwester seines Vaters hereingelegt worden! Alles nur gespielt! Aber weshalb? Er brauchte gar nicht lange zu grübeln, um eine Lösung zu finden: Sie war sauer auf seinen Vater, weil dieser das gesamte Erbe genommen hatte, und wollte sich nun an ihm rächen, indem sie seinen Sohn in die Einöde lockt. Also eine Art Entführung, bei der das Opfer sich quasi selbst entführt! Die Dämmerung setzte ein, während er sich mit immer neuen Ideen selbst quälte. Dann stand sein Entschluss fest: Er würde auf der Stelle nach Hause fahren, auch wenn sein Ticket erst ab morgen gilt. Er ging zu dem Fahrplan, immerhin einen solchen gab es hier. Es folgte der nächste Schock: An diesem Abend fuhr hier kein Zug mehr! Völlig verzweifelt hockte er sich auf seine Reisetasche und war den Tränen nahe, denn er war sehr enttäuscht von Tante Marion und sauer auf sich und seine Eltern, dass sie dieser Betrügerin so gutgläubig auf den Leim gegangen waren. Er lauschte ungläubig, als sich ein Motorengeräusch näherte. Im nächsten Augenblick durchbrach ein Kleinwagen mit mörderischem Tempo das Dickicht an dem Weg. Das Auto hielt an und Tante Marion sprang hinaus!

„Hi Timmi!"

„Tante Marion!" Beide fielen sich kurz in die Arme. „Das tut mir so leid, dass du hier warten musstest! Bedank dich beim Motor, auf der halben Strecke ist der Keilriemen gerissen! Der

ADAC hat dann Ewigkeiten gebraucht, bis er kam. Dann haben die Helgas Wagen abgeschleppt und mir diesen Leihwagen verpasst. Sorry!" Timmi schaute seine Tante skeptisch an: „Warum hast du nicht angerufen?" „Ich habe es versucht, aber, du warst nicht erreichbar." „Klar, das verdammte Funkloch! Ich hatte keinen Empfang hier!" „Na ja, komm, lass uns zu Helga fahren, die beiden warten seit über einer Stunde auf uns." Sie luden Timmis Taschen in den Kofferraum und fuhren los, mittlerweile war es fast dunkel. Timmi war überrascht, wie kurz die Fahrt war. Auf dem kleinen Gehöft herrschte helle Aufregung, zwei neugierige Menschen und fünf noch neugierigere Hunde begrüßten den Gast, jeder auf seine Art herzlich. „Aha, du bist also der unbekannte Neffe von Marion! Herzlich willkommen, ich freue mich, dich kennenzulernen!", begrüßte ihn Helga. Das Hunderudel rannte schwanzwedelnd und bellend um den Ankömmling herum. Der auffälligste der wilden Bande, Jim, hatte einen besonderen Begrüßungstrick parat. Jim, ein zu groß geratener schwarzer Altdeutscher Schäferhund stellte sich auf die Hinterbeine, stützte sich auf Timmis Schultern ab und gab ihm einen Kuss auf die Nase. Statt der erwarteten Begeisterung erntete Jim allerdings nur das barsche Kommando, Timmi augenblicklich in Ruhe zu lassen. Dann war da ja noch ein junger Mensch, weiblich, blond gelockt und sehr hübsch, aber altersgemäß etwas unsicher, wie eine passende Begrüßung aussehen könnte. Pia war spontan von Timmi sehr angetan, so strahlte sie ihn einfach an und streckte ihm ihre Hand entgegen: „Hallo Timmi! Ich bin Pia!" Timmi schüttelte ihre Hand und erwiderte so lässig wie möglich: „Hallo Pia! Ich bin Timmi!" Beide mussten kurz lachen, das Eis war gebrochen. Von den beiden Teenies unbemerkt grinsten sich die beiden erwachsenen Frauen kurz mit wissenden Blicken an.

8. Erste Eindrücke

Tante Marion zeigte ihrem Besucher kurz sein Zimmer im Obergeschoss des alten Häuschens. In dem kleinen Raum waren ausschließlich alte Möbel, am auffälligsten war aber ein überdimensionaler Ohrensessel mit passendem Beistelltischchen, der vor einem Bücherregal stand. „Viele Gäste von Helga machen hier regelrecht Urlaub, sie wandern bei schönem Wetter, und damit sie sich auch bei Regen wohlfühlen, hat sie dieses Zimmerchen halt so gemütlich wie möglich eingerichtet. Allerdings sitzt sie selbst auch oft hier und liest. Das darfst du natürlich auch."

Als sie wieder ins Wohnzimmer kamen, hatte Helga einige Snacks bereitgestellt. „Nur für den Fall, dass du etwas Hunger hast", sagte sie zu Timmi. Den hatte er tatsächlich, vor lauter Aufregung hatte er den ganzen Tag über nichts gegessen. Während sie aßen, versuchten auch die Hunde immer wieder, einen Teil zu erbetteln. Doch die Bittsteller wurden immer zurückgewiesen, erst freundlich, dann deutlicher und unfreundlicher. „Wieso sollen die denn nicht auch was abbekommen? Es ist doch genug da", wollte Timmi wissen und zeigte auf die reichlichen Vorräte auf dem Tisch. „Das sind elendige Schnorrer. Warum sollten wir mit denen teilen, die geben auch nichts ab! Versuch mal, deinen Kopf in deren Fressnapf zu stecken, während die futtern! Du wirst dann aber dein blaues Wunder erleben. Diese Egoisten sind derart futterneidisch, dass jeder einen eigenen Napf braucht", erklärte ihm seine Tante. Helga ergänzte: „Hinzu kommt der Erziehungsaspekt: Wenn der Hund jetzt was bekommt, hat er seinen Willen gegen dich durchgesetzt, obwohl du eigentlich der Boss bist. Das merkt der sich ganz genau. Wenn du dann zum Beispiel bei einem Spaziergang deinen Willen durchsetzen willst, kann es passieren, dass er sich taub stellt. Wozu sollte er gehorchen, er hat doch letztes Mal auch seinen Willen durchgesetzt. Und dann hast du innerhalb kürzester Zeit ein echtes Problem mit deinem Hund." Timmi kam nicht ganz mit, bisher dachte er ganz romantisch, dass ein Hund der treueste und beste Freund des Menschen ist. Seit wann besteht Freundschaft aus der Durchsetzung des eigenen Willens? Die Denkfältchen auf seiner Stirn verrieten die Irritationen. „Marion hat mir erzählt, dass ihr keine Tiere zu Hause habt, ich merke das auch. Ich merke aber auch, dass du zumindest Hunde magst, bei den anderen Tieren werden wir das mal testen. Also lass mich das kurz erklären", wandte sie sich auch an Tante Marion, die einwerfen wollte, dass ihr Neffe bestimmt zu müde sei. Timmi sah Helga aufmerksam an. „Also, auch wenn du müde bist, ich versuche es mal." Timmi beeilte sich zu versichern, dass er noch wach genug sei. „Es gibt eigentlich nur wenig, was man als Mensch wissen und befolgen sollte, wenn man einen Hund hat oder es mit ihm, so wie du, für einige Zeit zu tun hat. Das leitet sich aus der Abstammung des Hundes ab und das gilt generell für alle Hunde, ob es jetzt ein Pekinese ist oder so ein Riesenbaby wie Jim. Der Hund stammt, wie du vielleicht weißt vom Wolf ab." Timmi nickte. „Diese leben in Rudeln. So ein Rudel ist ganz simpel organisiert: Einer ist der Boss, alle anderen haben zu gehorchen, keine Diskussion. Der Stärkste ist immer der Boss. Danach kommt der Zweitstärkste und so weiter. So ist das Rudel in einem ganz undemokratischen Oben-Unten-Schema geordnet. Unsere Hunde sehen zwar nicht immer aus wie Wölfe, aber ein bisschen Wolf steckt trotzdem immer noch in jedem Hund drin. Lebt jetzt ein einzelner Hund mit einem oder mehreren Menschen zusammen, dann ist diese Menschengruppe halt sein Ersatzrudel, oder wenn es ein einzelner Mensch ist, dann ist dieser halt der Boss. Aber bleiben wir bei dem Ersatzrudel, auch wenn wir Menschen uns anders organisieren, sieht das für den Hund ganz anders aus: Einer ist Chef, alle anderen seine Untertanen. Wenn der Hund jetzt so gehorchen soll, wie der Mensch das möchte, muss der Hund glauben, er wäre der Schwächste im Rudel, also der, der gar nichts zu melden hat. Hättest du Lust, immer nur zu gehorchen?", fragte Helga unvermittelt. „Nein", antwortete Timmi. „Siehst, du, der Hund findet das auch nicht klasse. Daher probiert er immer wieder die Grenzen, die ihm aufgezeigt werden, zu erweitern. Lässt der Mensch das jetzt zu, dann hat der Hund einen in seinen Augen ganz wichtigen Punktsieg errungen und wird künftig versuchen, die Grenzen weiter auszudehnen. Mit jedem noch so kleinen Erfolg bist du aber ein Stückchen weniger Boss und für den Hund scheint nun ein Wachwechsel in der Chefetage eingeläutet. So kann aus einem netten süßen Hündchen ein nervtötender Terrorist werden. Daher ist es wichtig, dem Hund möglichst keinen einzigen, noch so kleinen Punktsieg zu schenken. Und genau deswegen schicken wir die Bettler weg, wenn sie kommen. Die haben bestimmt 10 000 Mal nichts bekommen, aber sie probieren es halt immer wieder." Sie sah Timmi prüfend an: „Das klingt nicht gerade freundlich, ich weiß, aber auch für den Hund ist eine konsequente Verhaltensweise von uns Menschen viel besser zu ertragen. Nimm mal dieses, wenn auch wind-schiefe Beispiel: Stell dir vor, es ist Sommer, so wie jetzt, es ist jeden Tag gleich schönes Wetter. Deine Mutter erlaubt dir an dem einen Tag, direkt nach dem Essen raus zu gehen und die Hausaufgaben erst am Abend zu erledigen. Am nächsten Tag besteht sie auf die sofortige Erledigung deiner schulischen Pflichten, natürlich ohne zu erklären, weshalb sie sich so verhält. Tags darauf darfst du ohne Begründung sofort wieder raus, am nächsten auch, am übernächsten wirst du ohne Erklärung wieder erst an deinen Schreibtisch geschickt und immer so weiter. So weit ist das Szenario klar?" Timmi nickte. „Gut, und jetzt stell dir zusätzlich vor, dass du richtig viel Übergewicht hast und dein Arzt dir alle Süßigkeiten verboten hat, damit du nicht platzt." Alle mussten kurz lachen. „Weiter in unserem kleinen Beispiel: Jeden Tag kommt ein Eiswagen vorbei, normalerweise gibt dir deine Mutter keinen Cent für ein Eis, ist ja verboten und eines Tages drückt sie dir fünf Euro in die Hand und gestattet dir ein riesiges Eis. Ohne Erklärung, ohne besondere Leistung von dir. Die nächsten Male hast du wieder Eisverbot, bis eines Tages aus heiterem Himmel wieder die Erlaubnis für ein Eis kommt, wie gefällt dir das Verhalten deiner Mutter dann?" Timmi dachte kurz nach: „Ich glaube, ich würde meine Mutter hassen, das ist doch ungerecht, mal so, dann wieder so …" Tante Marion schaltete sich ein: „Siehst du, jeder möchte wissen, woran er ist. Bei Hunden kommt noch erschwerend hinzu, dass bei ihnen das Denken in Boss oder Nicht-Boss gar kein Denken, sondern Instinkt ist, also nicht durch Erklärungen beeinflusst werden kann. Und damit die

Hunde wissen, woran sie sind, kriegen sie gar kein Essen von unserem Tisch." Mittlerweile sammelten Helga und Pia die Reste vom Abendessen ein und brachten sie unter strenger Beobachtung von zehn Hundeaugen in die Küche. Als sie wieder auf der Couch saßen, schloss Helga ihre Erklärung ab: „Unsere Bande weiß natürlich ganz genau, dass sie nichts abbekommen, daher lassen sie uns normalerweise in Ruhe essen. Aber sobald etwas von der alltäglichen Routine abweicht, zum Beispiel noch ein Mensch mehr als üblich anwesend ist, wittern sie ihre große Chance und sie betteln, als würden sie gerade den Hungertod erleiden." Jim hielt es für angebracht, sich den Jungen mal näher anzusehen, immerhin hatte dieser ja bei seiner wohl kalkulierten Begrüßung keinerlei Furcht gezeigt. Also schlurfte er zu Timmi, schaute ihm in die Augen und seufzte kurz. Anschließend legte er seinen riesigen Kopf in Timmis Schoß. Dieser kam der Aufforderung bereitwillig nach und kraulte genau die gewünschten Stellen. „Aber das ist ja wohl jetzt richtig, oder?", wollte er wissen. Tante Marion lachte: „Jaja, da passt schon, so ein bisschen freien Willen muss man einem Tier schon zugestehen, das hängt immer auch von der Situation ab. Wenn der dich heute Nacht aus dem Bett wirft, damit du ihn streichelst und du das dann auch noch machst, sieht die Angelegenheit anders aus." Zur Bestätigung schob Jim seinen Kopf noch ein Stück weiter in den Schoß von Timmi und gab dabei behagliche Laute von sich. Helga lachte auch: „Na ja, ein bisschen eigentümlich sieht das ja auch jetzt schon aus!" Als hätte Jim verstanden, legte er seinen Kopf etwas anders auf ein Bein von Timmi und genoss weiter. „Sag mal, Tante Marion, als wir letztes Mal hier waren, war Jim aber noch nicht da, oder?" Pia kam ihr zuvor: „Nee, der ist erst seit knapp drei Wochen da." Helga ergänzte: „Das ist unglaublich, wie schnell der sich hier eingelebt hat. Das ist eine Seele von Hund." „Und wer gibt so eine Seele von Hund dann ab?" Pia kam ihrer Mutter zuvor: „Na, freiwillig gab die alte Frau Jim nicht ab. Obwohl es das Beste für den armen Kerl war." Tante Marion erklärte das Schicksal von Jim: „Leute in einem Nachbarort haben ihn ständig jaulen gehört. Die alte Frau hatte einen hohen blickdichten Zaun um ihr Gelände, sodass niemand sehen konnte, was bei ihr vorging. Die Nachbarn haben vermutet, dass sie ihn schlagen würde. Also haben sie versucht, mit ihr zu reden, doch die hat einfach die Tür nicht geöffnet und die Leute weggeschickt. Als Nächstes haben die dann das Ordnungsamt dahin geschickt, aber die haben gesagt, sie wären nicht zuständig. Weil ihnen der ständig jaulende Hund Leid tat, sind die Nachbarn dann zur Polizei gegangen und haben die alte Frau angezeigt, so musste die Polizei nachsehen, was da los ist. Tja, und die etwas unmotivierten Beamten trafen eine geistig verwirrte Frau an, die glaubte, der Zweite Weltkrieg sei noch nicht vorüber und die Polizisten wären russische Soldaten, die sie erschießen würden!" Timmi guckte ungläubig: „Wie bitte?" Helga erzählte weiter: „Ja, die war völlig neben der Spur. Als die Beamten sie fragten, was mit dem Hund sei, sagte sie, dass Jim der Satan sei, man dürfe sich ihm nicht nähern. Um den Satan aus dem Hund auszutreiben, hatte sie ihn auf dem Hof an eine Kette gelegt und nur mit Äpfeln und Möhren, die sie im Keller hatte, gefüttert." „Was?", Timmi dachte, sie würden ihm ein schlechtes

Märchen erzählen. „Und wie habt ihr davon erfahren?" „Nun",
sagte Helga, „ich nehme bereits seit über 15 Jahren Tiere auf,
die in Not geraten sind. Ich bin also im Umkreis bekannt.
Nachdem die Polizei beschlossen hatte, dass die alte Frau sich
unmöglich selbst überlassen werden konnte, haben sie hier
angerufen und gefragt, ob wir Jim aufnehmen könnten, bis
geklärt ist, was mit der alten verwirrten Frau passiert. Wir sind
dann hingefahren, es war wirklich traurig und seitdem ist Jim
hier." Timmi konnte sich ein Gähnen mittlerweile nicht mehr
verkneifen, auch Jim schien im Reich der Träume angelangt zu
sein. „Wenn wir dich langweilen, musst du das nur sagen", fuhr
Tante Marion ihren Neffen im Scherz an, unterbrochen von
einem anderen Gähnen, dieses Mal kam es von Pia, die auch
schon auf Stand-by umgeschaltet hatte. „Nee-nee, die Jugend
von heute, kaum wird es dunkel, werden sie müde, die lieben
Kleinen!", neckte sie weiter. „Nun, als wir dort waren, um Jim
abzuholen, haben wir auch den Bruder der alten Frau kennengelernt, der war auch völlig schockiert. Er hatte ihr Jim erst
letztes Jahr vermittelt, da war sie noch ganz fit und nun litt sie
unter verschiedenen heftigen Wahnvorstellungen. Er hat uns
dann noch erzählt, dass Jim nicht von einem professionellen
Züchter stammt, sondern vielmehr das Ergebnis einer echten
Hundeliebe sei. Dementsprechend wurde Jim sowohl von
seinen richtigen Eltern als auch von den dazugehörigen Menschen liebevoll erzogen. Das war wohl das Rüstzeug, dass er
trotz seiner schlimmen Vernachlässigung ein absolut lieber Kerl
ist. Der hat sich von der ersten Sekunde an mit allen anderen
Tieren hier vertragen, der gehorcht, ist verspielt, dazu auch

noch gelehrig. Aber das wirst du ja in den nächsten Tagen alles selber merken." Timmi versuchte sich das Elend vorzustellen, dass dieser zu groß geratene Teddy hinter sich hatte. „Und der ist jetzt nicht sauer auf Menschen, der hat ja wohl eine Menge Mist erlebt?", überlegte er laut. „Nein, ganz im Gegenteil, es scheint fast so, als wolle er Menschen nie wieder einen Grund liefern, ihn erneut so zu misshandeln. Nur auf Möhren reagiert Jim sehr allergisch!", lachte Helga. „Was ist mit der alten Besitzerin von ihm dann passiert?", fragte Timmi. „Tja, sie wurde in eine Klinik gebracht, die sich mit solchen Fällen auskennt. Deren Prognose war eindeutig, sie wird nicht mehr allein in freier Wildbahn unterwegs sein, sagen wir es mal so. Und wenn, dann ist sie ihrem Pfleger entwischt … Der Bruder ist trotz seines auch schon fortgeschrittenen Alters noch fit und ist erst mal ihr Vormund, noch vorläufig, das muss noch von einem Amt bestätigt werden, das ist aber nur eine Frage der Zeit."

In Timmi keimte eine Hoffnung auf, denn Jim brauchte scheinbar ein neues Zuhause! „Eigentlich verdankt die alte Frau Jim sogar, dass sie noch lebt", sagte Helga. „Denn inzwischen hat sie derart abgebaut, dass sie sich unmöglich noch selber versorgen kann, das heißt, sie wäre wahrscheinlich elendig eingegangen, wenn Jim nicht die Nachbarn mit seinem ständigen Bellen und Heulen aufmerksam gemacht hätte. Tja, und jetzt haben wir dieses Goldstück von Hund erst mal hier. Ich muss mal sehen, wie es weiter gehen soll mit ihm." Pia guckte ihre Mutter entsetzt an, denn sie hatte Jim sehr gern. „Du denkst doch wohl nicht darüber nach, Jim weiter zu vermitteln!" Helga seufzte kurz, zögerte und erwiderte schließlich: „Doch,

Pia. Du weißt ganz genau, wie ich das sehe: Wir sind eine Art Auffangstation für Tiere, die, wie auch immer, aus einer Notsituation heraus gerettet werden. Und du weißt selber, wie viele das sind. Mit der aktuellen Stammmannschaft ist das Limit erreicht, sonst könnten wir keinem anderen mehr helfen, das wäre noch schlimmer, als für Jim ein tolles neues Zuhause zu finden. Aber keine Panik, noch ist kein Interessent vorstellig geworden, den Einen ist er zu groß, den Nächsten zu schwarz und dem Übernächsten ist der arme Kerl zu schwarz und zu groß, es wird schwierig werden." Diese Sätze waren für die gerade erst aufgekeimte Hoffnung in Timmi ein regelrechter Wachstumsbeschleuniger, was er dank seiner Müdigkeit gut verbergen konnte. Gleichzeitig fiel ihm ein anderes Tier ein, das ihn bei seinem ersten Besuch beeindruckt hatte: „Was ist denn mit Felix, den habe ich noch gar nicht gesehen?" „Ach ja!", erinnerte sich seine Tante. „Hä, wieso fragst du nach diesem scheuen Kater?", mischte sich Pia ein, die sich ein bisschen wenig beachtet fühlte. Gleichzeitig bereute sie, ihn so angeblafft zu haben. Tante Marion hatte vergessen, von dem bemerkenswerten Verhalten des ansonsten extrem menschenscheuen Katers zu berichten. Entsprechend verblüfft reagierten Mutter und Tochter auf Tante Marions Schilderung. „Tja, dieser Kater ließ sich während des Besuchs letztens den ganzen Nachmittag von Timmi kraulen und als sie abfahren wollten, hielt er demonstrativ Bernds Auto besetzt!" Beide sahen Timmi überrascht an und Pia gestand sich ein, dass dieser Kater durchaus Geschmack hat. Eher Timmi zugewandt sprach Tante Marion weiter: „Nun, nachdem ihr weggefahren seid, war Felix erst mal einige Tage verschwunden.

Dann ließ er sich noch einmal blicken, seitdem ist er wie vom Erdboden verschluckt." Sie zuckte mit den Schultern: „Keine Ahnung, was mit ihm passiert ist, hoffentlich nichts Schlimmes." Die zu vollster Pracht erblühte Hoffnung, die Timmis Oberstübchen komplett übernommen hatte, machte dem Besucher namens Enttäuschung kurzfristig die Tür auf: „Schade eigentlich." Dem ungebetenen Gast wurde die Tür energisch wieder vor der Nase zugeknallt: „Na ja, sei's drum. Ich glaube aber nicht, dass ihm etwas zugestoßen ist."

Felix

Am nächsten Morgen wachte Timmi mit einem ungewohnten warmen Druck auf den Füßen auf, der Grund hierfür hatte vier Beine und langes schwarzes Fell. „Guten Morgen, Jim!", murmelte er angenehm überrascht. Er fragte sich, wie spät es wohl sei, beschloss dann kurzerhand aufzustehen, immerhin hatten Singvögel das monotone Käuzchen des Vorabends abgelöst. Er wackelte demonstrativ mit einem Fuß und Jim verließ das Bett. Beide stiegen hinab in den Wohnbereich des Hauses. Dort duftete es verlockend nach frischen, selbst gebackenen Brötchen. Timmi war verwundert, als er Pia in der Küche begrüßte, die gerade ein Blech mit fertig gebackenen Brötchen aus dem Ofen zog. „Moin, Pia. Backst du immer so früh am Morgen?", fragte er sie. „Nee, nicht immer. Was machst du hier, wir haben halb sieben, das sollte eine Überraschung werden. Hat Jim dich besucht?", wollte sie wissen. „Ja, heute Morgen lag er auf meinen Füßen, aber er hat mich nicht geweckt." Sie nickte: „Jim sucht sich immer Gesellschaft, er ist nur ungern allein. Kein Wunder, bei dem, was er mitgemacht hat. Na, dann öffne deinem Fußwärmer mal die Terrassentür, ich schätze, er muss mal." Timmi ging, gefolgt von Jim, zur Tür, der sofort ins Freie stürmte. Timmi ging zu Pia zurück. „Und der rennt jetzt nicht weg?", fragte er besorgt. Pia schüttelte mit dem Kopf: „Warum sollte er? Er hat hier alles, was er möchte." Sie lachte kurz auf: „Sogar Füße kann er hier im Schlaf ausbrüten! Nee, mach dir keine Sorgen, der macht seine erste kleine Morgenrunde und dann kommt er gleich angetrabt und will frühstücken." Timmi schaute das Mädchen ungläubig an. „Glaub mir, Jim macht das genauso, wie alle anderen Hunde bei uns auch, die anderen

waren schon draußen und haben schon gefressen, die sind mit mir heute früh aufgestanden. Nur, im Gegensatz zu mir liegen die vollgefressen wieder im Bett." Sie sah ihn an: „Möchtest du schon mal ein Brötchen?" Timmi nickte bloß. „Das Backen ist so ein Hobby von mir, und da ich Frühaufsteherin bin, backe ich öfters frühmorgens Brötchen. Im Flur müsste auch die Zeitung liegen, die kannst du ruhig lesen, ich wecke jetzt die alten Damen, damit wir frühstücken können, okay?" Beide mussten grinsen. Pia versuchte ihre Unsicherheit zu überspielen, Timmi fand ihre Respektlosigkeit einfach nur witzig.

Beim Frühstück wurde der Tagesablauf besprochen, Helga musste Schreibarbeiten erledigen, Tante Marion den reparierten Wagen abholen und für einen Artikel recherchieren. Damit die beiden Teens sich nicht langweilen würden, hatte Pias Mutter eine Idee: „Pia, du hast mir doch letzte Woche versprochen, die Ställe richtig zu reinigen, damit wir, bevor das Wetter wieder richtig schlecht wird, das Dach reparieren können." Sie warf Timmi einen aufmunternden Blick zu: „Ich bin sicher, dass dieser junge Gentleman dir liebend gerne helfen möchte, oder?" Timmi wusste nicht, ob die Arbeit eher eine Tages- oder Wochenaufgabe darstellte, aber weil er sich von seiner besten Seite zeigen wollte, nickte er zustimmend. Es konnte gewiss nicht schaden, eine Gefälligkeit zu erledigen und außerdem schien Pia ganz nett zu sein. Die war weniger begeistert, fügte sich aber dem Wunsch ihrer Mutter.

Als die beiden zu der Scheune auf den Feldern aufbrachen, wurden sie beobachtet. „Na, das hast du ja gut hinbekommen, du alte Verkupplerin!", schimpfte Marion mit gespieltem Zorn.

Helga sah sie unschuldig an: „Ich weiß gar nicht, wovon du redest, Marion! Pia hat mir das wirklich versprochen, gemacht werden muss die Arbeit auf jeden Fall!" Mit schelmischem Lächeln fügte sie hinzu: „Abgesehen davon, verkuppele ich nicht, ich schaffe maximal Möglichkeiten. Außerdem sind die beiden ja noch ein bisschen zu jung, oder?" Marion sah Helga prüfend an: „Na, vertue dich da mal nicht. Pia wird nächste Woche vierzehn, Timmi ist es bereits und steckt, wie wir gestern Abend hören durften, mitten im Stimmbruch. Versuch dich mal zu erinnern, wie alt warst du, als du deinen ersten Freund hattest?" Helga antwortete nur indirekt: „Selbst wenn! Die beiden geben ein süßes Pärchen ab."

Aber nicht nur die beiden in Jugenderinnerungen schwelgenden Frauen beobachteten Timmi und Pia. Auf einem kleinen Baum am Wegesrand saß ein weiterer Beobachter, dem es völlig schnuppe war, ob die beiden sich auf die komplizierteste aller menschlichen Beziehungsformen einlassen würden oder nicht. Trotzdem erfreute ihn der Anblick, sein Herz machte einen Freudensprung! Sein siebter Sinn hatte ihn gestern Abend nicht getrogen: Der Junge war zurück! Er wollte ursprünglich gestern Abend bereits zu dem Haus der drei Menschenfrauen gehen, denn sein Gefühl hatte ihm verraten, dass er wieder da war! Dieser Beobachter glitt nun in vollendeter Eleganz den Baum hinab und lief ihnen vor Freude laut maunzend entgegen. „Komisch, ich höre die ganze Zeit eine Katze schreien", stellte Timmi fest. „Stimmt!", pflichtete Pia ihm bei. „Aber ich sehe keine." Dann sahen beide den laut miauenden Kater, der ihnen entgegen gelaufen kam. „Das ist ja Felix!", riefen beide absolut synchron. Der Kater hielt weiterhin laut miauend mit Höchstgeschwindigkeit auf Timmi zu und sprang schließlich in seine Arme. Die Wucht des Aufpralls hätte Timmi fast umgeworfen. Felix schaute ihm ins Gesicht und begrüßte ihn mit einem leisen „Miau!", das Romantiker mit Begriffen wie zärtlich beschrieben hätten. Pia hatte die ganze Szene ungläubig beobachtet, das Tier in Timmis Armen konnte unmöglich der Kater sein, den sie für Felix hielt, ausgeschlossen! Felix würde sich mit derselben Geschwindigkeit von Menschen entfernen, nicht nähern, geschweige denn auf den Arm hüpfen. Obwohl, das linke Ohr des Tieres auf Timmis Arm sah genauso angeknabbert aus wie das von Felix, der Schwanz war genauso pechschwarz ohne einen einzigen Grauschimmer, was bei getigerten Hauskatzen eigentlich nie vorkam, also eine Art Sonderlackierung …

Ganz klar, dies musste der Felix sein, auch wenn er sich so nie gezeigt hatte. Sollte Marion gestern Abend etwa doch die Wahrheit erzählte haben? Pia war sicher gewesen, es sollte ein Gutenacht-Märchen sein. Der Kater schien Timmi irgendwas zu erzählen und ließ sich dabei kraulen. Dann löste er sich und sprang zu Boden. Er lief einige Meter in Richtung Scheune, drehte sich um und forderte die beiden auf, ihm zu folgen, was sie taten.

An der alten Scheune angekommen, schlüpfte Felix durch ein Loch im Bodenbereich eines Tores und maunzte von innen. „Der meint wohl, wir würden da wohl auch durchpassen!", lachte Timmi. „Probier es doch mal!", erwiderte Pia während sie einen Schlüssel hervorholte. „Ich bevorzuge das Tor", meinte sie, als es sich quietschend öffnen ließ. In der Scheune herrschte schummrige Dunkelheit. Da das elektrische Licht nicht funktionierte, ließen sie einen Torflügel offen stehen. Das verbesserte neben den Sichtverhältnissen auch die Luft, welche eine abgestandene Mixtur aus altem Heu und älterem Stroh, abgerundet mit Öl- und Dieselaromen war. Kurz, furchtbar romantisch, mit entschiedenem Schwerpunkt auf furchtbar. Nach den kurzen intensiven Sinneseindrücken suchten sie Felix. Die alte abenteuerliche Scheune faszinierte Timmi: Auf der einen Seite die Stallungen, auf der anderen ein alter Trecker und weitere landwirtschaftliche Geräte, die sich unter Schichten aus Staub, Stroh und Spinnweben zu verstecken versuchten. Auch auf Pia wirkte die Scheune. Das spezielle Aroma entfaltete seine volle romantische Wirkung, sie ärgerte sich über den weit geöffneten Torflügel. In jedem Liebesfilm der Welt wäre dieser geschlossen gewesen. Bevor in ihrem Kopfkino die Spätvorstellung begann, hörten sie aus der Ecke mit den alten Geräten Geräusche, die von Katzen stammen könnten. Sie kletterten um den Trecker, hinter dem die Reste eines Anhängers standen. Auf der Ladefläche stand Felix, fordernd maunzend. Pia und Timmi sahen sich kurz an, dann kletterte er auf den Reifen. „Wow! Pia, das glaubst du nicht!", rief er überrascht. Er zog sich an der Seite des Wagens hoch, Pia folgte ihm rasch, neugierig, ob sich ihre Vermutung bestätigen würde. „Ach, sieh mal einer an!", flüsterte sie Timmi zu, der bereits wieder von Felix als Streichelmaschine missbraucht wurde. In einer Ecke der Ladefläche waren Unmengen Heu aufgehäuft, in denen eine Katze auf der Seite liegend ihre Jungen säugte. „Deshalb haben wir ihn so lange nicht gesehen", wisperte Pia ihm zu, die befürchtete, die friedvolle Szene durch lautes Sprechen zu zerstören. Felix löste sich von Timmi, bewegte sich samtpfotig auf das Katzennest zu und hockte sich neben die säugende Katze. Er posierte mit dem sichtlichen Stolz eines jungen Familienvaters. Die vier Katzenkinder schienen noch ganz jung zu sein, Timmi war unsicher, ob sie dösten oder die Augen noch gar nicht geöffnet hatten. Eines der Jungen reckte sich etwas und stand langsam auf. Noch etwas wackelig tapste es zu Felix, dieser leckte es ausgiebig. „Oh, ist das süß!", jubelte Pia leise und knuffte Timmi dabei leicht. Dieser nickte zustimmend, er war ganz gefangen von der Ruhe und der besonderen Atmosphäre des Moments. Felix stupste sein wieder eingeschlafenes Junges an, es hatte keine Lust, sich zu erheben. Darauf klemmte der Kater es vorsichtig in sein Maul und trug es zur Mutter zurück. Nachdem er es ihr halb auf den Bauch gelegt hatte, ging er zu den ehrfürchtig schweigenden Teens und setzte sich zwischen sie. Beide streichelten den schnurrenden Kater, dabei berührten sich auch ihre Hände sanft – alle auf dem Anhänger versammelten Lebewesen fühlten sich sehr wohl. „Komm, lass uns zu deiner Mutter gehen, immerhin braucht sie sich um Felix keine Sorgen mehr zu machen", sagte Timmi nach einiger Zeit. Pia nickte, obwohl sie noch ewig so weitergemacht hätte, wenn man sie gefragt hätte.

Helga war über die Neuigkeit gar nicht begeistert, was Pia insgeheim befürchtet hatte. Zu Timmis großer Verwunderung reagierte sie regelrecht sauer auf die Familiengründung. „Das darf nicht wahr sein!", schimpfte sie. Pia sagte nichts, sie kannte ihre Mutter gut genug, um zu wissen, dass Schweigen für die

nächsten Minuten die beste Strategie wäre. Timmi lief dagegen förmlich ins offene Messer: „Was ist denn so schlimm, das
ist doch schön!" Helga schnaubte förmlich vor Wut: „Schön?
Von wegen schön, schöne Sch… ist das!" Sie blickte in Timmis
Gesicht und sah neben Verwunderung auch zunehmenden Respekt. Sie fing sich wieder: „Na gut, dann hat der alte Streuner
also Kinder gezeugt. Nur wozu in drei Teufels Namen habe ich
ihn dann bitteschön kastrieren lassen? Hätte er nicht einfach so
seinen Spaß haben können? Aber nein, es gibt ja noch immer
nicht genug Katzen! Machen wir halt noch ein paar Neue!",
fluchte sie weiter. Nachdem sie Dampf abgelassen hatte, erklärte sie Timmi, weshalb sie sich ärgerte: „Pass auf – ich kümmere
mich seit über 25 Jahren um Tiere, die keiner mehr haben will,
hier auf dem kleinen Hof, den mir meine Eltern vererbt haben.
Ich stecke alles an Zeit, Geld und auch Liebe in die Pflege von
Not leidenden Kreaturen. Und glaube mir, das sind viele, sehr
viel mehr als du dir vorstellen kannst. Ich versuche, sie alle aufzunehmen, aufzupäppeln und ihnen ein neues, gutes Zuhause
zu vermitteln. Wie das im Einzelnen abläuft, erklären wir dir
später und einiges erlebst du vielleicht auch selber. So, damit
die Arbeit nicht noch mehr wird, als sie es ohnehin schon ist,
praktiziere ich strenge Geburtenkontrolle, das heißt, jeder Kater, der bei mir landet, wird ohne Wenn und Aber kastriert!" Sie
sah Timmi an und musste lachen, denn er konnte seine wach-
sende Skepsis und Besorgnis nur schwer verbergen. „Keine
Panik! Oder bist du etwa eine männliche Katze? Na also. So, bei
den Katzen sieht es folgendermaßen aus: Es gibt in Deutschland mehr als genug Katzen, in den Tierheimen sitzen Hundert-

tausende und noch mehr leben als verwilderte Hauskatzen, wie der Felix auch, auf der Straße, ausgesetzt von herzlosen Idioten. Das läuft immer gleich ab: Die kaufen sich eine junge süße Katze, die dann ganz schnell nicht mehr süß ist, sondern Arbeit macht. Mit einem Mal stört der Gestank des nicht gepflegten Katzenklos oder irgendjemand hat aus heiterem Himmel eine Katzenhaarallergie oder irgendetwas passt nicht. Menschen mit einem Fünkchen Anstand stecken die Katze dann in ein Tierheim, die skrupelloseren setzen sie einfach aus und überlassen sie sich selbst. So wird aus einem verhätschelten Haustier ein obdachloser Streuner. Ich weiß, diese Verantwortungslosen kann ich nicht stoppen, aber ich bleibe dabei: Es gibt mehr als genug Katzen, deswegen sollten sie daran gehindert werden, sich unkontrolliert zu vermehren." Pia schaltete sich ein: „Du meinst, wenn weniger Katzen zur Welt kommen, müssen auch weniger leiden?" Helga nickte: „Richtig, zumindest theoretisch. Wie viele Junge haben die denn?" Timmi zögerte: „Vier, und die sind noch ganz klein." Er zeigte mit den Händen, wie klein der Nachwuchs war. „Okay, dann wird ich mal meine Kontakte spielen lassen", antwortete Helga. „Für die Vier finde ich bestimmt ein passendes Zuhause, aber vorher gucken wir sie uns mal an." Sie gingen die junge Katzenfamilie besuchen, die besondere Atmosphäre verfehlte auch bei Helga ihre Wirkung nicht: „Also, süß sind die ja wirklich", gab sie auf dem Rückweg zu.

Pia ist auch so eine …

Als sie wieder am Haus angekommen waren, hatte Helga bereits umdisponiert. Die Katzenfamilie sollte vorerst nicht gestört werden, also konnten Pia und Timmi andere nützliche Dinge übernehmen. So kämen sie auch nicht auf dumme Gedanken, und seit sie die möglichen Konsequenzen einer Pärchenbildung so plastisch vor Augen gehalten bekommen hatte, fand sie das junge Pärchen, welches sich noch gar nicht gefunden hatte, absolut nicht mehr süß.

Timmi konnte durchaus damit leben, die Scheune nicht aufräumen zu müssen, Pia hingegen hätte es begrüßt, mit Timmi längere Zeit alleine in der Scheune zu verbringen, ein Aspekt, den Timmi völlig vernachlässigte. Stattdessen wurden sie beauftragt, ein Mittagessen ihrer Wahl zu kochen.
Da Timmi für Nudeln schwärmte und Pias große Liebe dem Backofen galt, einigten sich die beiden schnell auf eine Gemüselasagne, streng vegetarisch, sprich vegan, das sei der Vollständigkeit halber erwähnt.

Während sie die Lasagne vorbereiteten, genauer, während Pia emsig Gemüse putzte und schnitt und Timmi unbeholfen zu helfen versuchte, sah er die Gelegenheit, diesen eigentümlichen Veganismus näher zu ergründen. Ob Pia wohl auch so eine sei, fragte er möglichst beiläufig, während sich eine Paprika erfolgreich dagegen wehrte, von ihm in Streifen geschnitten zu werden. Pias Antwort verriet ihm, dass er die falschen Worte gewählt hatte. „Was soll das denn heißen? So eine? Das klingt ja so, als sei ich eine vom Straßenstrich oder was weiß ich!", brauste sie auf. „Entschuldigung, so habe ich das nicht gemeint." „Okay, es sei dir verziehen. So eine! Pah!" Sie lächelte

ihn schelmisch an: „Obwohl, vielleicht bin ich ja doch so eine …"
Bei dem Ich-werde-jetzt-mal-rot-Spiel war nun Timmi an der
Reihe, was Pia als gutes Zeichen deutete. Weniger gut gefiel ihr
jedoch, was Timmi mit dem Messer in der einen Hand und der
Paprika in der anderen veranstaltete, es sah verdächtig nach
Selbstamputation aus. Sie wollte ihn gerade in die höheren
Weihen der Gemüseschnitzkunst einführen, da geschah das,
was unweigerlich passieren musste. „Autsch! Verdammt!", jaulte
Timmi auf. „Warte, ich rufe den Notarzt!", neckte ihn Pia und
holte schnell ein Pflaster. Sorgfältig führte sie die Erstversor-
gung aus, dann zeigte sie ihm, wie Gemüse ohne Gefahr für
Leib und Leben klein geschnitten werden kann. „Na siehste,
geht doch!", lobte sie ihn nach einiger Zeit. Timmi sah etwas
verdrießlich auf den Resteberg, der sich vor ihm auftürmte, der
von Pia sah deutlich kleiner aus. Das war auch den beiden alten
Mischlingen Guste und Herbert sowie dem großen Jim nicht
entgangen. Die Hunde verfolgten jede seiner Handbewegungen
mir Argusaugen. „Pia, dürfen die Hunde eigentlich Gemüseres-
te bekommen? Die sind ja eigentlich vom Tisch, oder?" Pia sah
die hoffnungsvollen Hunde an: „Na ja, schon, aber Gemüse ist
ja gesund!" Sie sah auf Timmis Restehaufen, der einem Mittel-
gebirgskamm glich und lachte: „Außerdem haben wir mehr als
genug Reste!" Mit einem energischen „Wuff!" gab Jim Pia recht.
„Na, was gibt es heute zu essen?", fragte Helga, als sie frei nach
dem Motto „Vertrauen ist gut – Kontrolle ist besser!" in die Küche platzte. „Na, das klingt gut, aber wird das auch heute noch
was?", fragte sie zweifelnd, als Pia sie über das Vorhaben infor-
miert hatte. „Ja, Mama, du wirst nicht verhungern", erwiderte

Pia. „Überhaupt, was platzt du so neugierig hier herein, du lässt dich doch ansonsten gerne überraschen?" Helga antwortete nicht, sondern warf ihrer Tochter nur einen bedeutungsschweren Blick zu, der in etwa Folgendes transportierte: „Tu nicht so scheinheilig, du weißt genau, was ich hier suche!" Timmi hatte das vage Gefühl, Thema einer non-verbalen Mutter-Tochter-Kommunikation zu sein. Anschließend erblickte Helga das Pflaster an seiner Hand, ein willkommener Anlass, das Thema zu wechseln: „Ich sorge mich um das Wohl unseres Gastes, wie ich sehe, nicht ohne Grund! Timmi, wer hat dich denn angegriffen? Ein Hund, eine Paprikaschote oder etwa meine Tochter?", fragte sie lachend. „Mama, zu viele Köche verderben den Brei! Kümmere dich um deine Arbeit, wir kochen, okay?" „Jaja, ich gehe schon. Ach ja, zwei von den jungen Kätzchen haben schon ein neues Zuhause gefunden, prima, was?" „Prima, dann kümmere dich um die anderen beiden!", flötete Pia genervt. Als Helga die Küche verlassen hatte, bekamen die Hunde die heiß ersehnten Gemüseabfälle.

„Nur gut, dass meine Mutter nicht gekommen ist, als wir die gefüttert haben, sie hat manchmal komische Ansichten. Ach, du wolltest ja wissen, ob ich auch so eine sei. Streng genommen nicht, das heißt, ich ernähre mich zum größten Teil rein pflanzlich, also vegan, aber wenn ich Lust habe, esse ich schon mal eines der Eier, die unsere Hühner legen. Ganz selten habe ich auch Appetit auf Milch oder Käse, das holen wir dann im Nachbardorf bei einem Bauern, der seine Kühe echt super behandelt und den Käse auch selber herstellt. Da wissen wir dann genau, wie es den Tieren geht und was wir essen. In einem Supermarkt würde ich das nicht kaufen, denn das stammt alles aus Massentierhaltung, bei der es nur darum geht, möglichst viel Geld zu verdienen. Wie die Tiere das finden, ist da völig egal!" Timmi nickte, die Position von Pia leuchtete ihm ein. „Aber Fleisch isst du gar nicht?", hakte er nach. „Nein, weder Fleisch noch Fisch, ich esse nichts, was ein Gesicht hat!" Timmi nickte erneut, einfach und plausibel, allerdings stellte sich trotzdem noch die Frage nach der Begründung: „Versteh mich nicht falsch, aber warum soll ich nichts essen, was ein Gesicht hat?" Pia sah Timmi verwundert an: „Stell dir die Frage doch mal umgekehrt, dann wird dir schnell klar, wie absurd das angeblich Normale ist. Also müsste die Frage lauten: Warum soll ich etwas essen, das ein Gesicht hat?" Timmi nickte und wiederholte: „Warum soll ich etwas essen, das ein Gesicht hat?" Er dachte nach, etwas an dieser Frage klang falsch. Pia half ihm auf die Sprünge: „Allerdings hat ein etwas kein Gesicht, nur Lebewesen haben Gesichter, nicht alle haben eines, aber die meisten." Timmi erkannte, was sich falsch angefühlt hatte und in welche Richtung die Argumentation ging, also suchte er einem Autofahrer, der sich verfahren hat gleichend, die nächste Ausfahrt. Doch Pia kam ihm zuvor und sperrte die nächste Ausfahrt kurzerhand für den Durchgangsverkehr: „Gut, wir reden also nicht über irgendein etwas, sondern über Lebewesen, okay?" Timmi nickte folgsam. „Und wodurch zeichnen sich Lebewesen aus? Richtig, sie leben und haben kein Interesse daran, diesen Zustand zu ändern. Da gibt es jetzt aber ein großes Problem: Wenn Menschen Fleisch essen wollen, gehen sie nicht auf die Weide und knabbern eine lebendige Kuh an, oder?" Timmi schüttelte wie erwartet den Kopf: „Nein, nicht wirklich." „Das bedeutet, der Kuh muss erst das Leben genommen werden, und weil sie das nicht freiwillig hergibt, denn sie möchte ja lieber noch ein bisschen weiterleben, muss das mit Gewalt passieren. Die Kuh ist davon überzeugt, dass es richtig ist, zu leben. Von dieser Ansicht lässt sie sich nicht abbringen, zumindest nicht mit vernünftigen Argumenten oder Ähnlichem. Da hilft nur noch Gewalt, Keule oder Gewehr, heutzutage eher Bolzenschuss oder Stromschlag, manchmal auch eine scharfe Klinge, je nach kultureller Tradition. Über diesen Widerspruch können wir später reden", sagte sie und überprüfte in Timmis Gesicht, ob er noch willens und fähig war, ihr zu folgen. Er schwieg. Pia fuhr fort: „Das bedeutet, wenn du Fleisch essen möchtest, stammt dieses immer von einem Lebewesen, das gegen seinen Willen von seinem Leben getrennt wurde, also getötet wurde. Das kann nur mit Gewalt geschehen, Fleisch ist also das Ergebnis einer gewaltsamen Tötung. Wie wird eine gewaltsame Tötung in unserer Normalität gewöhnlich genannt?", versuchte sie Timmi zu aktivieren. „Äh, Verbrechen?", antwortete er zaghaft. „Richtig. In unserem Juristendeutsch gibt es verschieden Tötungsdelikte, die unterschiedlich hart bestraft werden. Ungewollte oder gewollte, geplante oder ungeplante Tötungen und auch solche, die aus nichtigem Anlass heraus geplant werden aus. Die Juristen nennen dies dann niederer Beweggrund, in einem solchen Fall sprechen sie von Mord. Dafür gibt es dann lebenslänglich, und wenn du jemanden beauftragst, für dich einen Mord durchzuführen, kommst du kaum billiger davon. Kehren wir wieder zu unserer Kuh zurück. Die steht da auf der Weide und denkt nicht daran, ihr Leben zu beenden oder es beenden zu lassen. Dann haben wir da noch den Menschen, der denkt sich, boa, lecker Kuh, ich hätte jetzt Lust auf ein gutes Stück Kuh. Da die Kuh sich nicht einfach so anknabbern lässt, plant er nun die Kuh zu töten, um seine Lust auf ein Stück Kuh zu befriedigen. Jetzt kommt ein wichtiges Aber in unsere Geschichte: Aber, unser Mensch muss nicht verhungern, wenn er nicht ein Stück Kuh isst, denn überall um ihn herum wachsen Früchte und andere Pflanzen, die er auch essen kann, um satt zu werden. Er hat nur Lust auf den Geschmack von einem Stück Kuh, da er es eigentlich nicht unbedingt braucht, hat er nur Lust, okay?" Timmi nickte, er ahnte, was kommen würde. „Gut, und jetzt tötet unser Mensch die Kuh gegen ihren Willen mit Gewalt und genießt, obwohl es völlig unnötig wäre, ein Stück von der jetzt nicht mehr lebendigen Kuh. Die ganze Szene hat ein Jurist beobachtet, der zufällig vorbei gekommen ist, was meinst du, wie bewertet er das Geschehen?" Timmi zögerte: „Du meinst Mord?" „Der Kandidat hat drei Gummipunkte!", lachte Pia. „Wenn wir Tiere geplant töten, nur weil wir Lust auf den Geschmack haben, aber auch anders überleben können, dann geschieht diese Tötung aus einem niederen Beweggrund. Ist doch logisch: Die Kuh hat ein Interesse, ihr Leben zu behalten, sie hat schließlich gerade kein zweites parat. Unser Mensch hat ein Interesse an einem Geschmackserlebnis, obwohl um ihn herum jede Menge andere, ihm vielleicht noch unbekannte Geschmackserlebnisse auf ihn warten. Wenn der Mensch die Wahl zwischen Geschmack oder Leben hat, ist die Entscheidung wohl klar. Deshalb kann man verkürzt sagen, dass Fleisch Mord ist oder zumindest das

Ergebnis eines Mordes ist. Das sagen auch viele Vegetarier und werden dafür angegriffen, obwohl sie eigentlich nur die Wahrheit aussprechen. Das wollen viele natürlich nicht hören und flippen dann förmlich aus, nur weil die Wahrheit so hart klingt! Klingt, wohlgemerkt. Denn richtig hart ist die ganze Geschichte letztlich nur für die Opfer, also die Tiere. Um die Menschen aber nicht gleich zur Weißglut zu treiben, sage ich halt immer, dass ich nichts esse, was ein Gesicht hat, dann denken die nach, was ich damit meine, so wie du auch!", lächelte sie ihn an.

Mittlerweile war die Lasagne vorbereitet, sie musste lediglich überbacken werden. „So, wir haben unsere Pflicht fürs Erste erledigt", meinte Pia, als sie die Küche aufräumten. „Meine Mutter soll das Essen in den Ofen werfen und wir gehen jetzt mit den Hunden eine Runde raus. Oder hast du keine Lust, mich zu begleiten?", fragte sie mit einem Augenaufschlag, der Gletscher schmelzen konnte.

Pias Mutter war wenig angetan von der Idee ihres Töchterchens, in Ermangelung triftiger Argumente stimmte sie schließlich zu. Helga hatte in der Mottenkiste mit der Aufschrift „Jugenderinnerungen" gekramt und etliche vergilbte Erinnerungsfetzen gefunden, die allesamt der Kategorie „Erstes …" entstammten: erste Schwärmerei, erstes Herzklopfen, erstes Händchenhalten und so weiter, aber allesamt relativ harmlos. Helga musste schmunzeln, Ähnliches hatte also ihre Mutter damals auch mitmachen müssen, heute konnte sie ihre Befürchtungen zum ersten Mal nachvollziehen. Sie stutzte, schon wieder ein Erstes … Nur im Gegensatz zu ihrer Mutter hatte Helga einen Vorteil: Sie konnte das Objekt der Begierde ausführlich in Augenschein nehmen, immerhin etwas. Mehr noch: Gemeinsam mit ihrer Freundin Marion und ihrer Tochter Pia würde sie seine Entwicklung nachhaltig beeinflussen, was aber allen Beteiligten noch nicht bewusst war.

Vegetarisch fit am Nordpol?

Der von Vater Hecker befürchtete Einfluss auf seinen Sohn Timmi ging fürs Erste weiterhin von einem hübschen, blond gelockten jungen Mädchen aus. Pia übte auf Timmi, der weiblichen Geschöpfen bisher wohlwollend gleichgültig gegenübergestanden hatte, es gab sie halt einfach, wie es eben auch Jungen einfach gab, eine völlig unbekannte Faszination aus. Diese beherrschte ihr Handwerk perfekt, sie eroberte ihr nichts ahnendes Opfer heimlich und spielte ihm einige lustige Streiche, die die Wahrnehmung äußerer Sinnesreize betrafen. Nahe Verwandte unserer Faszination erlauben sich den Spaß, ihre Opfer völlig außer Gefecht zu setzen, indem sie ihnen die so genannte „rosarote Brille" verordnen, das heißt, die Opfer nehmen alles in einem plüschigen Rosa wahr und wundern sich nicht darüber, dass selbst Rechnungen und Mahnungen auf rosablütenfarbigen Briefbögen daher kommen. Timmis geistige Verfassung hingegen schien durchaus normal, auch wenn etwas in ihm ständig applaudierte und verzückt „Zugabe!" rief. Dies war jedoch nicht nur der Verdienst von Pia, sondern auch der Umgebung und den Hunden, besonders Jim, der glaubte, in Timmi den neuen Freund für das weitere Leben gefunden zu haben. Die Hundescharr trabte mit den beiden Teens im Schlepptau vergnügt durch einen dichten Tannenwald, in dem es angenehm kühl war und der so duftete, wie es nur dichte Tannenwälder können. Die durch den intensiven Tannenduft drohende romantische Vernebelung teenagerlicher Sinne wurde von den Hunden verhindert. Sie benutzten die beiden Menschen als Stöckchen-Weitwurf-Maschinen, denn sie waren enthusiastische Fans des Stöckchenspiels, das sich weltweiter Beliebtheit erfreut.

Während sie durch den Wald spazierten, erzählte Pia ihm einige Details von den Hunden. Das alte Mischlingspaar Herbert und Guste stammte ursprünglich aus der Umgebung des Ruhrgebiets. Dort gab es einen Komiker, der den ewig schlecht gelaunten Herbert spielte. Diese Kunstfigur schimpfte immerzu über alles in der Welt und natürlich auch über seine Frau Guste, daraus sollte das ganze Programm des Komikers bestehen. Pia konnte sich das Ganze nicht besonders witzig vorstellen, aber der Erzählung nach soll der Vorbesitzer der Hunde diese nach jenem Programm benannt haben. Es passte auch: Der alte Mischlingsrüde schien chronisch schlechte Laune zu haben. Guste hingegen war ein regelrechter Clown, der die Welt als einen einzigen großen Spielplatz ansah, die beiden waren ein sehr ungleiches Paar, aber trotzdem unzertrennlich.

Timmi fand die Hundegeschichten zwar ganz nett, doch er grübelte noch über das zuvor geführte Gespräch: War Fleischessen etwa wirklich Mord? Gut, dies war eine konsequente Sicht, aber ging das nicht doch zu weit? So grübelte er weiter, was weder den Hunden verborgen blieb, da er zwar Stöckchen warf und trotzdem nicht ganz bei der Sache war, noch Pia, die ebenso bemerkte, dass Timmi mit seinen Gedanken woanders war. Mit einer klassisch-femininen Verbalattacke lenkte sie seine Aufmerksamkeit wieder auf sich: „Sag mal, hörst du mir überhaupt zu? Was ist los, du grübelst so. Was denkst du gerade?" Den krönenden, obligatorischen Abschluss „Schatz" bewahrte sie sich für später auf. „Ich denke noch über das nach, was du eben in der Küche gesagt hast." Pia lachte kurz auf und sagte: „Verstehe! Du isst eigentlich gerne Fleisch und hast keine Lust,

Mörder genannt zu werden." „Na ja, Lust bestimmt nicht, aber ich sehe das ja auch nicht so wie du." Er zögerte, lächelte sie an: „Vielleicht noch nicht. Aber da gibt es einiges, was nicht ganz stimmt. Was ist denn mit den Eskimos?" Pia runzelte die Stirn: „Wie kommst du jetzt auf die?" „Na, die essen doch nur Fische, da wo die leben, wächst nichts anderes." „Tja, du hast recht, die haben nicht die Wahlmöglichkeiten wie unser Mensch in meinem Beispiel. Aber die könnten doch eigentlich pflanzliche Nahrung einfliegen lassen und schon könnten sie die Fische leben lassen." Timmi grinste, er schien Oberhand zu gewinnen: „Nee, ist klar. Und woher nehmen sie das Geld dafür? Das wird ganz schön teuer, das Unternehmen Vegetarisch fit am Nordpol!" Pia ärgerte sich über den dummen Spruch mehr als sonst, denn Timmi schien der erste Junge zu sein, der ihr wirklich sehr gefiel und sie nicht als weltfremde Spinnerin auslachte.

„Jetzt werd nicht fies. Wenn die das nicht bezahlen können, dann sollen sie eben auswandern, dorthin, wo sie noch etwas anderes als Fische zu essen finden. Ich kann das gar nicht verstehen, wie man da leben kann. Irgendwo in der Eiswüste und zum Frühstück, Mittagessen und Abendessen tagein tagaus Fisch, oh Gott!" Pia schüttelte sich. Timmi blieb weiter skeptisch: „Sag Bescheid, wenn du an den Nordpol reist!" „Wieso?" „Na, weil ich erleben möchte, wie du die Eskimos zum Auswandern bewegen möchtest. Okay, du bist echt hübsch, einige Jungen würden dir bestimmt hinterher rennen, aber ob die Eskimos allesamt ihre sieben Sachen packen und auf das Festland auswandern, um Gemüsebauern zu werden, kann ich mir nicht vorstellen."

Er stockte, was hatte er da gerade gesagt? Hoffentlich hatte sie es überhört! Hatte sie nicht, im Gegenteil, sie hatte genau darauf gewartet, wurde also entsprechend leicht rötlich im Gesicht und schob nervös eine Haarsträhne hinter das Ohr: „Findest du wirklich?", fragte sie, ihre blauen Augen strahlten förmlich. „Äh, ja, natürlich bist du hübsch, also für ein paar Eskimos wird es schon reichen!", lachte er und fuhr lachend fort: „Ich stelle mir gerade vor, wie du auf so einem kleinen Hügel stehst und den Eskimos zurufst: Hey Leute, werdet Vegetarier, folgt mir ins Land, in dem die leckeren Früchte wachsen! Sie knuffte ihn in die Seite: „Hör auf, dich über mich lustig zu machen! Idiot!" Jim beobachtete die beiden jetzt ganz genau, niemand sollte auf die Idee kommen, seinem neuen Freund auch nur zu nahe zu kommen, niemand! Aber die Szene wirkte nicht gefährlich, zumindest nicht im engeren Sinne …

„Jetzt aber noch mal im Ernst", setzte Pia nach, „das habe ich im Beispiel doch auch deutlich gesagt: Voraussetzung ist natürlich, dass die Menschen überhaupt die Wahl haben, das ist also eine Art Luxusproblem. Wer nicht weiß, wovon er morgen überleben soll, wird sich kaum Gedanken machen können, ob die Tiere eventuell auch leben möchten." Timmi sah Pia erstaunt an: „Das ist aber eine gewaltige Einschränkung, immerhin haben wirklich sehr viele Menschen auf der Welt eher den sicheren Hungertod als dieses Luxusproblem vor Augen." Pia nickte: „Weiß ich selber, deswegen ja auch die Betonung, dass der Mensch in meinem Beispiel ausdrücklich die Wahl hat. Das kannst du also ruhig auf dich persönlich beziehen, wir leben in einem derartigen Überfluss, dass du im wahrsten Sinne des

Wortes die Qual der Wahl hast, wenn du dir das Sortiment in einem durchschnittlichen Supermarkt anguckst, oder?" Timmi warf ein Stöckchen und gab Pia beiläufig recht. Pia sah Timmi kurz an: „Kannst du mir noch folgen oder lenken dich die Hunde zu sehr ab? Also, du hast die Wahl, was oder wen du verspeisen möchtest. Diese Möglichkeit haben bei Weitem nicht alle Menschen, aber sehr viele schon. Grob gesagt, alle Einwohner Europas, Mittel- und Nordamerikas und in einigen weiteren Teilen der Welt. Was machen nun diese privilegierten Menschen? Sie entscheiden sich dafür, Tiere töten zu lassen und diese dann aufzuessen. Damit dieses Verhalten erst gar nicht hinterfragt wird, behaupten sie entgegen allen wissenschaftlichen Erkenntnissen, sie wären sogar auf das Fleisch anderer Lebewesen angewiesen. Das ist doppelter Unsinn: Erstens ist es durchaus möglich, sich ausschließlich von Pflanzen zu ernähren und sich dabei Jahrzehnte lang bester Gesundheit zu erfreuen, und zweitens sind die betroffenen Tiere wirklich auf ihr eigenes Fleisch angewiesen, um überleben zu können. Aber sie sollen ja nicht leben, sondern lecker schmecken. Jetzt geht der Irrsinn aber noch weiter: Die Menschen mit der größten Wahlmöglichkeit schränken eben diese auf nur zwei Fragen ein: Kuh oder Schwein – oder doch lieber Huhn? Und: Ganz viel Kuh oder noch mehr Schwein – oder noch viel mehr Huhn essen? Die erste Frage können sie nicht entscheiden, also essen sie bis auf die Ausnahme von einigen wenigen Haustieren wahllos alles. Bei der zweiten Frage lassen sie sich von der alten Regel leiten, die da heißt: Viel hilft viel! Erinnere dich noch einmal an mein Beispiel: Da stand eine Kuh auf einer

Weide. Das funktioniert natürlich nicht, wenn ganz viele Menschen ganz viele Kühe essen wollen. So erfindet unser Mensch, der – ich betone es noch mal – die Wahl hat, Tiere oder Pflanzen zu essen, etwas, was die Menschen, die diese Wahl nicht haben, gar nicht kennen: die intensive Züchtung und Tötung von Tieren, die Massentierhaltung. Die hat mittlerweile Ausmaße und Formen angenommen, die an die industrielle Herstellung von Schrauben erinnert, deswegen wird sie auch industrielle Massentierhaltung genannt. Da heutzutage Geiz angeblich geil statt unmenschlich ist, fordern die Menschen ein immer billigeres Stück Kuh. Die eigentliche Frage: ‚Was ist der Wert des Lebens?‘ wird auf den Kopf gestellt: ‚Was kostet das Stück Kuh?‘ Damit das Stück Kuh so geil billig ist, sperrt der Bauer die Kuh Tag und Nacht, Sommer wie Winter in einen Stall, bindet sie dort fest und füttert sie bis zum Abwinken. So nimmt die Kuh möglichst schnell an Gewicht zu. Das System an sich ist effizient und sorgt auch künftig für genug Nachschub, ist klar, denn in meinem Beispiel hätte der Mensch die eine Kuh auf der Weide gegessen, dann wäre die Kuh weg gewesen und der Mensch hätte fortan Pflanzen essen müssen. Ebenso gäbe es schon lange keine Kühe mehr, wenn der Mensch nicht immer neue züchten und einsperren würde, sie wären alle längst aufgegessen worden! Diese praktische Nachschubversorgung, ich meine die Massentierhaltung, hat einige Nachteile, aber die erkläre ich dir ein anderes Mal, okay?" Timmi nickte, förmlich erschlagen von dem Monolog. Pia lächelte ihn listig an: „Eine Sache solltest du aber behalten: Du hast die Wahl! Du hast die Freiheit dich zu entscheiden, egal, ob es Menschen gibt, die diese Freiheit haben oder nicht haben. Wenn du wählen kannst, fragst du bestimmt auch nicht, wie sich deine Nachbarn ent- scheiden würden, geschweige denn, wie Menschen handeln, die deine Wahlmöglichkeit überhaupt nicht kennen! Also ist das Argument mit den Eskimos kein Argument im engeren Sinne, sondern nur ein billiger Ablenkungsversuch!" Sie zwinkerte ihm zu: „Und übrigens finde ich billig und geizig nicht geil, – geil ist immer noch etwas anderes …!"

Der beinlose Blumenkohl

Der Wald wurde immer dichter und der Weg immer steiler, er schlängelte sich in engen Serpentinen höher und höher. Timmi, in dessen Heimat Deiche die höchste Erhebung darstellten, war erstaunt, wie anstrengend ein Spaziergang sein konnte. Davon unbeeindruckt tollten die Hunde um sie herum und machten sich gegenseitig die Stöckchen streitig, auch Pia schien die Steigung nichts auszumachen: „Na, du Flachlandtiroler, schaffst du es noch oder sollen wir umdrehen?" Timmi versuchte sich nicht zu ärgern, immerhin hatte er irgendwo aufgeschnappt, dass für Frauen der Humor sehr wichtig sei.

Er hatte allerdings vergessen, dass der Humor auf seine Kosten gehen würde … „Nee, geht schon." „Gut, du bist nämlich so still. Lass mich raten, du denkst gerade darüber nach, was ich dir eben erzählt habe – und weil du zu den wenigen sympathischen Zeitgenossen gehörst, die erst ihr Gehirn und dann ihr Mundwerk benutzen, schweigst du, oder?" Sie sah Timmi mit einem erprobten Charme-Offensive-Blick an, der selbst bei einem Referendar für rote Ohren gesorgt hätte. Er versuchte den Blick zu ignorieren, er kündigte künftige Probleme an. Timmi war verunsichert, alleine mit einem Mädchen in der Wildnis und dabei kannte er die Sorgen, die an Dr. Sommer herangetragen werden, nicht einmal vom Hörensagen. Obwohl Timmi vom Vegetarismus ähnlich wenig Ahnung hatte, versuchte er es noch einmal, schließlich war das deutlich unverfänglicher: „Gut, die Kühe sollen also an einem Stück leben dürfen, richtig?" Er sah Pia hoffnungsvoll an, ihm war die vermeintlich ultimative Rechtfertigungsstrategie eingefallen. Pia ahnte, was er als Nächstes sagen würde. Da sie aber keine Spielverderberin sein wollte, nickte sie ihm ermutigend zu. Timmi lächelte: „So, die Kühe leben gerne und deswegen sollen sie es auch weiterhin tun. Schön, die Pflanzen leben aber auch, und vorausgesetzt, dass sie ebenfalls gerne leben, haben wir ein ernsthaftes Problem: Dann müssen wir nämlich verhungern, weil wir gar nichts mehr essen dürfen!" Pia schrie innerlich auf, wieder ein gut aussehender, netter Junge, dessen IQ irgendwo zwischen einem Toastbrot und einem Heuhaufen anzusiedeln war. Als Nächstes würde er noch das Argument mit den Löwen und den Zebras bringen, anschließend würde er das Interesse an ihr gänzlich verlieren, denn eine hübsche Frau ließen sich Männer gerne gefallen, aber wehe, sie wäre intelligent … Irgendetwas hatten die anderen Mädchen ihr voraus, sie durfte zwar immer erklären, warum sie keine Hamburger aß, aber danach gingen die Jungen immer mit den anderen Mädchen ins Kino! „So, du Schlauberger glaubst ernsthaft, nun ein komplexes ethisches Problem so einfach umschiffen zu können? Dann mach es dir doch noch einfacher, wie der größte Teil der Bevölkerung und sage: ‚Ich esse Fleisch, basta!' Keine Gedanken, keine Probleme! Oder auf Englisch: No brain, no pain!" Sie funkelte ihn verärgert und auch etwas enttäuscht an. „Nein, ich versuche nur zu verstehen, warum es richtig sein könnte, Sachen, die sehr lecker sind, von meinem Speiseplan zu streichen", versuchte Timmi die Situation im Allgemeinen und sein Ansehen im Speziellen zu retten. „Okay, es gibt einige Indizien, warum es philosophisch betrachtet eher richtig ist, Pflanzen anstelle von Tieren zu verzehren. Der erste Hinweis liegt in der unterschiedlichen – ich sage mal – Ausstattung der betroffenen Lebewesen.

Tiere nach unserem Verständnis, ich meine Hund, Katze, Maus, aber auch Kühe, Schweine und Hühner, andere Vogelarten, selbst Fische haben alle etwas gemeinsam, was?" Timmi blickte Pia an, wie ein Elch, der gerade einen Baum übersehen hat, kurz: irritiert, aber nicht intelligent. „Weiß gerade nicht, was du meinst." „Nun, alle diese Tiere haben die Möglichkeit, sich vor unangenehmen Umständen aus dem Staub zu machen, sie haben Beine, Flügel oder Flossen, um zu flüchten. Hast du schon mal einen Blumenkohl mit Beinen gesehen?" Timmi lachte auf: „Nee, natürlich nicht!" „Siehst du, wenn es evolutionstechnische Vorteile geben würde, dass auch Pflanzen im Notfall flüchten könnten, dann hätten sie diese Möglichkeit auch. Haben sie aber nicht, was bedeutet, wir können das unangenehme Empfinden eines Salatkopfes, sei es bei seiner Ernte, sei es später in der Salatschüssel, ignorieren. Da wir uns nicht nur von Luft und Liebe ernähren können, müssen wir uns entscheiden: Dort ein Lebewesen, das sich beispielsweise, vor Schmerzen zu entziehen versucht, dort ein Lebewesen, das zumindest oberflächlich betrachtet weder auf Schmerzen, geschweige denn drohenden Tod reagiert. Ich als Laie schließe daraus, es ist richtiger, auf die erkennbare Todesangst der Kuh Rücksicht zu nehmen, oder?" Timmi nickte zögerlich. „Du meinst also, da Obst und Gemüse nicht zur Gattung der Fluchttiere zählen, ist es in Ordnung, diese zu essen?" Pia lächelte: „Völlig in Ordnung sogar. Dann gibt es noch Indiz Nummer Zwei für die moralische Richtigkeit des Vegetarismus: Mittlerweile ist es eine anerkannte Tatsache, dass Pflanzen ebenfalls Lebewesen sind, wahrscheinlich sogar empfindsame, zumindest reagieren sie ebenfalls auf ihre äußere Umwelt, also auf Sonne und Regen." Timmi grinste: „Sag ich doch! Wir müssen also doch verhungern!" Pia knuffte ihn: „Dummkopf! Tu doch nicht so blöd!" Timmi grinste sie frech an: „Gut, dann müssen wir nicht verhungern, aber wir können dann doch die Kuh essen. Es ist schließlich egal, wer die wehrlosen Pflanzen frisst." Pia sah ihn ungläubig an: „Timmi, hast du Fieber? Geht es dir nicht so gut? Bewirb dich mal in Hollywood, die Rolle des Vollidioten spielst du schon perfekt! Es ist nämlich überhaupt nicht egal, wer die Pflanze futtert. Fütterst du die Kuh mit der Pflanze, um später ein leckeres Stück Kuh auf dem Teller vorzufinden, musst du mindestens zwei Lebewesen um die Ecke bringen: die Pflanze und die Kuh. Futterst du anstelle der Kuh direkt die Pflanzen, bleibt lediglich der Mord an der Pflanze übrig! Du hast wieder die Wahl: Die Frage lautet diesmal: Nur einen oder lieber doch zwei Morde?" Timmi überlegte kurz: „Mmh, die Vegetarierphilosophen, gibt es die eigentlich? Also, wenn die recht haben, dann habe ich auch ein bisschen recht? Oder?" Pia sah Timmi an, dieser Junge sah einfach zum Anknabbern gut aus, sie konnte sich einiges Schönes mit ihm vorstellen, es ging hierbei um die verlassene Scheune und Fragen an den Aufklärungsexperten von Jugendzeitschriften. Um die zugegebenermaßen unkeuschen Gedanken zu vertreiben, stellte sie sich ihn in 60 Jahren vor, als alter Opa. Er sah immer noch unverschämt gut aus und war zudem auch noch der Opa ihrer Enkel …

„Na, kannst wohl nicht zugeben, dass ich auch ein bisschen recht habe, was?", riss Timmi sie aus ihren Tagträumen.

„Oh, Entschuldigung, ich habe gerade überlegt, ob …",

stammelte eine sehr rotohrige Pia, die sich erst jetzt wieder im Griff hatte. „Wenn du magst, gebe ich dir ein bisschen recht." Sie blinzelte ihn frech an und sprach in einem Tonfall, den Erwachsene für sehr kleine Kinder reserviert haben: „Du bist doch ein ganz tapferer Timmi. Du kannst hoffentlich damit umgehen, dass es ein bisschen Recht nicht gibt und auch du kannst leider nichts bekommen, was es nicht gibt! Schlimmer noch: Dein Pflanzenargument ist keines gegen den Vegetarismus, nein, es ist eines für ihn! Wenn du Mitleid mit den Pflanzen hast, ist es sinnvoller auf pflanzliche Nahrung umzuschulen, denn die Mengen, die eine Kuh verschlingt, sättigen dich doppelt und dreifach!" Timmi war perplex, dieses kleine bildhübsche Mädchen steckte ihn mit ihren Argumenten einfach in die Tasche. Er war platt, im wahrsten Sinne des Wortes, auch der ständig applaudierende Zuschauer in seinem Kopf hatte die Vorstellung verlassen.

Die Löwen und andere normale Einwände

Helga sah genervt auf die Uhr, die beiden waren bereits über zwei Stunden mit den Hunden unterwegs. Bald musste sie selbst weg, ein eventuelles neues Obdach für eine der jungen Katzen begutachten. Außerdem hatte sie Hunger, ob sie mit dem Mittag einfach alleine beginnen sollte? Zusätzlich riefen nun auch Herr und Frau Sorge bei ihr an, fragten Helga ganz scheinheilig, wie es ihr so ginge und ihrer Tochter …? Der Ärger über die Verfehlung ihrer Tochter wechselte das Ziel, schwoll an und galt jetzt Timmi, er hatte ihre Tochter bestimmt ange-stachelt, äh nein, falsches Wort … angeregt, nein, wieder das falsche Wort (hoffentlich!) … Papperlapapp, er war schuld, dass die beiden noch nicht wie vereinbart anwesend waren. Ob den beiden nicht doch etwas passiert wäre, fragte Frau Sorge listig. Oder ob gar etwas bei den beiden Teenagern passiert wäre, erkundigte sich Herr Sorge und lachte ein sehr anzügliches La-chen. Vielleicht wäre aber ihre Tochter nicht dem Charme des Jungen, sondern lediglich einer Baumwurzel erlegen, gab Frau Sorge zu bedenken. Ja, schaltete sich Herr Sorge wieder ein … Helga verzweifelte, erst war sie ärgerlich gewesen, jetzt wurde sie langsam, aber sicher, wahnsinnig.

Aber auch Pia ärgerte sich, weniger über Timmi, mehr über sich selbst, denn sie hatten sich verlaufen! Sie konnte sich nicht erinnern, wann ihr das zum letzten Mal passiert war. Fest stand jedoch, dass sie längst in dem abgerodeten Waldstück unweit der Scheune sein müssten. Entweder hatte irgendjemand innerhalb von wenigen Tagen dieses Stück wieder mit ausge-wachsenen riesigen Eichen und Buchen aufgeforstet, oder – und das war wahrscheinlicher – hatten sie sich verlaufen. Als sie ihm das Missgeschick beichtete, reagierte Timmi wie erwartet: Er lachte lauthals. In Ermangelung akzeptabler Alternativen marschierten sie weiter durch die Wildnis, nach einiger Zeit erkannte Pia eine Schutzhütte wieder, sie hatte zumindest wieder eine Ahnung, wo es lang gehen könnte. Obwohl sie eigentlich nicht nach Hause mochte, ihre Mutter würde bestimmt Amok laufen, schließlich waren sie bereits knappe zwei Stunden überfällig. Ihre Mutter hasste es, wenn Pia zu spät heimkam, daher war sie nahezu immer pünktlich. Eigentlich war Helga eine sehr pflegeleichte Mutter, auf Verspätungen reagierte sie allerdings allergisch, die nette Mutter mutierte in solchen Fällen gerne mal zu einem randalierenden Zombie!

An einer Lichtung blieb Pia stehen und orientierte sich. Ja, sie waren zumindest in die richtige Richtung gewandert. Ihre Begleitung schien zu ermüden, die Hunde hatten ihr heiß geliebtes Stöckchenspiel aufgegeben und trotteten hinter ihnen her, ein bedenkliches Signal. Timmi schien ebenfalls des Spazierens und Diskutierens überdrüssig, sein Verhalten orientierte sich an den Hunden, nur trottete er neben ihr her. Sollte sie ihm von dem bevorstehenden Empfang erzählen? Nein, er könnte sie besser ablenken! Da Timmi keinen Versuch in dieser Hinsicht startete, er wusste schließlich nichts von Pias Sorgen, ging Pia selbst in die Offensive.

„Na, du sagst ja gar nichts mehr, bist du platt?" „Also, wenn es nach mir geht, sind wir gleich da. Meine Füße sind tatsächlich platt und mein Magen hängt mir in den Kniekehlen." „Oh, du armes Kerlchen!", neckte sie ihn. In einem ernsteren Ton fuhr sie fort: „Weißt du, was mich richtig verwundert?" Timmi

Endstation Tierhof

schüttelte matt den Kopf. „Du hast ein sehr beliebtes Schein-Argument gegen den Vegetarismus vergessen!" Timmi schaute sie fragend an. Er war wirklich sehr erschöpft. „Ja, du hast die Löwen vergessen!" Er schaute sie noch fragender an: „Löwen?" „Genau, die Löwen! Es scheint ein ungeschriebenes Gesetz zu geben, dem zufolge nicht-vegetarisch lebende Menschen im Verlauf einer Diskussion mit Vegetariern den Löwen-Vergleich anbringen müssen, um zu beweisen, dass vegetarische Ernährung nicht funktioniert, widernatürlich und sowieso komplett idiotisch ist." Timmis Geist rekelte sich noch eine Runde genüsslich in seinem Bett und stand schließlich auf: „Moment mal. Löwen ernähren sich meines Wissens nach von anderen Tieren, die nicht vor ihnen weglaufen können, oder?" „Ja", nickte Pia. „So, und weil Löwen andere Tiere fressen, ist menschliche vegetarische Ernährung widernatürlich oder blödsinnig? Das ist doch totaler Quatsch, denn ich schätze mal, dass die Löwen gar nicht in der Lage sind, großartige Überlegungen über die Richtigkeit ihres Handelns anzustellen. Dies bedeutet, sie haben gar nicht die von dir dargelegte Wahlmöglichkeit, die Löwen handeln nun mal so, wie sie handeln." Er überlegte kurz, während Pia innerlich jubilierte: Timmi war doch nicht einer von den Doofen, die später ein anderes Mädchen ins Kino einladen! Timmis Geist hatte mittlerweile die Morgenrunde um den Block absolviert: „Weil Löwen andere Tiere töten, um zu überleben, soll das auch für Menschen gelten? So im Maßstab eins zu eins? Bin ich ein Löwe? Lebe ich in der Savanne, ohne dass ich es bemerkt habe? Was ein Blödsinn!" Pia hätte ihn umarmen können, aber sie hielt sich im letzten Moment zurück.

Timmi sah sie an: „Für wie bescheuert hältst du mich eigentlich? So einen dämlichen Quatsch hast du von mir erwartet? Das ist aber nicht nett, Madame!" Pia versuchte, einen der Hunde mit einem neuen Stöckchen zu aktivieren und hatte bei Jim Erfolg. Sie tat dies jedoch, um Timmi nicht ansehen zu müssen, sie hatte den Eindruck, irgendein Irrer würde an ihren Emotionen und Hormonen herumschrauben: „Nein, ich halte dich nicht für blöd, im Gegenteil! Aber das ist eines der beliebtesten angeblichen Gegenargumente, die normalerweise unweigerlich kommen." Der Irre hatte alle Zutaten ziemlich erfolgreich zu einem ursuppigen Cocktail gemixt, der Pia nun durchflutete: „Du bist halt im positiven Sinne nicht normal, aber sehr nett!" Timmi ging auf das Kompliment nicht weiter ein: „Habe ich sonst noch was vergessen?" Pias Verstand schwamm in einer Rettungsinsel auf der Ursuppe und verzweifelte allmählich. Er hatte alle Hände voll damit zu tun, die Auswirkungen des ihm gefährlich erscheinen Cocktails möglichst gering zu halten und nun auch noch diese Frage. Er blätterte schnell in dem Aktenordner mit der Aufschrift „Auseinandersetzungen mit Fleischessern" und wurde fündig: „Ja, einige Klassiker hast du in der Tat vergessen", sagte Pia. „Zum Beispiel ist das Argument biologisch sehr beliebt." Timmi runzelte die Stirn: „Du meinst Bio-Fleisch? Klar ist das beliebt, bei all den Skandalen, aber es ist sehr teuer." Pia lächelte: „Nee, Bio-Fleisch meine ich nicht, das ist noch mal ein anderes Kaliber, da kommen wir später zu. Nein, ich meine die Aussage: Der Mensch ist biologisch gesehen ein Allesfresser, daher ist es in Ordnung, ein Stück Kuh zu essen!" Timmi war verwirrt, das war doch ein echtes 1a-Argument, was gab es daran auszusetzen? „Und was ist daran bitte falsch? Es ist doch Tatsache, dass der Mensch alles essen kann." „Richtig, die Betonung liegt auf dem Wörtchen kann. Er kann, muss aber nicht alles essen, er hat die Wahl. Du musst nicht alles machen, wozu du biologisch in der Lage wärst, oder? Ein Philosoph hat dieses Argument mal umgedreht und überlegt, was der Mensch alles biologisch nicht ist, zum Beispiel Brillenträger oder Eisenbahnbenutzer. Aber kein halbwegs vernünftiger Mensch käme auf die Idee, einen Brillenträger zu fragen, warum dieser eine trägt, obwohl der Mensch an sich, biologisch gesehen, gar kein Brillenträger ist. Das ist bei sehr vielen Tätigkeiten so. Entscheidend ist für mich jedoch, dass dieses Argument eigentlich eines für und nicht gegen eine vegetarische Ernährung ist: Es verweist auf die Wahlmöglichkeiten, die der Mensch von seiner Basisausstattung her hat. Wir werden quasi ab Werk mit der Fähigkeit ausgeliefert, pflanzlich leben zu können, ein nicht wirklich zwingendes Argument für den Verzehr von Fleisch, nicht wahr?"

Marion schloss fröhlich pfeifend die Haustür auf. „Huhu!" Komisch, keine Antwort, merkwürdig. Sie traf Helga am Küchentisch. „Hallo Helga! Was ist los? Stell dir vor, die haben dein Auto gratis repariert, irgend so ein Garantiefall, klasse, was?" Helga schien sich nicht zu freuen. „Oh, hallo Marion, immerhin du bist da." Marion wurde skeptisch: „Sind die beiden etwa noch nicht da?" Helga berichtete ihr von ihrem Ärger, ihren Sorgen und Bedenken. Marion war wesentlich pragmatischer als Helga: „Also, vielleicht haben die beiden tatsächlich ein Schäferstündchen eingelegt, aber das glaube ich nicht. Die sind beide zu überrascht, dass es wirklich einen Menschen vom anderen Geschlecht gibt, der nicht bäh oder doof ist. Das Schäferstündchen kommt erst in ein paar Tagen, wenn sich die Überraschung gelegt hat und auch das muss nicht passieren. Ich glaube vielmehr, dass die beiden sich sehr gut unterhalten haben und dass die Pia dadurch so abgelenkt wurde, dass sie nicht richtig auf den Weg geachtet hat und nun haben sich unsere beiden Herzchen verlaufen. Mach die Lasagne noch mal warm, ich bin sicher, die kommen jeden Augenblick." Helga blickte Marion zweifelnd an: „Bist du sicher? Vielleicht ist ja doch etwas passiert." Marion schüttelte den Kopf: „Glaube ich nicht. Ich tippe auf die Variante verquatscht und verlaufen! Ich schmeiße mal den Ofen an, ich habe nämlich Hunger!"

Pia wusste wieder, wo sie sich befanden, sie schätzte den Restweg auf eine knappe Viertelstunde. Ausreichend Zeit für eine kleine letzte Lektion. „Hey Timmi, ich weiß wieder, wo wir sind. In ungefähr zehn Minuten sind wir da." Timmi hatte seinen toten Punkt bereits überwunden, nun hätte er ewig weiterlaufen können. „Schön." „Na, hast du Lust auf ein weiteres ganz tolles Anti-Vegetarier-Argument?" „Na gut, aber das vegetarische Essen würde ich bevorzugen, ich habe echt Kohldampf!", antwortete er. „Nur Geduld, wir sind ja gleich da. Also, ein weiterer Klassiker kombiniert die Fragmente „Fleisch essen", „schon immer" und „normal". Das kannst du doch sicherlich in einen ganzen Satz verpacken, oder?", lachte Pia ihn an. „Mmh, du meinst, Menschen haben schon immer Fleisch gegessen, von daher ist es normal!", rätselte er. „Bingo! Was glaubst du, sage ich dazu?" „Ist doch klar, du bist dagegen, was sonst." Pia sah ihn an: „Komm, sei kein Spielverderber, versuche mich lieber mit deinem Intellekt zu beeindrucken!" Timmi schaute in ihre blauen Augen: „Toll, und dann? Na gut, ich probiere es mal: Die Menschen und das Fleisch und sowieso schon immer … Du meinst, die Menschen hätten schon immer eine Wahl gehabt?", versuchte er. „Na ja, fast", erwiderte sie und holte aus: „Ist doch ganz einfach: Moralisch kann das Essen von Tieren als unrecht bewertet werden, das hatten wir bereits. Eine Handlung wird nun aber nicht dadurch moralisch richtig, dass sie bereits seit Ewigkeiten begangen wird, das macht die Angelegenheit maximal noch schlimmer, keinesfalls besser! Wir haben es krass ausgedrückt mit einem massenhaften Verbrechen zu tun, das seit Jahrtausenden verübt wird. Wenn wir nun dasselbe Verbrechen begehen wollen und rechtfertigen dieses Vorhaben damit, das es seit Jahrhunderten oder sogar Jahrtausenden verübt wird, glaubt man uns dann? Wird das Verbrechen moralisch betrachtet somit rechtens? Natürlich nicht, aber die Verfechter der sinnlosen Tötung von Tieren, also dem Fleischessen, scheinen das zu glauben, sonst würden sie es ja nicht immer wieder aufs Neue erzählen. Gerne garnieren sie ihre Ausflüchte mit dem Anhängsel „normal". Wenn du jemanden triffst, der dir solche Geschichten erzählt, frage ihn mal, was für ihn normal genau heißt, in der Regel bekommst du keine gescheite Antwort, garantiert!" Sie sah ihn intensiv an: „Ich würde mich freuen, wenn du in Ruhe über unser Gespräch nachdenkst, aber vergiss nicht: Nicht nur der Ball ist rund, sondern auch der Kopf, damit nämlich das Denken die Richtung wechseln kann!"

Hausbesuche

Jim war der erste, der das Haus betrat, mit dem obligatorischen „Wuff!" kündigte er die Ankunft der restlichen Ausflugsgesellschaft an. Das Timing hätte nicht besser sein können: Im Ofen blubberte die Lasagne vor sich hin, Marion machte sich noch keine ernsthaften Sorgen und Helgas Ärger hatte vor der Unbekümmertheit Marions und den Essensdüften kapituliert. Da die beiden Teens dies nicht ahnten, schlichen sie ins Haus und riefen leise hallo! Besonders Pia, die zumindest einen Hurrikan mütterlicher Entrüstung befürchtete, versuchte so zu tun, als sei sie eigentlich gar nicht da. Aber die befürchtete Katastrophe blieb weitestgehend aus. Sie wurden etwas reserviert, aber freundlich willkommen geheißen und an den gedeckten Tisch gebeten, auf dem sich die Lasagne auf ihren großen Auftritt freute.

Am Tisch herrschte gefräßige Stille, bis Marion den Anfang machte: „Die Lasagne habt ihr beiden sehr gut hinbekommen, aber wieso seid ihr so spät wieder hier gewesen? Umweltkatastrophe? Beischlaf? Oder was ist passiert?" Timmi und Pia sahen sich sprachlos an und mussten lachen. „Na, was du gleich wieder denkst!", tadelte Pia. „Wir sind aber im Gegensatz zu dir höchst anständig und haben uns sehr gut unterhalten. Tja, und dabei habe ich auf der langen Runde den einen kleinen Abzweig verpasst und so sind wir an der Schutzhütte vorbei gewandert." Marion konnte sich einige Bemerkungen über anständige Unterhaltungen nicht verkneifen. „Also, ob ihr uns glaubt oder nicht, aber Pia hat mir einiges über Vegetarismus erklärt", versicherte Timmi. „So-so, Vegetarismus", war der Kommentar von Helga und Marion, sie waren geneigt, diese

Version zu glauben. „Und was habt ihr so Vegetarisches disku-
tiert?“, erkundigte sich Marion, die erfreut über Pias Pionier-
arbeit war. „Es fing mit Timmis Frage beim Kochen an, ob ich
auch so eine sei“, kicherte Pia. „Tja, dann habe ich ihm meine
Ernährungsgewohnheiten gebeichtet, was dazu führte, dass ich
den gesamten Tag abstruse Scheinargumente widerlegt habe.“
Timmi nickte bestätigend. „Und hat dich meine Tochter be-
kehrt?“, wollte Helga von ihm wissen. „Nun ja, bis eben wusste
ich kaum, was das ist, bei uns zuhause ist es ja normal, Fleisch
zu essen.“ Marion schüttelte den Kopf: „Jaja, Kassenwart beim
Tierschutzverein sein, aber Tiere essen. Dein Vater hat sehr spezielle Ansichten …“

Während sie weiter aßen, berichtete Helga, dass für alle vier
Jungkatzen wahrscheinlich ein neues Zuhause gefunden sei.
„Weshalb sagst du wahrscheinlich?“, fragte Timmi neugierig.
„Na ja, die Pflegeplätze habe ich telefonisch geregelt, jetzt muss
ich die Leute noch besuchen, um mir vor Ort einen Eindruck zu
verschaffen. Am Telefon klingt das immer alles ganz supertoll,
leider vergessen die Leute aber wichtige Informationen, wenn
sie mit mir telefonieren, um ein Tier von mir zu bekommen.
Also werde ich heute Nachmittag die ersten beiden Interessenten besuchen. Deswegen habe ich mich ja auch so geärgert,
dass ihr so lange weg ward. Einerseits habe ich mir Sorgen gemacht, klar, andererseits wollte ich mit dem Essen warten, bis
die Köche wieder zurück sind. Zusätzlich möchte ich zumindest Pia mitnehmen.“ Sie sah Timmi an: „Dich meinetwegen
auch, Pia kommt häufiger mit, sie entdeckt manchmal Dinge,
die ich übersehe.“ Sie blickte ihre Tochter an: „Das ist zwar ein

kleiner Überfall, aber ich möchte möglichst schnell gute Plätze für die Vier finden und morgen hast du ja Training." Pia nickte: „Kein Problem, das passt schon. Und du Timmi?" Ihm schmerzten zwar die Füße, da diese aber nicht weiter strapaziert würden, willigte er ein. „Das finde ich gut, dann siehst du direkt, welche Ansprüche die Tiere und damit auch wir an künftige Tierhalter stellen. Eventuell bemerkst du dabei auch, ob du manche Kriterien selber gar nicht erfüllen kannst." Sie blickte zu Jim, der wie ausgestopft in einer Ecke lag: „Schließlich hat dein Vater dich hier hergeschickt, damit du keinen Tierwunsch mehr verspürst, wenn du heimfährst. Bringst du stattdessen einen großen schwarzen Hund mit und bist zusätzlich auch noch Neu-Vegetarier, bricht mein Bruder wahrscheinlich ein für alle Mal den Kontakt zu mir ab." Sie schmunzelte, als sie fortfuhr: „Anders sieht die Sache natürlich aus, wenn nicht du einen Hund aussuchst, sondern umgekehrt, das ist dann Schicksal …" Timmi fand seine Aussichten recht gut, schließlich war nicht er in Jims Körbchen gestiegen … Da ihm keine passende Antwort einfiel, hielt er es mit dem Motto eines bekannten Comedians: Wenn man keine Ahnung hat, einfach mal die Fresse halten! Oder etwas gepflegter ausgedrückt: Man muss etwas zu sagen haben, wenn man reden will (Johann Wolfgang von Goethe). Bevor sie losfuhren, erlebte Timmi die nächste Überraschung: Der Wagen von Helga war die Wucht! Eigentlich machte er sich nichts aus Autos, aber der riesige Jeep mit Kastenaufbau im Safari-Look beeindruckte ihn sehr. Staunend stand er vor dem Wagen, als Helga und Pia aus dem Haus kamen. „Na, gefällt dir mein Autochen?", fragte Helga mit unüberhörbarem Stolz. „Ja, der ist absolut Spitze!" „Das Teil stammt aus Altbeständen der US-Army, das war eine Sanitäter-Kutsche. Ein Vater aus Pias Klasse hat mir den sehr günstig besorgt. Er hat eine Autowerkstatt mit Lackiererei, alles klar?" „Wow!", entfuhr es Timmi, als er in den Wagen kletterte.

Auf der Fahrt zu dem ersten Interessenten erklärten ihm Helga und Pia, worauf sie bei den Vermittlungen achteten: „Das hängt zu allererst von dem jeweiligen Tier ab, so eine junge Katze, wie im jetzigen Fall, stellt natürlich andere Ansprüche als beispielsweise ein altes Kirmespony. Das sind viele Faktoren, die wirklich alle passen müssen. Kompromisse gehe ich da nicht ein, wenn nur eine Sache nicht stimmt, kümmere ich mich lieber selber weiter um das betroffene Tier", erklärte Helga. „Aber irgendwas ist doch bestimmt immer, dann vermittelst du nie ein einziges Tier", meinte Timmi skeptisch. „Das kann so nicht gesagt werden und manche Dinge können sich ja auch entwickeln. Bleiben wir mal bei dem Beispiel mit dem Pony: Angenommen, ich habe eines, für das ich eine Pflegestelle suche, habe einen Interessenten, mit einer großen Weide, alles wunderbar, aber der Stall ist eine Bruchbude ohne Dach. Der Interessent verspricht mir, sofort den Schuppen zu renovieren. Schön, dann soll er das zuerst machen, danach kann das Pony umziehen, verstehst du, was ich mit Entwickeln meine?" Timmi nickte: „Ja, das verstehe ich. Solche Vorab-Besuche macht ihr immer, bevor ihr ein Tier vermittelt?" Pia antwortete: „Ja, unbedingt. Immerhin handelt es sich meistens um Tiere, denen es dreckig ging, bevor sie zu uns kamen. Wir päppeln die dann auf und ein bisschen wachsen sie einem natürlich auch ans Herz, da wollen wir selbstverständlich das beste neue Zuhause für sie finden. Das geht aber nur, wenn wir bei den Leuten kurz vorbeischauen." Helga ergänzte: „Wenn das jemand, warum auch immer, nicht möchte, respektiere ich das. Dann sollen diejenigen aber auch respektieren, dass ich ihnen kein Tier vermitteln kann. Diejenigen, die es ernst meinen, haben auch kein Problem damit, das macht nahezu jeder Tierschutzverein so. Falls ein Tier vermittelt wird, besuchen wir es einige Monate später erneut, um zu schauen, wie es ihm geht und wie die neuen Tierhalter mit ihm klarkommen. Das sind meistens richtig tolle Augenblicke! Wenn du erlebst, wie aus einem halb verhungerten, todkranken Häufchen Elend wieder ein gesundes glückliches Tier geworden ist, das von seinen neuen Menschen mit ganz viel Liebe gepflegt wird, dann weißt du, dass sich die ganze Arbeit immer wieder lohnt!" „Worauf achtet ihr heute besonders, ein Schuppen wird wohl kaum das Problem sein?", fragte Timmi. „Tja, schwer zu sagen. Ich möchte einfach einen Eindruck bekommen, wie die Leute leben, ob sie andere Tiere haben, einfach, ob das Umstände sind, wo die kleinen Kätzchen glücklich werden können. Bei der ersten Interessentin gleich glaube ich, dass sie generell zu wenig Zeit für eine Katze hat, sei es jetzt eine von den jungen oder irgendeine andere, mal sehen." „Und dann?", wollte Timmi wissen. „Dann wird sich meine Mutter wahrscheinlich wieder mal unbeliebt machen", mutmaßte Pia. „Richtig. Wenn sich der erste Eindruck, also in diesem Fall eklatanter Zeitmangel, bestätigt, werde ich freundlich, aber bestimmt generell von Katzenhaltung abraten. Wie die Person dann reagiert, ist schwer vorherzusagen. Manche werden regelrecht unverschämt, andere lassen sich davon überzeugen, dass andere Tiere oder auch lieber gar keine viel besser zu ihnen passen. Eine alleinstehende, berufstätige junge Frau, wie im konkreten Fall, ist mit zwei Vögeln oder Nagern wahrscheinlich besser beraten, aber wie gesagt, das kann auch ganz anders sein, deswegen besuchen wir sie ja.

Sie erreichten die erste Interessentin, wurden von ihr und einem älteren Ehepaar, das sie als ihre Eltern vorstellte, erwartet. Die Drei bewohnten ein schmuckes Einfamilienhaus am Rande eines Dörfchens. Die junge Dame hatte zwar angerufen, suchte aber nicht nur für sich, sondern auch für ihre Eltern eine Katze. Sie wäre die Hauptverantwortliche, aber die Eltern wollten ebenfalls für das Tier mit da sein, ein eigenes kam für sie aufgrund ihres Alters nicht mehr infrage. Die Tür in den Garten war bereits mit einer Katzenklappe versehen, ebenso wie die Wohnungstüren. „Es soll also eine Art Gemeinschaftskatze werden, wenn ich sie richtig verstehe?", erkundigte sich Helga, als sie in den großen Garten gingen. Alle drei nickten, die junge Frau ergänzte: „Wir hatten schon früher immer Katzen, daher noch die Klappen in den Türen. Nachdem unser letzter Kater vor einem halben Jahr mit fast 21 eingeschlafen ist, haben wir uns nun entschieden, wieder eine Katze bei uns wohnen zu lassen." Die Eltern nickten. Helga war überzeugt, hier würde es nicht nur einer Katze gut gehen. Sie erklärte ihnen den weiteren Ablauf, zu ihrer Freude erklärte sich die Familie sogar spontan bereit, ihren Förderverein zu unterstützen, obwohl dies absolut keine Bedingung war! Auf einen Besuch bei ihr wollten die Leute verzichten, sie wollten sich auch keine der vier Katzen aussuchen, denn so die ältere Frau: „Ach, wissen Sie, jede Katze ist schön, wir freuen uns schon auf den kleinen Racker!" Sie verabschiedeten sich und steuerten Interessent Nummer Zwei an. „Siehst du, Timmi", sagte Helga, als sie losfuhren, „so kann man sich verschätzen. Die junge Frau war zwar alleinstehend, hat aber am Telefon nicht erzählt, dass ihre Eltern mit von der Partie sind, was die ganze Sache enorm verbessert. So kann die Katze tagsüber zu den Eltern, wenn sie es denn möchte. Prima!" Auch Pia war sicher, dass das junge Kätzchen dort gut aufgehoben sei: „Die Mutter freut sich doch mindestens so wie die eigentliche Interessentin. Aber klasse waren die alle, egal wie die Katze aussieht, schön ist sie eh und darf bei ihnen wohnen!" Timmi runzelte die Stirn: „Eigentlich komisch, den meisten ist das Aussehen ihres Haustieres doch nicht egal. Und diese Ausdrucksweise: Die lassen eine Katze bei sich wohnen." Helga war richtig froh, dass der erste Besuch so gut verlaufen war: „Die Ausdrucksweise mag ungewöhnlich sein, für mich war sie aber vor allem ein gutes Zeichen. Diese Leute wollen kein Haustier besitzen – nein, sie möchten ihr Leben durch ein Haustier bereichern, dem sie gleichzeitig ein schönes Leben bieten möchten. Solchen Leuten ist es dann auch egal, ob die Katze helle Pfötchen oder dunkle Öhrchen hat."

Nach kurzer Zeit erreichten sie die zweite Interessentin. Diese stand schon mit ihren Töchtern, etwa fünfjährigen Zwillingen, vor dem relativ neuen Häuschen. Besonders ihre Töchter würden sich eine Katze wünschen, erklärte die Mutter, und da sie selbst mit Katzen groß geworden sei, würde sie diesem Wunsch gerne nachkommen. Dass Katzen nicht die idealen

Spiel- und Schmusetiere für kleine Kinder seien, wisse sie, aber Nagetiere wären keine Alternative. Sie hoffe aber, dass sich eine junge Katze eher an den Trubel gewöhnen könne, als eine ältere Katze. Sie sei deshalb bereits seit einem Jahr auf der Suche nach einem Jungtier, was schwierig sei, da in den meisten Tierheimen eher ältere Katzen zu finden seien und eine Katze von einem Züchter zu kaufen, lehnte sie kategorisch ab: „Dann lieber gar keine Katze! Diese Züchter gehören in meinen Augen verboten, es gibt doch mehr als genug Katzen, die muss man doch nicht noch züchten!" Als sie den Garten inspizierten, erzählte sie von ihrem Mann, der in der nächsten größeren Ortschaft für eine Versicherung tätig sei und Katzen Hunden vorziehe, da diese ihn am Feierabend zumindest in Ruhe lassen würden, auch eine Sichtweise. Helga ermahnte die Frau eingehend, zumindest die Gartentür mit einer Katzenklappe zu versehen und willigte schließlich ein. Auch diese Mutter verzichtete auf einen Vorab-Besuch, aus praktischen Gründen: „Wenn meine beiden die ganzen Tiere bei ihnen sehen, dann wollen sie womöglich noch viel mehr als ein Kätzchen, und Zwillinge bedeuten nicht nur doppeltes Glück, sie haben auch die doppelte Willenskraft. Wenn es geht, bringen sie uns doch bitte ein Katerchen, den wir selbstverständlich kastrieren lassen, ja?", bat sie Helga. Diese erklärte, sie könne noch nichts über das Geschlecht sagen, aber sie würde den Wunsch berücksichtigen, falls möglich.

Wieder im Auto ließen sie ihre Eindrücke kurz Revue passieren. „Die Ersten haben mir aber besser gefallen!", meinte Pia. „Vielleicht, weil sie bereits Katzenklappen im Haus hatten?", gab ihre Mutter zu bedenken und fuhr fort: „Immerhin verzichtet die Dame eher auf eine Katze, als eine bei einem Züchter zu kaufen! Eine sympathische Einstellung, auch wenn man bestimmt dem einen oder anderen Züchter unrecht tut, wenn man sie alle über einen Kamm schert. Trotzdem gäbe es weniger Probleme im Tierschutz, wenn alle Menschen mit einem Haustierwunsch derart kritisch wären!" Pia blieb skeptisch: „Hoffentlich stressen die Mädchen die kleine Katze nicht zu sehr." Helga teilte die Bedenken ihrer Tochter nicht: „Glaube ich nicht. Erstens wird die Katze sich garantiert nicht langweilen, zweitens wird die sich wehren, wenn es ihr zu bunt wird und drittens glaube ich, dass die Mutter da auch drauf achten wird, das passt schon. Ich rufe mal Kandidaten Nummer Drei an, es ist noch früh und wir scheinen heute einen richtig guten Lauf zu haben!" So besuchten sie noch einen weiteren Interessenten. Auch hier wurden sie von Mutter und Tochter erwartet, die Tochter etwa zehn Jahre alt. Wieder war die Mutter bereits mit Katzen groß geworden, wieder war ein schöner Garten vorhanden, wieder war Helga zufrieden. Die beiden wollten Helgas Hof und ihre Tiere, besonders aber die jungen Kätzchen vorab besuchen, so wurde ein Termin für die nächste Woche vereinbart.

Auf der Rückfahrt schüttelte Helga den Kopf: „Timmi, du denkst bestimmt, dass wir uns die Besuche hätten sparen können, oder?" „Nein, ihr wisst ja nicht, ob das alles so stimmt. Aber heute wären die Besuche sicherlich nicht nötig gewesen." „Tja, meistens sind sie das mittlerweile wirklich nicht mehr. Es spricht sich halt rum, dass ich als Tierschützerin hohe Ansprüche an die Interessenten stelle, im Sinne der Tiere. Ich bin ehrlich gesagt froh, wenn ich Menschen wie heute treffe, das gibt mir die Hoffnung, dass ich mit meinen Ansichten nicht ganz alleine auf der Welt bin!"

Sub-Kultur-Gut

Einige Hunderte Kilometer nördlich geschahen eigenartige Dinge. Gedanken nahmen Gestalt an, sie manifestierten sich in ersten zaghaften Handlungen. Dies ist erst einmal nichts Ungewöhnliches, einem gewissen, manchmal auch erschreckend geringen Prozentsatz menschlicher Handlungen gehen tatsächlich Gedanken voraus. In der Regel stammen diese jedoch nicht aus der Schublade, in der Tabuisiertes, Verdrängtes und Undenkbares vor dem mit Alltagsdingen überfrachteten Bewusstsein versteckt werden. Geschieht es aber, dass das Bewusstsein diese Schublade dennoch öffnet, nach Brauchbarem durchforstet und dabei auch noch fündig wird, dann geschehen bisweilen eigenartige Dinge …

Auch Tante Marion war aktiv, sie sichtete ein knappes Dutzend verschiedener Video-Dokumentationen, sie hatte den Eindruck, es sei die Zeit gekommen, Timmi einen Einblick in die unappetitliche Alltagsrealität auf heutigen Bauernhöfen zu gewähren. Pia hatte Timmi erklärt, was alles nicht gegen eine vegetarische Lebensweise sprach? Gut, dann wollte sie ihm zeigen, was alles für eine solche sprach! Für sie persönlich kam zwar ausschließlich die rein pflanzliche, also vegane Ernährung infrage, aber sie wusste auch kleine Fortschritte, im konkreten Fall Vegetarismus zu schätzen. Trotzdem haderte sie mit sich selber. War es wirklich richtig, Timmi diese Aufnahmen zu präsentieren? Er wusste doch, dass in diesem Haus ausnahmslos pflanzliche Kost auf den Tisch kam. Sollte er von sich aus Gefallen daran finden, wunderbar, aber sollte sie ihn in diese Richtung beeinflussen, indem sie ihm alle Scheußlichkeiten der Massentierhaltung drastisch vor Augen führte? Immerhin waren diese Videos eine einzige Sammlung von alltäglichen Gräueltaten der so genannten Nahrungsmittel-Produktion. Einerseits war der Junge wirklich alt genug, endlich mal die Wahrheit zu erfahren, andererseits hatte sie schon einmal durch gut gemeinten, aber schlecht durchdachten Aktionismus den Kontakt zu ihrer Familie verloren. Sollte sie erneut ihren Bruder, den sie immer noch sehr mochte, gegen sich aufbringen, indem sie Timmi vom Vegetarismus überzeugte? Schlimm genug, was Pia bereits angerichtet hatte. Ihre Gedanken unternahmen einen kurzen Ausflug: Warum war Timmi überhaupt zu Besuch gekommen? Ein normaler vierzehnjähriger Junge hätte achselzuckend zur Kenntnis genommen, dass sein Vater eine Schwester hat, zu der nach über 15 Jahren ein erster vorsichtiger Kontakt zustande kam. War der Kleine etwa eine Art Spion seines Vaters? Nicht sehr realistisch. Aber warum sollte Timmi gerade hier durch die alltäglichen Pflichten eines Heimtierhalters, besonders Hundehalters, abgeschreckt werden, seinen versteckten Heimtierwunsch über Bord werfen? Gab es denn in deren Nachbarschaft keine Tierhalter? Hätte Timmi nicht einfach ein Praktikum in dem Tierheim, in dem auch ihr Bruder mitarbeitete, absolvieren können? Je mehr sie grübelte, desto unschlüssiger wurde sie. Sie blickte auf den Haufen Videokassetten, der sich vor ihr auftürmte, und fasste einen Entschluss: Sie räumte die Kassetten beiseite, sollte Timmi den Wunsch äußern, derartige Horrorvideos zu sehen, hatte sie passendes Material der Marke „Freigegeben ab 18 Jahren" parat. Jim kam ins Wohnzimmer gelaufen, er schien etwas zu suchen. Er sah sich um und holte sich bei Marion einige Streicheleinheiten ab. Sie konnte sich des Eindrucks nicht erwehren, nur zweite Wahl zu sein. Während sie den Hund kraulte, beendete sie ihre Spekulationen über die Hintergründe von Timmis Besuch. Der Junge war nett und clever und den Grund seiner Reise würde sie schon noch erfahren, bis dahin würden sie sich einfach eine gute Zeit machen.

Abends hatte Timmi eine kleine Überraschung: Er hatte die Digitalkamera seines Vaters dabei, auf der die Urlaubsfotos von Familie Hecker gespeichert waren. Darunter befanden sich neben unzähligen Aufnahmen von alten Burgen und neuen Campingplätzen auch einige interessante Bilder aus London, diese wollte er zeigen. Touristentypisch hatten er und sein Vater während ihrer Streifzüge alles, wirklich alles Mögliche fotografiert, auf Timmis ausdrücklichen Wunsch hin auch etliche Schablonengraffitis und Aufkleber. Da die Kamera direkt an den Fernseher angeschlossen werden konnte, stand einem kurzen Diaabend nichts im Wege. So gab es eine für alle interessante Vorführung von Urlaubsbildern. Pia war noch nie in London, wollte aber gerne mal hin, Helgas letzter Aufenthalt war bereits sehr lange her und Marion hatte eine enge Verbindung zu London. Die ersten Bilder zeigten Plätze und Straßenschluchten, dann folgte eine Aufnahme aus einem Supermarkt: Auf diesem Bild stand Timmi vor einem meterlangen Kühlregal. „Was ist denn daran so spektakulär, dass dein Vater das fotografiert hat?", wollte Helga wissen. „Kennt ihr in Norddeutschland etwa keine Kühlregale?", frotzelte Pia. „Nee, aber das ist ein Regal, in dem ausschließlich Sojamilch und -joghurt waren. Sag mal, Tante Marion, wer kauft das alles? So viele Veganer habe ich in

London nämlich nicht gesehen." Die Angesprochene lachte laut auf: „Ach wirklich, so viele hast du gar nicht gesehen? Hast du echt nicht die Heerscharen von grün angelaufenen Typen gesehen?" Auch Pia und ihre Mutter lachten herzhaft. Timmi war irritiert, er hatte etwas Falsches gesagt, nur was war es denn jetzt schon wieder? Tante Marion sah ihn weiterhin belustigt an: „Ernsthaft. Woran möchtest du auf der Straße erkennen, welche Ernährungsgewohnheiten ein Mensch hat?" Timmi kapierte: „Hast ja recht, Papa und ich haben uns trotzdem gefragt, ob es wirklich so viele Veganer in London gibt." „Nun, es gibt in der Tat sehr viele Vegans in London, aber diese Sachen werden auch von vielen Menschen gekauft, die nicht ausschließlich vegan leben. Seit Hollywood- und Popstars wie Madonna zum Beispiel öffentlich die Vorzüge von Sojamilch propagieren, kaufen immer mehr Leute diese Produkte. Das ist so eine Art Trend, der hoffentlich noch lange anhält. Jedenfalls habt ihr also entdeckt, dass die auf der Insel zumindest in dieser Hinsicht weiter sind als wir", antwortete Marion. Timmi nickte: „Sicher, das ging ja in dem gesamten Supermarkt so weiter: Kekse, Kuchen, Würstchen und so weiter, alles rein pflanzlich." „Findest du hier aber mittlerweile auch in Supermärkten, wenn auch in geringeren Mengen", warf Helga ein. Es folgte einige Aufnahmen von Schablonengraffitis und Aufklebern, Timmis Vater war es gelungen, teilweise auch etwas von der Umgebung, von der Atmosphäre an den Orten einzufangen. „Ich habe so etwas noch nie gesehen, in London gab es das sehr häufig. Hat das auch etwas mit dem zu tun, was du über die Tierrechtsbewegung erzählt hast, Tante Marion?", wollte Timmi wissen. Es interessierte ihn wirklich. „Nun, das ist weder neu und auch nicht nur in London zu finden." Sie nickte Helga zu: „Früher hätten wir das Polit-Graffiti genannt, die immer wieder zu verschiedenen Themen überall zu sehen waren. Atomkraft, Abrüstung, Umwelt- und Tierschutz und dergleichen mehr. Heute gestalten die Leute ihre Sachen etwas grafischer und nennen das Ganze Street-Art. Diese Sachen siehst du vielleicht nicht in eurem Dorf, aber in den Städten, also zum Beispiel Hamburg oder Kiel, findest du bestimmt Street-Art. Die haben aber längst nicht alle eine Aussage, geschweige denn eine politische. Du hast einige schöne Beispiele für, ich würde es mal nicht-kommerzielle Werbung nennen, fotografiert. Aber ob das ein Teil der Bewegung ist? Manche Aktivisten nutzen Methoden der Streetartists, um Werbung für die Idee zu machen, dass Tiere Rechte bekommen sollten. Vielleicht gibt es auch einzelne Leute aus dieser Szene, die gleichzeitig tierrechtlerische Überzeugungen teilen, das muss sich ja nicht gegenseitig ausschließen. Wundert mich nur, dass dein Vater so etwas fotografiert, schließlich ist es ja im Regelfall illegal!" „Wir hatten eine kleine Diskussion darüber, aber ich glaube, er hat meine Ansicht akzeptiert, dass es weitaus größere Probleme und schlimmere Verbrechen gibt. Sonst hätte er wohl kaum diese Fotos geschossen", meinte Timmi. Es folgten noch einige Aufnahmen von der Demo und dem abschließenden Festival, welches die Familie Hecker zufällig besucht hatte. „Ja, das ist einer der Gründe, weshalb ich damals nach London gegangen bin", sagte Marion. Sie geriet ins Schwärmen: „Die Demonstrationen dort sind so riesig, bunt und fantasievoll, das habe ich in dem Ausmaß bisher in Deutschland leider noch nicht erlebt. Sicher, es gibt hier auch größere Demos, aber die sind kaum vergleichbar, leider. Die Idee mit solchen Tierrechts-festivals ist hier auch schon übernommen worden, aber bedauerlicherweise mit sehr bescheidenem Erfolg. Aber immerhin, es wird versucht, etwas zu bewegen." Ein letztes Foto zeigte die Combo, die es Timmi so angetan hatte. Seine Tante war weniger begeistert: „Ja, ganz nette Band. Musikalisch sicherlich eine Geschmacksfrage, die Aussagen in meinen Augen auch eher fragwürdig. Diese Leute sollen mir mal erzählen, wie wir mehr Menschen aus der breiten Bevölkerung, zum Beispiel deine Eltern, von der Idee der Tierrechte überzeugen können, wenn wir gleichzeitig den Kapitalismus abschaffen wollen und die Anarchie propagieren. Diese Leute werfen das alles in einen Topf, den wenigsten sagt dieser Weltanschauungs-Mix zu, die meisten aber sind lediglich abgeschreckt und halten alle Veganer für gemeingefährliche und weltfremde Spinner, ein Image, das wir solchen Leuten zu verdanken haben. Früher war ich begeistert, aber heute sehe ich das sehr kritisch, denn im Interesse der Tiere müssen wir mehr Leute erreichen." Timmi war enttäuscht, weder teilte seine Tante seine Begeisterung für die von ihr sogenannte Street-Art und der Band stand sie offensichtlich ablehnend gegenüber. Sollte Tante Marion etwa auch ein typisch erwachsener Wischiwaschi-Mensch geworden sein? Pia und ihre Mutter gähnten und Jim schlief auf den Knien von Timmi, es war spät geworden. Marion nahm die auf dem Tisch liegende Digitalkamera und schoss ein Foto, auf dem ein verträumt wirkender Junge einen großen schwarzen Hund, der auf seinen Knien lag, streichelte. Dieses Foto war ein erster Baustein ihres Plans, sie hatte bereits erkannt, dass der Hund sich Timmi ausgesucht hatte. Das würde zu erheblichen Komplikationen nach seiner Abreise führen, die eigentlich nur vermeidbar waren, wenn innerhalb kürzester Zeit eine enorme Einstellungsänderung bei ihrem Bruder erreicht würde. Um von ihrem Plan abzulenken, fotografierte sie schnell eine müde Pia samt halb todmüder Mutter. Den Plan vorerst geheim zu halten, schien ihr sehr wichtig, wenn ihr Neffe schon enttäuscht darauf reagierte, dass sie die Punkrock-Band nicht sonderlich schätzte und beim Anblick von Street-Art nicht in Verzückung geriet – wie würde er erst reagieren, wenn er entgegen seiner Hoffnungen Jim doch nicht adoptieren könnte? Das wollte sie sich selbst, Timmi und allen anderen lieber ersparen!

Fürs Erste galt es jetzt, den Abend versöhnlich ausklingen zu lassen: „Noch mal zu den Eindrücken aus London zurück: Ich finde das nicht schlecht, aber Bands wie Conflict und auch die Streetartists erreichen nur Menschen, die bereits ähnlich denken und die auch nur innerhalb ihrer jeweiligen Gruppierung, Subkultur könnte man sagen. Schön und gut, aber es gibt noch sehr viele andere Menschen, die erreicht werden müssen." Helga nickte müde: „Das sehe ich ähnlich, nur wenn Punkrock-Bands in ihren Texten Zusammenhänge aufzeigen, finde ich das nicht so dramatisch. Du würdest mich auch komisch angucken, wenn ich behaupten würde, dass Menschen, die sich für die Rechte von Tieren engagieren, sich nicht auch zu anderen Problemen kritisch äußern dürften, nur weil andere, die noch Fleisch essen, andere Ansichten über Autobahnausbauten, Atomkraft oder Militarismus haben. Diese Menschen werden garantiert nicht Fleischesser bleiben, weil du etwas anderes über ihren heiß geliebten Autowahn denkst. Das ist absurd!" Auch Pia erwachte kurz wieder zum Leben: „Und dass Street-Art nur Leute aus der Szene erreicht, glaube ich auch nicht. Das stimmt beim klassischen amerikanischen Graffiti, dem Writing vielleicht, aber ich habe in Köln umgestaltete Plakatwände gesehen, die auch von anderen Leuten wahrgenommen werden!" Sie strahlte Timmi an: „Ich finde die Sachen auf jeden Fall echt gut, wir brennen mir morgen mal eine CD!" „Abgemacht!", sagte Timmi. „Jaja, die Jugend von heute!", lachten Helga und Marion.

Wenig später wurde in dem kleinen alten Häuschen die Nachtruhe ausgerufen. Jim, vom Erfolg der letzten Nacht fest überzeugt, begleitete Timmi nun sofort auf das Gästezimmer und legte sich, kaum dass dieser eine annähernd waagerechte Position eingenommen hatte, auf seine Füße. Wieder zog das Sandmännchen von Zimmer zu Zimmer und verteilte Betthupferl in Form von bunten und spannenden Träumen, lediglich Tante Marion lehnte dankend ab: Sie saß an ihrem PC und bearbeitet das Foto von Timmi mit Jim ein wenig mit einem Fotobearbeitungsprogramm. Nach wenigen Minuten wirkten die Farbe sehr viel wärmer, das Foto war perfekt, es strahlte Vertrautheit und Geborgenheit, kurz Romantik pur aus: Gäbe es eine Werbekampagne für ein Miteinander von Kindern und Hunden, dieses Bild würde die Plakate zieren. Zufrieden mit dem Ergebnis, sendete sie das Foto als E-Mail an ihren Bruder. In der Nacht wurde sie von grausigen Albträumen geplagt, auch Sandmännchen können nachtragend sein.

Zu Besuch bei freilaufenden Eiern

Auch bei Timmis Eltern endete der Abend versöhnlich, zuvor hatten die Themen vegetarische Ernährung und Hundehaltung für eheliche Disharmonie gesorgt. Während Vater Hecker ein Buch über Hundehaltung gekauft hatte, fand seine Frau die Anschaffung eines umfangreichen Werkes über vegetarische Ernährung samt ausführlichem Rezeptteil sinnvoll. Der eine war Hundehaaren im eigenen Haus nicht abgeneigt, lehnte aber Gemüsegerichte kategorisch ab, die andere sah das genauso, halt nur umgekehrt: ein Zucchini-Auflauf erschien verlockend, Hundehaare samt dazugehörigem Hund stellten dagegen eine nicht zu rechtfertigende Zumutung dar. Gemüsespieße kontra Hundepfotenabdrücke, in der Sache blieben die Verhandlungspartner hart, ohne dass ihr Sohn ein Scheidungsopfer wurde. Am nächsten Morgen hatte Bernd eine E-Mail von einem gewissen jim@web.de in seinem Postfach, da sein Provider nicht vor Viren warnte, öffnete er den Anhang der wortlosen Mail und traute seinen Augen kaum …

In dem Niemandsland zwischen Eifel und Siebengebirge begann der neue Tag hingegen nahezu irritationsfrei, Pia bereitete das Frühstück vor, als Timmi, gefolgt von Jim, in die Küche schlafwandelte. Nach einem kurzen freundlichen gegenseitigen „Guten Morgen!" ärgerte sich Timmi über sein frühes Aufstehen, denn Pia bereitete einen Obstsalat vor, genauer hatte sie gerade erst damit begonnen, der Obstberg vor ihr war beachtlich. Am liebsten hätte er sich wieder mit der vierbeinigen Schmusedecke namens Jim ins Bett zurückgezogen, gleichzeitig wollte er Pia imponieren, so schnappte er sich ein Messer und half ihr. Wenig später kam Helga in die Küche und war angenehm überrascht über die beiden fleißigen Teens. Dieser Timmi animierte ihre Tochter zu sehr lobenswerten Taten, gestern die Brötchen, heute der Obstsalat, früher hatte Pia so etwas regelmäßig vollbracht, seit einiger Zeit schien sie jedoch lieber im Bett liegen zu bleiben. Der Knabe musste offensichtlich eine gute Kinderstube genossen haben, schließlich half er mit. Oder hatte ihn Pia geweckt und dazu gezwungen? Oder verfolgte der Junge etwa amouröse Pläne, indem er unbeholfen an wehrlosen Birnen herum schnitzte? Sie nahm sich vor, in der allernächsten Zeit ein Gespräch mit ihrer Tochter zu führen!

Beim Frühstück wurde der weitere Tagesverlauf geplant. Pia hatte einen Zahnarzttermin in der nächstgelegenen größeren Ortschaft, anschließend Mannschaftstraining. Auch Tante Marion hatte an diesem Tag einiges zu tun. Helga hatte eine Idee, wie der Urlaubsgast den Tag sinnvoll verbringen könnte: „Timmi, hast du schon mal einen Weidezaun repariert?" Der Angesprochene reagierte wie erwartet: Nein, er hatte es noch nie mit Weidezäunen zu tun gehabt. „Gut, dann kannst du heute erste Erfahrungen sammeln, falls du mir helfen würdest. Vorher könntest du aber eine kurze Runde mit den Hunden gehen, ja?" Gassi gehen okay, aber Zäune zusammenschustern? Er erklärte sich trotzdem bereit, Alternativen schienen Mangelware zu sein. Er bekam eine genaue Erklärung des Weges: „Geh einfach den Waldweg links in den Wald hinein, immer den Berg hoch. Oben auf der Lichtung drehst du dann um und gehst denselben Weg wieder zurück, nicht dass du dich alleine in der Wildnis verläufst", lachte Helga. „Gut, in einer halben Stunde müsstest du auch wieder hier sein!", verabschiedete sie ihn. Als er nach

Hundeleinen fragte, grinste sie nur: „Nix da! Die sollen sich bewegen! Du nimmst am besten ein schönes Stöckchen und trainierst deine Arme, dann laufen sie auch nicht weg!" Timmi hatte Zweifel, ob die Hunde tatsächlich nicht das Weite suchen würden. Aber die Hunde, allen voran natürlich Jim, dachten gar nicht ans Weglaufen. Timmi genoss die Aufmerksamkeit der Hunde sehr, mit ihnen durch den Wald zu laufen, machte ihm große Freude.

Auch sein Vater genoss Aufmerksamkeit, nicht die übliche, die einem Filialleiter einer Kreissparkasse so oder so zuteil wird, nein, es war das ausgedruckte Foto von Timmi und Jim. Einige Mitarbeiter fanden den Hund schön, wie er auf den Knien seines Sohnes döste, seine Sekretärin hingegen lobte die Ausstrahlung des Bildes und fragte, ob es von einem professionellen Fotografen stammte. Einig waren sich alle, dass Familie Hecker einen äußerst attraktiven und offensichtlich passenden vierbeinigen Freund hätte und dass ihr Chef unbedingt mal den Hund mit zur Arbeit bringen sollte, er hätte doch das Zeug zum Filial-Maskottchen!

Als der Hundetrupp mit Timmi im Schlepptau wieder zurückkam, wollte Helga unbedingt sofort los. Während der Fahrt erklärte sie ihm die Eile: „Ich hab gerade den Geschäftsführer der Genossenschaft gesprochen, er muss vor der Mittagspause schon weg und ist die nächste Zeit auch nicht mehr im Geschäft." Timmi verstand rein gar nichts, Helgas progressiver Fahrstil verriet allerdings Dringlichkeit. „Ist ganz einfach: Bei der Genossenschaft kaufen normalerweise die Bauern ein, Saatgut und anderes Zeug, was man in der Landwirtschaft und

im Gartenbau so benötigt", erklärte Helga. „Den Geschäftsführer", fuhr sie fort, „habe ich mal zufällig kennengelernt. Wenn ich bei ihm einkaufe, benötige ich kein Geld, ich bezahle mit Spendenquittung." „Aha", murmelte Timmi. „Ich habe doch einen Verein gegründet, mit dem Ziel, möglichst viele Tiere aufzunehmen, wieder aufzupäppeln und dann weiter zu vermitteln, an Menschen, bei denen es ihnen besser ergeht." Timmi nickte. „Und der Staat findet solche Ziele unterstützenswert, daher kann ein solcher Verein nach genauer Prüfung als gemeinnützig anerkannt werden. Menschen, die einen solch gemeinnützigen Verein unterstützen, können diese Unterstützung, also Spenden, steuerlich geltend machen, das heißt, sie können das gespendete Geld quasi wieder zurückbekommen. Kapierst du?" Timmi nickte abermals: „So ungefähr, glaube ich." Helga redete weiter: „Dieser Geschäftsführer findet meinen Verein klasse, und wenn ich bei ihm, nur bei ihm wohlgemerkt, einkaufe, rechnet er die Posten zusammen und ich kann ihm die Summe als Spende quittieren." Timmi meinte zu verstehen: „Er schenkt dir also die Sachen?" „So ungefähr: Meine Spendenquittung kann er am Jahresende mit der Umsatzsteuer verrechnen, allerdings fehlt das Geld erst mal in der Barkasse, er tritt also in Vorleistung. Das macht aber nur er, seine Angestellten dürfen das nicht, obwohl die mich natürlich auch kennen." „Und weil der gleich weg ist, rast du hier wie Michael Schumacher persönlich?", erriet Timmi. „Richtig, der sortiert heute nur den Schreibtisch, denn er geht für sechs Wochen in die Kur!"
In dem Geschäft wurden sie herzlich begrüßt. In einem kurzen Gespräch bot der Chef sogar an, dass Helga einen Anhänger

geliehen bekommen könnte, unter der Bedingung, dass dieser noch am selben Tag zurückkäme. So kam es zu einem Großeinkauf, von dem Helga nicht zu träumen gewagt hätte.

Auf dem Rückweg, sie rollten entsprechend gemächlicher durch die Landschaft, war Helga hin und her gerissen: „Klasse, jetzt brauch ich den ollen Zaun nicht wieder zu flicken, der hat mir Material mitgegeben, damit kann ich zwei ganze Weiden neu einzäunen! Das ist super, aber dadurch, dass wir den ganzen Krempel gleich in der Scheune unterbringen müssen und dann den Hänger wieder abliefern dürfen, wird das nichts mit der Zaunaktion heute. Das ist blöd, denn die Pferde müssen dringend auf die andere Weide!" Ihr Telefon schellte, nach dem Gespräch war sie bester Laune: „Das ist der Hit! Am Samstag kommt ein Bekannter mit zwei anderen Männern, die bauen den neuen Zaun!", freute sie sich. Timmi fand es nicht sonderlich schade, dass er heute nicht Bauarbeiter spielen musste. Das Verstauen des Baumaterials erwies sich als kleines Problem, der Stacheldraht konnte nicht in der alten Scheune deponiert werden. Diese diente schließlich vier jungen Katzenkindern als Spielzimmer und Helga befürchtete, dass sie sich an dem Draht verletzen würden. So lagerten sie den Draht kurzerhand in der hintersten Ecke des Gartens.

Nachdem sie den Anhänger wieder zurückgebracht hatten, steuerte Helga einen befreundeten Landwirt an, um in dessen Hofladen einzukaufen. Bei einer Tasse Kaffee stellte Helga ihren Besucher vor. Nachdem die Bäuerin erfahren hatte, dass der Junge sich vage für Tiere und Tierschutz interessierte, aber noch keinen Stall von innen gesehen hatte, machte sie kurz entschlossen eine Hofführung. Sie war zurecht stolz auf den Hof, er wurde seit über 25 Jahren nach den Kriterien des ökologischen Landbaus betrieben und so wurden die Tiere wirklich vorbildlich, ihrer Art gemäß gehalten. Die Bäuerin erklärte Timmi und Helga, die sich der Hofführung angeschlossen hatte, ihr Verständnis einer artgerechten Behandlung der Tiere: „Wir sehen die Tiere hier nicht als Sklaven, eher als Gäste. Gut, der Vergleich passt nicht ganz, Gäste werden nicht verkauft und geschlachtet, aber bis zu diesem Zeitpunkt sollen sie sich bei uns wohlfühlen. Schließlich tragen die Tiere zur Existenzsicherung bei, das alleine verdient Respekt. Das bedeutet, dass wir alle Stallungen mit Außenflächen kombinieren, so können sich die Tiere aufhalten, wo es ihnen gerade beliebt. Dazu bekommen sie das beste natürliche Futter, das wir auftreiben können." Timmi schaute sich beeindruckt um, die Tiere schienen sich tatsächlich wohlzufühlen: In einer Außenvoliere nahmen zwei Hühner gerade ein Sandbad, und auf einer anderen Weide schienen Ferkel „Fangen" zu spielen.

„Geben Sie den Tieren auch Namen?", wollte er wissen. „Einigen, aber nicht allen. Tiere, die jahrelang bleiben, bekommen auch einen Namen, zum Beispiel Ferdinand, unser Zuchtbulle." Timmi hätte noch einige weitere Fragen gehabt, aber die Bäuerin flößte durch ihre Statur und zupackende Art Respekt ein, obwohl sie eigentlich eine freundliche und herzensgute Frau war. Auf der Rückfahrt musste Helga dann einige, die Landwirtschaft und Nutzung von Tieren betreffende grundsätzliche Fragen ertragen. Im Kern zielten seine Fragen jedoch auf die Einstellung seiner Tante ab: Weshalb sollte die Nutzung von Tieren, denen es derart gut ergeht, falsch sein? Helga hatte keine Lust, stellvertretend für ihre Freundin zu antworten, gab ihm aber zu verstehen, dass er von einem Kurztrip in ein seltenes Nutztier-Paradies geblendet sei.

Abends stellte Timmi diese Fragen seiner Tante und damit auch ihre Einstellung infrage. „Ach ja, die Mär von den glücklichen Tieren, die kenne ich!", antworte Tante Marion, als er mit glänzenden Augen von dem Besuch erzählte. „Aber das war kein Märchen, wir waren doch da!", behauptete Timmi. „Klar ward ihr da, ihr ward auf einer spitzenmäßigen Werbeveranstaltung!", entgegnete seine Tante. Timmi konnte nicht verstehen, was sie meinte. „Na, die Werbung zeigt dir auch immer nur die schönen Seiten, aber nahezu nie die Realität!", sagte sie. „Aber das ist doch Realität, wir waren doch da", beharrte Timmi. „Natürlich, es gibt aber auch eine andere Realität und die ist weitaus häufiger anzutreffen. Diese Realität hat nichts, rein gar nichts mit deiner Bilderbuch-Bauernhof-Idylle gemein! Die Realität, von der ich spreche, betrifft über 90 % der in Deutschland gehaltenen, besser gesagt misshandelten, sogenannten Nutztiere. Bevor wir uns weiter über Phänomene mit Seltenheitswert unterhalten, würde ich vorschlagen, dass wir uns mal einige Aufnahmen ansehen. Dann wirst du verstehen, was ich meine!", funkelte Tante Marion ihren Neffen an. Helga protestierte: „Das ist keine gute Idee! Die Aufnahmen sind echt zu grausam!" Doch Tante Marion ließ sich nicht beirren: „Grausam ist die Realität, nicht das Video, abgesehen davon ist der Junge völlig verblendet worden und alt genug!" Helga legte erneut ihr Veto ein, worauf Tante Marion sehr verärgert reagierte: „Warum soll der Junge weiterhin Lügenmärchen aufgetischt bekommen? Damit er weiter guten Gewissens irgendeinen Dreck aus der Massentierhaltung futtert, dabei aber keinen blassen Schimmer hat, wo das leckere und unglaublich billige Zeugs herkommt? Soll er –" „Halt!", unterbrach Helga sie. „Du redest dich hier gerade so richtig in Rage, das bringt aber nichts." Sie blickte zu den beiden Teens, die sprachlos waren, die Verwandlung von Tante Marion in einen Vulkan war sehr beeindruckend gewesen. „Sag mal, Timmi, du kennst ernsthaft nicht die Zustände in der herkömmlichen Nutztierhaltung?", fragte Helga. Timmi schüttelte den Kopf: „Nein, aber zeigt sie mir ruhig, vielleicht verstehe ich dann auch, warum Tante Marion so sauer geworden ist." Die hatte sich mittlerweile wieder gefangen: „Nee, das wirst du nicht verstehen, egal. Du hast gerade von Hühnern auf grünen Wiesen erzählt, ich habe hier Aufnahmen von Hühnern, allerdings ohne Sonnenschein und Wiesen …" Sie startete den Film, er dokumentierte die Zustände in einer ganz gewöhnlichen Halle, in der Hühner in Käfigen gehalten werden. Es schien eine riesige Halle zu sein, in der es kein Tageslicht gab, nur schummeriges Kunstlicht. Die Käfige waren etwas breiter als ein Meter und vielleicht einen halben tief, sie bestanden komplett aus Drahtgittern. In jedem Käfig drängten sich etwa acht Hühner neben- und übereinander, manche von ihnen waren verletzt, andere schienen zu schlafen … Lähmendes Entsetzen trat in den Raum und machte es sich zwischen den Zuschauern gemütlich. Die Kamera vollzog einen Schwenk in einen langen schmalen Gang, der kein Ende nehmen zu nehmen schien. Die Käfige standen in sechs Stockwerken übereinander. Aus den Fernseherlautsprechern kamen die Geräusche von Abertausenden Hennen. Ein Stück weiter im halbdunklen Gang lag ein Huhn, die Kamera nährte sich ihm und zoomte es immer größer, bis es den Bildschirm füllte. Es war tot. Irgendwie musste es der grausamen Enge eines Drahtkäfigs entkommen sein, doch statt der ersehnten Freiheit hatte es lediglich den Tod gefunden. Langsam änderte sich die Kameraeinstellung, nun war auch der Käfig, vor dem das tote Huhn lag, erkennbar. In diesem Käfig hockten sechs ramponierte Hennen auf einem offensichtlich toten Huhn, sie wendeten ihren Blick nicht von dem toten Tier im Gang ab. Konnten sie es nicht glauben, dass es einen Weg aus dem Drahtkäfig gefunden hatte? Oder konnten sie es nicht fassen, dass es scheinbar gar nicht lohnte, aus dem Käfig heraus zu kommen? Mit einer Aufnahme des toten Huhns, das als Sofa für seine Artgenossen diente, endete die kurze erschütternde Dokumentation.

„Das ist ja grässlich!", platzte es aus Timmi heraus. Helga und Tante Marion nickten nur. „Ich kenne diese Bilder, aber ich bin immer wieder schockiert. Ich kann es kaum glauben, dass die echt sind. Wenn man überlegt, dass dies die normalen Zustände sind, wird einem doch nur übel!", meinte Pia. „Das war eine ganz normale Legebatterie irgendwo in Norddeutschland, davon gibt es Tausende. Fast jeder ist gegen diese Form der Haltung oder besser gesagt Quälerei – und dennoch stammen acht von zehn Eiern, die verzehrt oder verarbeitet werden aus Legebatterien", gab Tante Marion zu bedenken. „Wieso das denn?", fragte Timmi. „Nun, zuerst einmal sind die Eier die billigsten. Das führt dann halt dazu, dass viele, die sparen möchten – oder müssen, diese Eier kaufen, obwohl sie eigentlich gegen diese Form der Hühnerhaltung sind. Dementsprechend sind in Meinungsumfragen immer alle gegen Legebatterien und sie würden nie zugeben, dass sie trotzdem solche Eier kaufen. Ich nenne das den Bildzeitungs-Effekt: Die Zeitung kauft und liest angeblich auch keiner und trotzdem ist sie die auflagenstärkste – komisch, oder?" Helga holte Luft und dozierte weiter: „Aber die Endverbraucher im Supermarkt sind nur ein Absatzmarkt der Eierindustrie. Der größte Teil der Käfigeier geht an die Hersteller von Nahrungsmitteln aller Arten. Ich schätze, dass ungefähr in der Hälfte aller Nahrungsmittel, die du in einem durchschnittlichen Supermarkt kaufen kannst, Ei-Erzeugnisse verarbeitet wurden. Diese Hersteller kaufen natürlich die billigsten Eier, damit die Gewinnspanne beim fertigen Erzeugnis stimmt, logisch, nicht wahr?", sie blickte Timmi an. „Ja, das ist logisch. Kann man da nichts gegen machen?", wollte er wissen. Seine Tante blickte ihn streng an: „Wie stellst du dir das vor? Nein, das ist Marktwirtschaft, selbst wenn alle Endverbraucher ihre Eier aus anderen Haltungsformen kaufen würden, gäbe es immer noch die gigantische Lebensmittelindustrie, die für ihre Produkte die billigsten Zutaten, also auch Eier verwenden. Das ist aber nur ein Dilemma, da gibt es alleine im Bereich der Eier einige weitere Probleme, die streng genommen alle eine Ursache haben." „Die Politik?", versuchte Timmi zu raten. Helga schüttelte kurz mit dem Kopf: „Nicht ganz. Es ist einfach der viel zu große Eierkonsum und nicht zu vergessen der immense Konsum an Hühner- und Hähnchenfleisch, denn das gehört auch noch zu dem Bereich. Bei dem aktuellen Pro-Kopf-

Verbrauch an Eiern ist es unmöglich, alle Eier aus artgerechter Haltung zu nehmen, dann hätten wir überall in Deutschland nur noch Hühner rumflitzen und selbst das würde nicht reichen." Sie wurde von Pia und Timmi unterbrochen, die diese Vorstellung sehr lustig fanden. „Na, so witzig ist das eigentlich nicht", tadelte sie die beiden und Tante Marion fuhr fort: „Die Lösung heißt also Mäßigung. Ob die Verbraucher und auch die Herren Hersteller von sich aus den Eierverbrauch so drosseln, dass eine Deckung des Bedarfs durch sogenannte Freilandeier gewährleistet werden kann, ist fraglich." Helga ergänzte: „Leider stimmt das und an diesem Punkt kommt, wie Timmi eben richtig geraten hat, die Politik ins Spiel: Angeblich sollen die Legebatterien, so wie eben in dem Film gezeigt, EU-weit verboten werden, ich glaube, ab dem Jahr 2012. Die neuen Lösungen sehen nicht viel, aber immerhin etwas besser aus." Tante Marion war skeptisch: „Bis dahin ist es aber noch lange hin, würde mich nicht wundern, wenn das Gesetz noch mal geändert oder wieder abgeschafft wird. Wenn die Legebatterien innerhalb der EU wirklich verboten werden sollten, wird längst noch nicht alles gut werden."

Timmi runzelte die Stirn, war seine Tante denn nie zufrieden: „Wieso, das wäre doch prima, wenn es so was Grässliches nicht mehr gibt." „Das würde nur bedeuten, dass die Hennen innerhalb der Europäischen Union nicht mehr so gehalten werden dürfen, dann werden die Batterieeier eben aus den Nachbarländern, in denen es solche Anlagen gibt, importiert. Solange solche Eier verarbeitet und verspeist werden, ist das Gesetz Augenwischerei." Das Telefon schellte, Helga verließ den Raum.

Das Gespräch wurde kurz unterbrochen, Timmi überlegte, was er denn für die armen Hühner überhaupt tun könnte, das war viel komplizierter, als es auf den ersten Blick wirkte. Die Hühner auf dem Bauernhof am Nachmittag hatten es offensichtlich gut, von denen ein Ei zu essen, konnte nicht schlimm sein, aber bei den anderen, sehr vielen anderen? Selbst wenn er sich vornehmen würde, künftig solche Eier nicht mehr zu essen, waren da immer noch die Eier, die besser als zu Ostern irgendwo versteckt waren. In welchen Nahrungsmitteln waren die denn alle? Ähnliche Gedanken gingen Pia durch den Kopf, der Handlungsaspekt war für sie wichtig, hier machten es ihr Marion und ihre Mutter leicht: Beide aßen weder Eier, noch vorproduzierte Nahrungsmittel, die welche enthielten. Auch Tante Marion grübelte über den bisherigen Gesprächsverlauf: Ihr Neffe wollte, geschockt von den Aufnahmen, wissen, wie er persönlich dazu beitragen könnte, zumindest diese eine Tierquälerei zu verhindern. So weit, so löblich, was aber sollte sie darauf antworten? Die einzige ihr richtig erscheinende Antwort wollte sie nicht aussprechen: Der vollständige Verzicht auf jegliche Nahrungsmittel, die Eier enthielten oder besser noch, überhaupt tierische Zutaten enthielten – also Veganismus!

Gaukler

Kaum waren Pia, Timmi und Tante Marion in Gedanken versunken und Jim auf Timmis Schoß eingeschlafen, hastete Helga aufgeregt wieder in den Raum. „Was haltet ihr davon, Horrorvideos und theoretische Diskussionen zu verschieben und stattdessen lieber Tierschutz zu praktizieren?!" Mit einem Ruck erwachte ein großer schwarzer Hund und auch die Menschen im Raum waren mit einem Schlag hellwach. „Was ist denn los?", fragte Pia. „Brigitte hat gerade angerufen. Die haben aus einem Nachbarstädtchen einen Hinweis bekommen. Da ist gerade Kirmes und dort gibt es auch so einen widerlichen Ponyreit-Stand. Eines von den Ponys hat eine frische Verletzung im Gesicht, an der Stelle, an der sich mal ein zweites Auge befunden hat …!" Pia und Tante Marion sahen Helga entsetzt an. „Lasst uns sofort hinfahren, die haben mich gefragt, ob das Pony zu uns kann, falls wir es irgendwie da wegkriegen!", drängte Helga.

Kurze Zeit später rasten sie durch die Einöde in Richtung Kreisstadt, Helga nahm keinerlei Rücksicht auf den Anhänger, den sie vorsorglich angekuppelt hatte. Auf dem kleinen Kirmesplatz des Ortes fanden sie den Ponystand auf Anhieb, denn dort war eindeutig am meisten los. Passanten standen rudelweise beisammen, zwei Polizeiautos ergänzten die Szenerie. Helga preschte zielstrebig in die Menschenmenge, sie hatte ihre gute Bekannte entdeckt, die gerade mit zwei Männern verhandelte. Nach einer knappen Begrüßung fauchte sie einer der beiden, ein ungepflegter älterer Mann an: „Sind sie auch so eine bekloppte Tierschützerin?!" Er gestikulierte wild und war offensichtlich angetrunken. „Beruhigen Sie sich bitte!", ermahnte ihn der zweite Mann, der neben Helgas Bekannter stand.

Es war der Amtstierarzt, der zuvor unter Polizeischutz das Pony in Augenschein genommen hatte. Eine junge Streifenpolizistin gesellte sich zu ihnen und sprach zu dem älteren Mann: „Egal, was dem Tier passiert ist, es muss hier weg. Das Pony muss dringend tierärztlich versorgt werden und bei ihnen wird das wahrscheinlich nicht passieren! Meine Kollegen fertigen gerade die Anzeige gegen Sie, schließlich gibt es Gesetze, die Tiere vor Menschen wie Ihnen schützen sollen. Sollten sie zustimmen, dass die Tierschützer das Pony in ihre Obhut nehmen, sehe ich von einer Anzeige sowie einem Besuch unserer Ausnüchterungszelle eventuell ab! Überlegen Sie sich das, aber schnell!" Die junge Polizistin war sauer, sie hatte selbst zwei Pferde, ihr taten die Ponys auf der Kirmes leid. Ginge es nach ihr, wären solche Geschäfte längst verboten. Dieser Kerl hatte scheinbar einem Pony ein Auge zerschlagen, woraus sie schloss, dass er gemeingefährlich war und für solche Fälle sah ihr persönliches Polizeigesetz allerlei Delikatessen vor …

Ein weiterer Polizist kam, gefolgt von einem jüngeren, ebenfalls sehr ungepflegten Typen, hinzu. Beide versuchten den alten Mann zu beruhigen, mit mäßigem Erfolg. Schließlich durften Helga, der Amtstierarzt, Helgas Bekannte und die junge Polizistin das misshandelte Pony behandeln. Es war ein sehr altes Pony, das völlig verängstigt in einer Ecke stand. Es hatte den Kopf gesenkt und zitterte am ganzen Körper. Dort, wo normalerweise ein zweites Ponyauge seinen sanften Blick in die Welt schweifen lässt, klebte ein dreckiger Haufen Mullbinden. Von dort führte eine angetrocknete rötlich-braune Blutspur den Hals hinunter bis auf den Brustkorb. Helga war geschockt:

„Hat der Kerl eine gute Ausrede?", fragte sie ihre Bekannte. „Nee, die braucht der aber auch nicht. Der Fall ist offensichtlich, der braucht keine Ausrede, der bräuchte eher einen guten Anwalt!", antwortete stattdessen die junge Polizistin, die angesichts des widerwärtig zugerichteten Tieres diversen Foltermethoden nachtrauerte. „Das Tier muss unbedingt in die Klinik, ich möchte den Verband hier nicht abnehmen. Sie wollten das Tier sofort mitnehmen?", wandte sich der Tierarzt an Helga. „Für den Fall der Fälle habe ich einen Anhänger dabei", sagte sie. „Einen Hänger? Das ist sehr gut, jetzt muss die Polizei nur noch den Abtransport bestimmen", forderte der Tierarzt die Polizistin auf. „Das regele ich sofort, fahren sie schon mal mit dem Anhänger vor", sagte diese zu Helga. Draußen vor dem Zelt wurde es laut, der Ponybesitzer fand eine Nacht in Polizeigewahrsam scheinbar erstrebenswert. Er hatte den anderen Polizisten angegriffen und wurde nun kurzerhand abgeführt, wobei er völlig ausrastete. „Gut, der Fall hat sich erledigt!", schmunzelte die junge Polizistin, die wusste, dass derartige Gestalten auch bei ihren Kollegen nicht besonders hoch angesehen waren. Helga holte ihren Wagen. Der Tierarzt und die Tierschützer hofften inständig, dass das Pony den Anhänger besteigen würde. Doch als die Klappe herunter gelassen wurde, erkannte das arme Tier seine Chance und bedurfte keiner Ermunterung. Es zögerte keine Sekunde und stieg erstaunlich schnell in den Hänger. Helga fuhr dem Tierarzt zur nahe gelegenen Tierklinik hinterher, gefolgt von ihrer Bekannten. Die anderen Tierschützer klärten währenddessen im Beisein von einigen Polizisten mit dem jüngeren zerzausten Zeitgenossen, es war der Sohn des Betreibers, die Zukunft der anderen Ponys.

„Hoffentlich übersteht das arme Tier die ganze Prozedur. Unter normalen Umständen wäre alleine der Transport schon sehr aufregend für ein so altes Pony!", seufzte Helga, während sie so vorsichtig wie möglich dem Tierarzt hinterherfuhr. „Glaubt ihr, dass es die Verletzung übersteht?", fragte Pia. „Nun, so wie der Gaul in den Anhänger gesprungen ist, hat der sich noch nicht aufgegeben", meinte Tante Marion. „Gaul!", wurde sie von Helga angeranzt. „Aber du hast recht, das Pony scheint Durchhaltewillen zu haben. Das wird Herr Kleinhuf, der Arzt, gleich bestimmt genauer sagen können."
Tante Marion lächelte: „Die junge Polizistin hat mir sehr gut gefallen! Die hätte den Kerl am liebsten geviertelt. Ich schätze mal, dass der nun viel Vergnügen auf der Wache haben wird!"
Helga blickte sie kurz an: „Na, du hast Nerven! Wir haben da hinten ein halb totes Pony im Anhänger, das hoffentlich die Fahrt und die kommende Nacht überlebt und du freust dich, dass die Polizei ihren Job gemacht hat. Wenn der Kerl nicht so strunz doof gewesen wäre, würde er noch immer in seinem Zelt hocken und behaupten, dass die Tiere ihm gehörten und er dementsprechend mit ihnen umspringen kann, wie es ihm beliebt!" Timmi verstand die Welt nicht: Der Typ lebte davon, die Ponys für kurze Zeit von Kindern reiten zu lassen. Also waren die Tiere doch sein Kapital, wie konnte er sie so misshandeln? Er warf die Frage in den Raum. Helga glaubte die Antwort zu kennen: „Du hast recht, Timmi, jedoch argumentierst du logisch und hast Tieren gegenüber ein gewisses

Mitgefühl. Der Kerl hat wahrscheinlich beides eben nicht: Dass er nicht fähig ist, logisch zu denken und sich auch nur im Ansatz vernünftig verhalten kann, hat er bewiesen. Oder glaubst du, der Angriff auf den anderen Beamten war das Ergebnis vernunftgeleiteter Überlegungen? Wohl kaum. Natürlich betrachtet er die Ponys als sein Kapital, sie gehören ihm, zumindest bis jetzt. Dass sie Lebewesen mit eigenen Gefühlen und Bedürfnissen sind, beachtet er gar nicht. Das sind störende Details, die er gar nicht wahrnimmt. Hauptsache, die Tiere rennen stundenlang mit irgendwelchen Kindern auf dem Rücken im Kreis und bringen so Geld ein, das ist alles, was für ihn zählt." Tante Marion gab zu bedenken: „Dass so jemand davon leben kann, setzt voraus, dass es Eltern gibt, die ihren Nachwuchs überhaupt auf diese armen Kreaturen setzen und dafür auch noch Geld geben!" Helga nickte: „Das stimmt. Nur ist es sehr müßig darüber zu diskutieren, wer allgemein dafür verantwortlich ist, dass es solche Stände überall gibt. Natürlich ist das arme Pony hinten im Hänger ein besonders krasser Fall, aber ich befürchte, dass das keine Seltenheit ist …!" Pia sah das pragmatischer: „Ist doch klar, die Eltern sind schuld! Würden die nicht bezahlen, würden diese Leute pleitegehen und schon gäbe es solche Stände nicht mehr!" Timmi, ebenfalls pragmatisch veranlagt, versuchte die Konsequenzen zu denken: „Toll, wenn der Heini pleitegehen würde, was würde dann wohl mit den anderen Ponys geschehen …?" Pia schaute ihn etwas länger als nötig an, was eigentümliche Gefühlsmixturen in ihm auslöste und sagte schließlich: „Gute Frage, aber ich meine das jetzt nicht allgemein, sondern ganz konkret:

Was passiert jetzt mit den anderen Tieren?" Helga steuerte das Gespann auf den Parkplatz, sie hatten das Ziel erreicht. „Das kannst du ja gleich die Brigitte fragen, wir sind jetzt da." Auf dem Klinikparkplatz wurde der Konvoi bereits erwartet. Alle blickten sorgenvoll in den Anhänger – das Pony blickte aufmerksam zurück. Timmi glaubte, das übrig gebliebene Auge würde strahlen, er war plötzlich sicher, dass das Pony überleben würde. Anstandslos verließ es den Hänger und trabte Dr. Kleinhuf und den Klinikmitarbeitern hinterher. Auf dem Parkplatz blieben die anderen Zweibeiner unschlüssig zurück. Helga stellte wieder mal ihren Besuch vor, sie entwickelte allmählich eine gewisse Routine darin zu versichern, es sei nur der Neffe ihrer Freundin Marion … Timmi und Pia fragten dann auch unisono nach der Zukunft der weiteren Ponys. Brigitte und ihre Freunde schienen zuversichtlich, die anderen Ponys „da raus zu holen", wie sie es nannten. Sie imponierten Timmi, denn sie ließen keinen Zweifel daran, dass sie das schaffen würden, zumal sie ihm glaubhaft versicherten, dass es nicht das erste Mal sei. Kurze Zeit später kam Dr. Kleinhuf wieder aus dem Gebäude, er hatte den Umständen entsprechend gute Nachrichten: Das Auge sei zwar nicht mehr zu retten, ansonsten mache das Pony aber einen fast unglaublich robusten Eindruck. Das Tier würde jetzt operiert und könne wahrscheinlich in einem oder zwei Tagen die Klinik verlassen, wenn es nicht auf den Kirmesplatz zurück müsse. „Und wenn doch?", fragte Pia keck. „In dem Fall würde ich ganz sicher eine Möglichkeit finden, das Tier nicht auszuhändigen. Ich möchte nicht, dass es auch sein zweites Auge herausgeschlagen bekommt. Dazu wird es aber nicht kommen. Ich werde morgen früh einen Bericht an die zuständigen Behörden und auch an die Polizei senden, der sich gewaschen hat. Schätzungsweise werden auf meinen Bericht hin, dem auch die Zeugenaussagen der Polizei hinzugefügt werden, die anderen Ponys in der kommenden Woche von offizieller Seite evakuiert." Er nickte Brigitte zu: „Wir werden uns dann an Sie wenden, versuchen Sie schon Mal, neun weitere Pflegeplätze zu organisieren! Aber, wie gesagt: Unserem Schützling wird es schon morgen früh viel besser gehen!" Mit diesen hoffnungsvollen Worten verabschiedete er sich, es wartete schließlich noch ein Patient auf seine Behandlung. Da für alle anderen erst mal nichts mehr zu tun war, verabschiedeten sie sich und fuhren heim, es war spät geworden und die kommenden Tage würden sicherlich einige Aufgaben mit sich bringen.

Timmi war aufgewühlt, so aufregend hatte er sich den Besuch bei seiner Tante nicht vorgestellt. Seine Tante und auch Pia und Helga hingegen schienen völlig ruhig zu sein. Sie machten auf ihn den Eindruck, sie seien eben Kartoffeln einkaufen gewesen oder hätten eine andere banale Alltäglichkeit erledigt. Waren die so cool, taten sie nur so oder war das eben tatsächlich alltäglich gewesen? Da er sich jedoch vor Pia keine Blöße geben wollte, verkniff er sich seine Fragen. Seine Tante konnte allerdings seine Gedanken förmlich hören und so baute sie ihm eine kleine Brücke, dass er ohne Gesichtsverlust über seine Empfindungen reden konnte: „Und Timmi, wie fühlt es sich an, einem Tier in einer Notsituation zu helfen?" „Klasse, aber ganz schön aufregend! Ich weiß gar nicht, ob ich

mich über den Typen aufregen oder für das Pony freuen soll!",
sprudelte es aus ihm heraus. „Nun, das erste Mal ist immer
aufregend. Eigentlich lief das heute eher harmlos ab", meinte
Helga. „Stimmt!", pflichtete Tante Marion bei: „So eine ko-
operationsbereite Polizei beispielsweise ist leider selten, wir
sollten künftig immer diese junge Dame mitnehmen! Normalerweise führen sich aber auch die Täter oder Besitzer immer
wie Edelmänner auf. So leicht wie der Knaller eben machen
die es einem in der Regel nicht." Helga lachte: „Der war Spitze
– greift die Polizei an!" Pia teilte die Zuversicht von Dr. Kleinhuf nicht ganz: „Hoffentlich kommt das arme Pony wirklich
durch!" Ihre Mutter war optimistisch: „Ich denke schon, ich
kenne den Doktor zwar nur vom Hörensagen, aber sein Ruf ist
ausgezeichnet. Ich wusste gar nicht, dass der auch Amtstierarzt ist. Aber sei's drum, wir haben es versucht und ich glaube
eine ganze Menge erreicht. Mein Gefühl sagt mir, dass der
gesamte Betrieb geschlossen wird und für das Pony haben wir
alles getan, was wir konnten." Tante Marion ergänzte:
„Richtig, und mit etwas Glück erleben wir alle ja ein Happy End, wenn das Pony bald auf einer Wiese wieder auflebt.
Timmi, wenn du das erlebst, weißt du, warum es Menschen
gibt, die immer wieder alles daran setzen, Tieren zu helfen!"
Wenig später waren sie wieder zuhause, als sie die Haustür
aufschlossen, stolperten sie fast über die leeren Futternäpfe
der Hunde. Der Aufbruch war derart überhastet, dass sie
die Fütterungszeit der Raubtiere vergessen hatten! Lachend
wurde das Versäumte nachgeholt, ehe die Nachtruhe eingeläutet wurde.

Als Timmi ins Bett fiel, war er zwar müde, gleichzeitig aber auch unruhig. Der Tag stolzierte mit all seinen Eindrücken in seinem Kopf herum, Gedanken und Gefühle prasselten auf ihn nieder. Derart aufregend hatte er sich den Besuch bei seiner Tante in seinen kühnsten Träumen nicht vorgestellt, soviel war klar. Er versuchte, den Tag chronologisch Revue passieren zu lassen und die überwältigende Flut von Eindrücken ebenfalls chronologisch zu ordnen. Wo war eigentlich der große schwarze Hund? Timmi hatte sich innerhalb kürzester Zeit sehr an die Anwesenheit von Jim gewöhnt, ja er fehlte ihm, wie er sich eingestehen musste. Wenn Timmi demnächst wieder nach Hause fahren würde, müsste er den Hund wohl hier lassen. Er würde ihn dann vielleicht nie wieder sehen, denn er sollte doch vermittelt werden … Nein, so hatte dieser Tag nicht begonnen, ermahnte er sich. Timmi fluchte leise und konzentrierte sich weniger auf die Geschehnisse der letzten Stunden, als auf die geringen Möglichkeiten, Jim doch mitnehmen zu können. Obwohl –, wenn diese treulose Seele ihn schon jetzt nicht besuchen wollte, bräuchte er gar nicht darüber nachzudenken. Warum sollte er sich für einen Hund starkmachen, der sich gar nicht für ihn interessierte …

Die diversen Eindrücke und Gefühle in ihm hießen einen guten alten Bekannten namens Enttäuschung willkommen: Wahrscheinlich war eher Pia auf ihn scharf, so wie sie ihn ständig anstarrte! Erneut offenbarten sich Probleme: Scharf sein, so nannten es die älteren Jungs im Fußballverein, nur was zum Henker meinten die genau damit? Und wie bitteschön sollte man damit umgehen, dass jemand scharf auf einen war? Die Älteren würden vielleicht die Perle klarmachen oder so ähnlich, aber auch hier galt: Nix Genaues weiß man nicht … Die Tür öffnete sich knarrend und ein großer schwarzer Schatten tapste geduldig ins Zimmer.

Etikettenschwindel?

Im hohen Norden war der Abend entschieden ruhiger verlaufen, auch wenn Vater Hecker ursprünglich mit dem Schlimmsten gerechnet hatte: Als er das Haus betrat, umwehten unwiderstehliche Bratkartoffelgerüche seine Nase. Da seine Frau allerdings diese Zubereitungsart verabscheute, wurde er misstrauisch, er fürchtete, eine Hiobsbotschaft solle ihm mithilfe seines Leibgerichtes schmackhaft gemacht werden. Auf Katastrophen jeglicher Art gefasst, nahm er am Tisch Platz.
„Und …?", argwöhnte er. Der weitere Gesprächsverlauf des Ehepaares Hecker lässt sich in Worten wie: „Nichts Schatz, keine Sorge, guten Appetit!" zusammenfassen. Missmutig stocherte Bernd im Essen herum, weshalb wurden ihm die sicherlich grausigen Neuigkeiten vorenthalten? Er stutzte, etwas war anders als sonst, er blickte seine Frau an, die ein breites Grinsen nun nicht mehr unterdrücken konnte. Sie hatte die heiß geliebten Bratkartoffeln vegetarisch getuned! Ihr Denkansatz war so simpel wie logisch: Er könnte vegetarische Experimente im Hause Hecker nicht mehr kategorisch ablehnen, wenn er einmal Geschmack daran gefunden hatte, was bei ihm eher mit dieser hausmännischen Beilage als mit einem exotischen Curry gelingen würde. Und tatsächlich mundete ihm auch die Variante ohne Fleisch!
Allerdings musste sie sich danach zur „Strafe" einen Vortrag über die Vorzüge der Heimtierhaltung im Allgemeinen und die Vorzüge des Aufwachsens mit einem Hund im Speziellen gefallen lassen. Sie hatte über diese Problematik bereits den ganzen Tag nachgedacht, mit dem Ergebnis, dass sie lieber Hundehaare als einen unglücklichen Sohn im Haus haben wollte.

Eigentlich wollte sie nie vor eine solche Wahl gestellt werden, doch nun schien sie unausweichlich, zumal ihr Mann ebenfalls sehr hundebegeistert erschien.

Am nächsten Morgen wachte Timmi schweißgebadet auf: Seine Mutter war auf einem blutenden Pferd herangeritten, unter ihrem Arm hatte sie ein völlig zerrupftes Huhn geklemmt. Er lag im Heu, seine Mutter rief „Aufstehen!" und das blutige Pferd leckte sein Gesicht ab … „Na, hat der junge Mann schlecht geträumt?", erkundigte sich seine Tante belustigt. Er schlug die Augen auf und blickte in zwei erwartungsvolle Gesichter. „Hast du keine Lust aufzustehen? Pia hat auch verschlafen, das Frühstück fällt heute mager aus. Was habt ihr beiden bloß heute Nacht angestellt, dass ihr beide verschlafen habt?", lachte sie. Ehe Jim erneut seine Zunge einsetzte, stand Timmi auf.

Nach dem Frühstück erklärte Timmi sich bereit, Helga im Stall zu helfen. Sie hatte dort eine Box als Rumpelkammer umfunktioniert, die hoffentlich bald für das Pony gebraucht würde. Während dieser Räumungsaktion, die eigentlich eher ein Sperrmüll-Verschieben als ein Aufräumen im engeren Sinne war, erhielt Marion einen Anruf ihres Bruders.

Nachdem sie die Pferdebox bezugsfertig gemacht hatten und auch noch den Hühnerstall ausgemistet hatten, empfing Tante Marion sie freudestrahlend. Sie freute sich, dass ihre Bemühungen gefruchtet hatten. Timmi konnte sein Glück kaum fassen und musste seinen Vater anrufen, denn er konnte es einfach nicht glauben, dass Jim sein Hund werden sollte. Auch die Bestätigung seines Vaters änderte nichts an seiner Ungläubigkeit. „Na, dann werden wir ab jetzt wohl einen Crashkurs in Hundeerziehung und Haltung durchführen müssen!", lachte Helga, die sich mit einem weinenden und einem lachenden Auge von dem gutmütigen Riesenhund trennen würde. Ihr hätte es nichts ausgemacht, Jim nicht weiter zu vermitteln, andererseits hatte sie so Platz, falls erneut ein Notfall den Weg zu ihr finden würde.

Mittlerweile hatte es wie vorhergesagt angefangen zu regnen. Das Wetter war ein willkommener Test: „Willkommen in der Realität!", sagte Helga und ergänzte: „Also, Mistwetter, aber die Hunde waren noch nicht spazieren, na, Timmi, was sagst du nun?" Er zögerte nur kurz: „Kein Problem. Aber ich hätte gerne eine Regenjacke, als ich meinen Koffer gepackt habe, waren es 32 Grad im Schatten und an Regen hatte ich nicht gedacht …" Helga verschwand für einen Augenblick und erschien mit einer leuchtenden rosaroten Regenjacke. Pia, die inzwischen hinzu-gekommen war, lachte laut auf: „Wie süüüß!" Timmi, immer noch getragen von unbeschreiblichen Glücksgefühlen, stand, besser gesagt, schwebte über den Dingen. „Okay!", sagte er und zog sie an. Pia, die den eigentlichen Zusammenhang noch nicht kannte, hörte auf zu lachen, als ihr der tiefere Sinn der vermeintlichen Kostüm-Aktion erklärt wurde. „Oh!", sagte sie knapp zu der Neuigkeit, dass Jim demnächst Strandspaziergän-ge unternehmen würde, wenn er nicht gerade als stellvertre-tender Bankfilialleiter arbeiten würde … Sie mochte nicht nur den großen schwarzen Hund sehr und war etwas neidisch auf das Tier, denn sie hätte auch nichts dagegen gehabt, dass dieser süße Kerl sie mitnimmt. Diesen Gedanken verbannte sie jedoch sofort in die hinterste Ecke und verkündete quasi als Ersatz für das Frühstück das Mittagessen vorzubereiten. „Na gut, dann begleite ich dich in den Regen", schmunzelte Tante Marion. Kurze Zeit später wanderten sie in Begleitung diverser Hunde durch den Wald. Timmi Hoffnungen erfüllten sich nicht, Jim schien sich auch im Regen sehr zu vergnügen. Aber ihm brannten ganz andere Fragen unter den Nägeln: „Sag mal, Tante Marion, wenn ich dich richtig verstehe, lehnst du alle tierischen Nahrungsmittel generell ab, ganz egal, wie die Tiere behandelt wurden?" Sie nickte: „Richtig, ich für mich ernähre mich so gut es geht rein pflanzlich. Wie die Tiere behandelt werden, ist mir jedoch nicht egal." Timmi wischte sich einen Regentropfen von der Nase und meinte: „Okay, ich habe ja begriffen, dass die Legebatterien nur solange existieren, solange die Leute solche Eier kaufen. Das ist auch grässlich, keine Frage. Aber den Hühnern bei Pia und Helga und auch bei dem Bauern gestern, denen geht es doch prächtig, weshalb lehnst du auch deren Eier ab?" Tante Marion überlegte kurz und antwortete dann: „Da ist ein großer Unterschied. Die Hühner bei Helga sind einfach da. Helga verfolgt keinen wirtschaftlichen Zweck damit, dass die Hühner ihr etwas Arbeit machen. Bei dem Bauern hingegen turnen die Hühner nur rum, weil er gutes Geld mit ihnen verdienen kann! Und da ich Sklaverei in jeder Form ablehne, weigere ich mich, solche Produkte zu kaufen!" Timmi schüttelte den Kopf: „Jetzt übertreibst du aber, Sklaverei gab es früher mal, in Amerika oder so, was hat denn so ein kleiner Bauer damit zu tun?" Tante Marion wurde etwas energischer: „Werd mal nicht frech! Das ist eine Frage der Weltsicht: Die allermeisten Menschen glauben, dass Tiere dazu da sind, uns zu dienen, ohne dass sie einen Anspruch auf Entlohnung hätten! Das ist Sklaverei pur, wenn ich jemanden einsperre und für mich arbeiten lasse, ohne dass ich ihn für seine Dienste entlohne!" Timmi warf erst mal ein Stöckchen, bevor er sich traute, weiter zu fragen: „Ist das deine Philosophie vom Veganismus, also das mit der Sklaverei?" „Fast, die vegane Lebensweise ist eine mögliche Konsequenz einer Philosophie, der Philosophie der Tierrechte genauer gesagt." Timmi warf erneut ein: „Gibt es die denn wirklich, ich meine von richtigen Philosophen?" Tante Marion lachte: „Richtige Philosophen? Ja, von denen haben sich auch ein paar mit dem Verhältnis zwischen Mensch und Tier beschäftigt. Einige wenige von denen haben sich sogar so etwas wie eine Philosophie der Tierrechte ausgedacht. Ist aber trockenes, langweiliges Zeugs." Abermals warf Timmi ein Stöckchen: „Komisch, wie kann es langweilig sein, etwas über Tiere zu lesen? Schau mal, die Hunde hier sind doch nicht langweilig!" Tante Marion gab zu bedenken: „Nun, da verwechselt du etwas Grundlegendes. Du beschäftigst dich hier gerade im richtigen Leben mit richtigen Lebewesen, wenn du jetzt eine Beschreibung dessen, was du gerade tust, lesen würdest, dann sähe die Sache schon ganz anders aus." Timmi lenkte wieder einen Hund ab und meinte dann: „Aber du sagtest gerade, du würdest versuchen eine Philosophie in die Praxis umzusetzen, dementsprechend kann die Philosophie ja gar nicht so langweilig sein, oder? Erklär sie mir doch mal!" Tante Marion seufzte, warf zur Abwechslung auch ein Stöckchen und setzte an: „Nun gut. Mit langweilig hatte ich gehofft, dich abzuschrecken, was bei dir wohl das Gegenteil bewirkt. Ich glaube nicht, dass ich das so einfach erklären kann, aber ich versuche mal. Der Erste, der meines Wissens nach in Deutschland damit bekannt wurde, ist der australische Philosoph Peter Singer. Der ist oder war Professor für Ethik und Moral. Sein Hauptwerk in Bezug auf Tiere ist auch zweimal in Deutsch veröffentlicht worden unter dem Titel *Die Befreiung der Tiere"*. Timmi äußerte ein kurzes „Wow!" – „Ja, der Titel ist knackig, in der Tat!", pflichtete Tante Marion ihm bei. „Also, der Herr Singer setzt bei Unterdrückungen unter Menschen an, die zumindest offiziell nicht mehr existieren sollen, ob das wirklich der Realität entspricht, ist in diesem Fall egal. Das ist in meinen Augen auch ein kritischer Punkt, alles, was ich dir jetzt von Singer und den anderen erzähle, ist rein theoretischer Natur. Herr Singer nimmt nun angeblich überwundene Unterdrückungen unter Menschen als Ausgangspunkt seiner Überlegungen. Hast du eine Idee, was er meint?" Timmi dachte kurz nach: „Vielleicht die Sklaverei?" „Fast, die Sklaverei basierte auf gewissen Vorstellungen, denen zufolge die Hautfarbe eines Menschen über seinen Status entscheidet und nicht, wie er sich als Mensch verhält, oder so. Weil man damals noch glaubte, dass es verschiedene Rassen innerhalb der Gruppe der Menschen gäbe, sprach man auch von Rassismus. Die Sklaverei war also eine Umsetzung dieser Idee in die Praxis. Mittlerweile hat sich herumgesprochen, dass die Hautfarbe kein Grund für eine ungleiche Behandlung von Menschen ist. Als zweites Beispiel nimmt Herr Singer die Ungleichbehandlung von Männlein und Weiblein. Jahrhunderte lang wurden den Frauen immer wieder verschiedene Dinge verboten, mit der Begründung, dass sie halt Frauen seien. Zum Beispiel durften Frauen in einigen Ländern nicht wählen, weil sie Frauen waren. Dieser Quatsch ist Gott sei Dank überholt, zumindest offiziell. Was haben die Ungleichbehandlungen von Frauen und Menschen mit dunkler Hautfarbe gemein?" Timmi stutze: „Ich weiß es nicht, vielleicht, dass sie vorbei sind?" Tante Marion schüttelte den Kopf: „Nein, das meine ich nicht, außerdem ist das auch nur offiziell. Nein, das entscheidende Merkmal für die ungleiche Behandlung war immer ein biologisches. Das verschärft die Gemeinheit zusätzlich, schließlich kann kein Lebewesen irgendetwas für seine biologischen Merkmale und ändern lassen sie sich auch nicht, zumindest meistens.

Die Grundlage für die, Achtung, jetzt kommt Philosophen-Deutsch, moralisch relevante Ungleichbehandlung war jeweils ein unabänderliches biologisches Kriterium. Bei den Frauen war das Kriterium die Geschlechtszugehörigkeit, die Ungleichbehandlung, die daraus folgt, nennt man Sexismus. Bei den Menschen mit dunkler Hautfarbe spricht man dann, auf den alten Aberglauben der Menschenrassen gestützt, von Rassismus, wenn sie anders behandelt werden, weil sie nicht hellhäutig sind." Timmi warf abermals ein Stöckchen und meinte: „Schön, und was haben jetzt die Tiere damit zu tun?" „Nun, Herr Singer hat sich die Beziehung zwischen Menschen und Tieren angesehen und festgestellt, dass es eklatante, moralisch sehr relevante Ungleichbehandlungen gibt, die damit gerechtfertigt werden, dass es bloß Tiere seien. Die Zugehörigkeit zum Reich der Tiere ist wieder einmal ein biologisches Kriterium, das über Wohl oder Wehe eines Opfers entscheidet. Er nimmt die nun überwunden geglaubten Ideen des Rassismus und Sexismus und entwickelt für die Tiere einen neuen Ismus, den Speziesismus.

Das ist Singers Begriff für die Ungleichbehandlung von Tieren, die auf ihrer Art- oder Speziszugehörigkeit basiert. Klingt alles komplizierter als es ist. Ein Beispiel hilft dir sicherlich auf die Sprünge und außerdem habe ich dich gewarnt: trockener theoretischer Kram! Also, der Sexist sagt: Weil du eine Frau bist, darfst du nicht wählen! Der Spezist sagt: Weil du ein Tier bist, darf ich dich einsperren und aufessen! Das klingt sehr platt, aber die Begründung einer moralisch relevanten Handlung mit dem Argument eines biologischen Kriteriums ist bei näherem Hinsehen schlicht und platt." Sie wanderten für einen kurzen Augenblick schweigend und stöckchenwerfend durch den Wald. Timmi war enttäuscht, so ein Buchtitel verhieß doch jede Menge Action und dann das. Er teilte seiner Tante mit, dass sich Herr Singer in seinen Augen des Etikettenschwindels strafbar gemacht hätte. Tante Marion lachte laut auf: „Klasse, zeig den mal an! Nein, im Ernst, das waren Singers ersten Überlegungen in dem Buch, nachdem er vorher eindringlich verschiedene Missstände aufgezeigt hat, damit der Leser überzeugt ist, dass es wichtig ist, über das Verhältnis des Menschen den Tieren gegenüber neu nachzudenken. Er hat also erst die Realität beschrieben, wie er sie sieht und dann eine Theorie gebastelt, die erklären soll, warum alles so ist, wie es ist. Wie Wissenschaftler halt vorgehen, wenn sie etwas erklären sollen."

Timmi verstand seine Tante nicht, wieso sollten Tiere Rechte bekommen, welche auch immer, das war ja auch noch offen? Etwa, weil irgendein Philosoph versucht hat, die Welt zu beschreiben und dafür einen neuen Ismus erfunden hat? Seine Tante war durchaus zufrieden mit dem bisherigen Gesprächsverlauf, viele Menschen hatten schon zu früheren Zeitpunkten vor der zugegebenermaßen komplexen Philosophie kapituliert. Trotzdem schüttelte sie bei Timmis Einwand den Kopf: „Nein, Philosophen können nur anregen, den eigenen Kopf in Betrieb zu nehmen. Abgesehen davon ist Herr Singer nicht bei der Erfindung des Speziesismus stehen geblieben. Er hat überlegt, weshalb es überhaupt so etwas wie allgemeingültige, also universelle Menschenrechte gibt – oder um in der Wirklichkeit zu bleiben – geben sollte."

Timmi blickte seine Tante an, wurde von einem Vierbeiner aufgefordert, gefälligst wieder einen Stock zu werfen und fragte: „Menschenrechte? Wir waren eben bei Tieren." Tante Marion erkannte allmählich, dass derart monströse Theoriekonstrukte unmöglich einem philosophisch unbelasteten Teenager während eines Spazierganges durch den Regen zu erklären waren und versuchte nun, ein für beide akzeptables Ende zu finden: „Die Menschenrechte dienen als Vorbild bei den Überlegungen. Natürlich fordert kein Mensch, der einigermaßen bei Trost ist, ein Wahlrecht für Tiere. Aber das Recht auf die Wahrung eigener Interessen könnte zumindest denkbar sein. Wenn gleiche Interessen gleichbehandelt würden, dann wäre sehr viel erreicht." Timmi glaubte zu verstehen: „Also fordert ihr eigentlich das Paradies auf Erden. Nur Rechte, keine Pflichten, einfach herrlich!" Tante Marion verfluchte sich dafür, dass sie die Diskussion zugelassen hatte und intervenierte: „Nix da! Die gleiche Behandlung von gleichen Interessen bedeutet auch die Pflicht, diese Interessen zu respektieren. Mehr noch: Das vermeintliche Recht des Stärkeren wird ersatzlos gestrichen. Stattdessen gilt die Pflicht des Stärkeren, die Interessen des Schwächeren zu schützen. Und weil Tiere dem Menschen in der Regel unterlegen sind, bedeutet das auch, dass Menschen sich für die Interessen der Tiere einsetzen müssen. Nimm doch die Kirmesponys von gestern als Beispiel: Keiner kann ernsthaft glauben, dass es ihr Interesse ist, den ganzen Tag im Kreis zu latschen. Wenn es nach ihnen ginge, würden sie, wie hier bei Helga, auf einer netten Weide ihren Spaß haben. Demgegenüber stehen Menschen mit ihren Interessen: Die einen wollen auf dem Rücken der Tiere im Kreis herumgetragen werden, andere haben das Interesse damit ihr Geld zu verdienen. Nehmen wir zuerst die Interessen von den Menschen: Die einen möchten sich vergnügen und die anderen wollen Geld verdienen, beides nachvollziehbare Anliegen, aber – und das ist der springende Punkt – diese Ziele lassen sich auch sehr gut ohne die Ponys realisieren. Das Interesse der Ponys, ein Leben zu führen, wie es Ponys von ihrer Art her leben würden, kann auf der Kirmes nicht erreicht werden. Tierrechtler wie ich wägen in einem solchen Fall ab und kommen zu dem Ergebnis, dass die Berücksichtigung aller unterschiedlichen Interessen leicht umzusetzen ist: Der Typ gibt die Ponys dahin, wo sie ein gutes Leben führen können. Als Ersatz nimmt er sich ein Karussell, mit dem er künftig sein Geld verdienen kann und auf dem sich die anderen Menschen amüsieren können, ganz einfach!"

Timmi dachte an den zurückliegenden Abend und bezweifelte, dass sich die Sache wirklich so einfach umsetzen ließe. Ansonsten klang das erst mal gut: „Okay, du meinst, wir Menschen haben eigentlich die Pflicht, die Interessen von Schwächeren zu schützen, oder?" Tante Marion nickte: „Ja, ich glaube,

Menschlichkeit zeichnet sich gerade dadurch aus, Schwächere zu stärken und ihnen zu helfen, unabhängig davon, ob ich einen Vorteil dadurch habe oder nicht. Das müssen übrigens nicht nur Tiere sein, wenn sich jemand für den Schutz von Kindern zum Beispiel einsetzt, wunderbar, auch gut. Ich setze mich halt für Tiere ein und lasse mich dabei von dem Gleichheitsgrundsatz leiten, dass Gleiches gleich und Ungleiches ungleich zu behandeln ist." Timmi beschäftigte kurzfristig einen Hund und fragte dann: „Aber woher willst du denn wissen, was genau die Interessen der Tiere sind? Und hat ein Alligator nicht ganz andere Interessen als ein Hund?" Auch Tante Marion schleuderte erneut ein Stück Baum durch den Wald, ehe sie antwortete: „Nun, als Außenstehende, und die bin ich nun mal, denn ich kann weder in dich noch in den Alligator reinschauen, obwohl, bei dir ist es einfacher, immerhin sprechen wir dieselbe Sprache und ich kann dich fragen. Nun, ich versuche mich zu informieren, wie das jeweilige Tier üblicherweise lebt. Nehmen wir den Alligator als Beispiel: Ich mache mich schlau, in welcher Ecke der Welt der überhaupt in welcher Art und Weise lebt. Da der das seit Jahrmillionen so macht, können wir davon ausgehen, dass es passt, andererseits wären die Alligatoren mittlerweile ausgestorben oder sie hätten irgendetwas an ihrer Lebensweise geändert. Das nennt der Mensch dann artgerecht und ich gehe davon aus, dass unser Alligator das Interesse hat, in guter alter Alligatoren-Art zu leben. Die großen Leerstellen, die weder Zoologen noch Biologen klären können, zum Beispiel, lebt der Alligator eigentlich gerne oder Ähnliches, fülle ich mit Nicht-Wissen auf. Das bedeutet einfach ausgedrückt: Im Zweifel für den Angeklagten. Wenn mich jemand fragt, warum dem Alligatoren keine Schmerzen zugefügt werden sollen, ist die Antwort ganz einfach: Mag ich Schmerzen? Wohl kaum, warum sollte nun unser Alligator ein Interesse daran haben, zu leiden? Ich schätze, er hat kein Interesse daran, Schmerzen zu erleiden, aber ich weiß es nicht genau: Das meine ich mit Nicht-Wissen, das eine Mischung aus biologischem Fach- und Faktenwissen und dem gesunden Menschenverstand darstellt." Timmi grübelte kurz: „Gut, aber so richtig klar ist das Ganze trotzdem nicht. Und deine Philosophen haben auch keine genauen Vorstellungen?" Tante Marion schüttelte energisch den Regen von ihrer Kapuze: „Nein, die haben das versucht, aber irgendwie ist das ja auch schwierig. Abgesehen davon, dass das alles theoretisch ist, was keinem irgendwas bringt. Die meisten Menschen, die sich für Tiere einsetzen, sind überzeugt, dass alle leidensfähigen Lebewesen das Recht haben, ihr Leben frei von unnötigen Einschränkungen bis zu ihrem natürlichen Tod zu leben und der Stärkere soll sich gefälligst für den Schwächeren einsetzen." Timmi schwieg eine Weile und meinte dann: „Das klingt gut, aber ist das auch realistisch?" Seine Tante konterte: „Nun, das hängt von jedem Einzelnen ab. Die Frage stellt sich für mich persönlich auch nicht, ich versuche es einfach. Freunde von mir sagen immer einen schönen Spruch: Sei realistisch, fordere das Unmögliche! Gut, was?" Auf Timmis Stirn bildeten sich kleine Fältchen, die einigen Regentropfen als Regenrinne dienten: „Ich weiß nicht, was mir das sagen soll." Tante Marion stieß ihn leicht in die Seite: „Fantasie, Junge! Die kann nicht schaden. Zum einen besagt der Spruch, dass nichts unmöglich ist. Zum anderen, dass man das Maximale fordern sollte, wenn man ein Minimum bekommen oder erreichen will." „Ach so, wenn ich also in Mathe eine Drei bekommen möchte, muss ich eine Eins fordern?", erwiderte Timmi. „Ja, allerdings musst du das in diesem Fall von dir selber verlangen, das heißt, so viel Lernen. Du kannst natürlich auch die gute Note von deiner Lehrerin verlangen, aber ob das wirklich zum Erfolg führt, na das weiß ich nicht …", lachte sie. Timmi lachte auch: „Du hast doch gesagt, ich soll das Unmögliche fordern!" Ein Eichhörnchen blickte missmutig aus seiner Baumhöhle und traute seinen Augen nicht: Da flanierten zwei Menschen laut lachend durch den strömenden Regen.

Timmi war immer noch unsicher, was die Philosophen konkret meinten, es deutete aber alles darauf hin, dass sie es ebenfalls nicht genau wussten. Das störte ihn nicht weiter, die Beschäftigung mit den konkreten Interessen der Hunde fand er ohnehin spannender. Diese brachten ihre Bedürfnisse zwar weniger wortgewaltig, dafür aber präzise vor. Wenn sie, wie jetzt gerade im Wald nach Spaß und Action verlangten, dann war das auch so – ein Etikettenschwindel war bei ihnen nicht zu befürchten.

Kaninchenbefreiung mit Küken?

Während Pia in der Küche das Essen mit Hingabe, aber ohne richtiges Vergnügen vorbereitete – Gemüseschnippeln ist alleine halt öde –, nahm ihre Mutter Kontakt zu Timmis Eltern auf. Sie kam sich schäbig vor, dass sie ihre Aktion nicht mit Marion abgestimmt hatte, sie wollte aber genau wissen, wohin der Hund gehen würde. Außer Timmi kannte niemand von ihnen die dortigen Begebenheiten, da Timmi aber gewiss keine objektiven Aussagen über hundespezifische Rahmenbedingungen bei der Familie Hecker geben würde, sah sie sich gezwungen, selber Auskünfte von dort einzuholen. Es meldete sich die Mutter von Timmi. Helga merkte schnell, die richtige Ansprechpartnerin erreicht zu haben, denn die ihr gänzlich unbekannte Frau am anderen Ende der Leitung schien nicht sonderlich erpicht auf einen Hund zu sein. Timmis Mutter hatte nichts gegen einen Hund, sonst hätte sie nicht zugestimmt, alleine wäre ihr der Gedanke allerdings nicht gekommen. Diese distanzierte Haltung war für Helga ein Indiz für die Objektivität der Aussagen über den Garten und die Lebensgewohnheiten der Familie Hecker. Das Angebot von Timmis Mutter als Ersatz eines persönlichen Hausbesuches Fotos zu mailen, nahm Helga dankend an. Mit einem guten Gefühl beendete sie das erfreuliche Telefonat.

Der Regen endete, als ein völlig durchnässter Hund laut bellend an der Haustür kratzte. Im Anschluss folgten vier weitere triefende Hunde und zwei ebenfalls aufgeweichte Menschen. Kaum hatten sie sich umgezogen, war Pia mit dem Mittag fertig, ihr Spaziergang war länger als geplant gewesen. Während des Essens erzählte Helga von dem Telefonat mit Timmis

Mutter, was Marion, wie befürchtet, nicht besonders toll fand. Sie versuchte aber, ihr Missfallen zu verbergen. Timmi hingegen fand es nur verständlich, dass Helga wissen wollte, wo Jim demnächst leben würde.

Das Telefon unterbrach das Gespräch, Helga nahm das Gespräch widerwillig an, woher wussten die Leute eigentlich immer, dass sie gerade aß? Wenig später kehrte sie sichtlich erleichtert zurück, das Pony hatte die Operation gut überstanden, die Klinik wollte es aber noch einen Tag beobachten. „Somit haben wir gleich die Möglichkeit, in aller Ruhe einen Teil der Weide provisorisch abzuzäunen, denn ich möchte das Pony mit der frischen Wunde nicht direkt zu den anderen stellen. Die sollen sich erst mal beschnuppern, dann sehen wir weiter", sagte Helga. Sie wagten sich gerade an eine abenteuerliche Kiwi-Erdbeer-Eisschaum-Kreation, die Pia als Nachtisch gezaubert hatte, als das Telefon erneut schellte. Fluchend verschwand Helga mit dem Gerät in der Küche. Als sie dieses Mal an den Tisch zurückkehrte, strahlte sie weniger. „Sieht so aus, als würden wir erneut Zuwachs in der Station bekommen." „Was ist denn jetzt schon wieder?", fragte Tante Marion. „Da hat gerade ein Bekannter von mir angerufen, meine Sponsoren, du weißt schon, die haben hier ganz in der Nähe eine riesige Kaninchenzucht aufgetan. Der Besitzer ist wohl für einige Tage weg und jetzt wollen die nicht nur etliche Tiere da raus holen und hierher bringen – nein, das wird wohl eine riesige Aktion mit 20 Leuten und Fernsehteam! Wenn ich das richtig verstanden habe, soll mein Hof als Basislager für die Aktion herhalten." Pia machte große Augen: „Wow, und die kommen heute alle hierher?"

Helga schüttelte den Kopf: „Nein, nicht heute, morgen Abend. Heute Abend kommt nur mein Bekannter mit zwei Begleitern vorbei, um alles abzusprechen. Uff!", seufzte sie. „Na, das klingt nach anstrengenden Nächten, also würde ich vorschlagen, dass wir jetzt etwas Mittagsruhe machen, bevor wir uns an den Zaun begeben", meinte Tante Marion lakonisch, die sich auf die Aktion freute, aber eine schwierige Diskussion aufziehen sah. Helga nickte: „Gute Idee, auf die Stunde kommt es jetzt nicht an."

Wenig später zogen vier Menschen und ein Hund zu den Pferdekoppeln und boten den interessierten Pferden eine amüsante Darstellung. Es dauerte gar nicht lange und sie hatten einen provisorischen Zaun errichtet. Timmi war nicht ganz bei der Sache, er wollte ständig Details über den morgigen Besuch haben. Größtenteils wurde er vertröstet, Helgas Bekannte würde am Abend alles über die bevorstehende Aktion erzählen, aber Timmi ließ nicht locker: „Nehmt ihr dann auch wieder den Amtstierarzt und die Polizistin, die Tante Marion so nett fand, mit?" Die Antwort beschränkte sich erst mal auf lautes Gelächter. „Nein, in diesem Fall ist selbst die netteste Polizistin unerwünscht", erklärte Tante Marion anschließend. „Weißt du, der Fall ist jetzt anders, der Besitzer wünscht sicher keinen Besuch in seiner Anlage und eine Befreiung seiner Tiere würde er wahrscheinlich Diebstahl nennen." Timmi runzelte die Stirn: „Das heißt, heute Abend kommen also kriminelle Gestalten zu Besuch?" Helga beeilte sich, zu versichern, dass es sich bei ihren Freunden nicht um Verbrecher handelte: „Nun, das ist streng genommen nicht erlaubt, was da geplant wird. Aber ich setze nicht alles, was nicht gesetzlich ausdrücklich erwünscht ist, gleich. Meine Freunde öffnen lediglich Türen, die nicht verschlossen sind, das ist streng genommen nicht mal Einbruch. Und die Tiere, die sie mitnehmen, haben, so bitter das klingt, keinen nennenswerten Wert. Rein strafrechtlich haben wir es hier mit einem Hausfriedensbruch zu tun und den begehst du bereits, wenn du den Rasen deines Nachbarn betrittst, obwohl er dir das verboten hat. Vielleicht hat ein Mastkaninchen 30 Cent mehr Marktwert als ein Huhn aus einer Legebatterie, aber darauf kommt es nicht an. Kriminell ist eher der Züchter, als derjenige, der die Tiere da rausholt, auch wenn das auf dem Papier anders dargestellt wird." Timmi nickte zustimmend: „Das klingt ganz gut, ich kenne mich da ja nicht so aus." Seine Tante ergänzte: „Siehst du, du denkst unwillkürlich in Kategorien, die bei Gegenständen angebracht sind, also Besitz und Diebstahl. Das ist kein Vorwurf gegen dich, das zeigt lediglich, in welchen gesellschaftlichen Vorstellungen du erzogen wurdest. Denk mal an unser Gespräch heute Morgen, wenn damals jemand Sklaven befreit hätte, würdest du den Verbrecher oder Dieb nennen?" Und an Helga gewandt: „Würdest du dir Gedanken über den Marktwert des befreiten Sklaven machen? Wohl kaum." „Ich habe nur versucht, Timmi klarzumachen, dass bei mir keine kriminellen Dinge geplant werden", versuchte die Angesprochene sich zu verteidigen. „Jetzt kloppt euch nicht, die Pferde gucken schon!", lachte Pia, die die Kabbeleien der beiden Freundinnen kannte, und fuhr fort: „Ihr habt beide recht und ich schätze, Timmi hat schon verstanden, was ihr meint, oder?" Sie blickte ihn an, für den Geschmack ihrer Mutter mindestens eine Nummer zu intensiv. Er räusperte sich und sagte schnell: „Ja, ich bin ja nicht blöd!" Eines war seiner Tante aber wichtig: „Egal, wie die geplante Aktion juristisch bewertet werden könnte, möchte ich aber, dass du deinen Eltern nichts davon verrätst. So ein kleines Geheimnis kann ja nicht schaden!", und zwinkerte ihm zu. „Wieso nicht, immerhin ist doch sogar das Fernsehen mit dabei?", fragte er überrascht. „Nun, ob die dabei sind oder nicht, spielt keine Rolle. Dein Besuch hier war zumindest vonseiten deines Vaters ganz anders geplant, wenn er jetzt auch noch erfährt, dass sein Sohn dabei war, wie eine Befreiungsaktion geplant wird, dann habe ich die nächsten 15 Jahre wieder keinen Kontakt zu meinem Bruder und das möchte ich nicht!", stellte sie klar. „Gut, das sehe ich ein. Was erzählt ihr, wenn sie am Wochenende kommen und die Kaninchen sehen?", wollte er wissen. „Nun, dein Vater weiß ja im Groben, was abläuft, aber er muss ja nicht von dir erfahren, dass du bei der Planung einer Aktion dabei warst", antwortete Tante Marion knapp. Sie ahnte bereits, was ihr Neffe als Nächstes fragen würde. Ihre Vermutungen bestätigten sich umgehend: „Wenn ich eh nichts erzählen darf, dann kann ich ja auch mitkommen. Das wäre für euch auch eine Sicherheit, dass ich garantiert nichts sage, immerhin kann ich meinem Vater unmöglich erzählen, dass ich dabei war, wie einige Kaninchen befreit wurden, oder?", fragte er mit schelmischem Grinsen. „Also, jetzt wirst du kriminell, Erpressung ist kein Kavaliersdelikt, junger Mann!", fuhr ihn Helga verärgert an. „Ich will niemanden erpressen, ich wäre nur gerne dabei. Abgesehen davon ist es doch logisch, dass ich eher die Klappe halte, wenn ich mich selbst belasten würde, oder?", warf Timmi hastig ein.

„Mmh, damit hat er durchaus recht, auch wenn ich dabei kein sonderlich gutes Gefühl habe. Stell dir mal vor, Timmi, aus unerfindlichen Gründen rückt während der Aktion die Polizei mit einem Großaufgebot an und nimmt uns vorübergehend fest. Ist zwar noch nie passiert, aber nichts ist unmöglich. Jetzt erklär mir bitte, wie ich das bitteschön deinem Vater beibringen soll? Er ist ein äußerst gesetzestreuer Musterbürger, der es nicht einmal wagt, mitten in der Nacht über eine rote Ampel zu gehen. Schlimmer noch, er glaubt, dass bereits solche Ordnungswidrigkeiten die innere Sicherheit gefährden und dass solche Verstöße viel härter bestraft werden müssten", gab Tante Marion zu bedenken. Timmi erinnerte sich kurz an die Diskussion in London über die Graffitis, die sie dort gesehen hatten. Er zögerte: „Das ist ein guter Einwand, den Terror möchte ich mir lieber nicht vorstellen. Aber ich würde trotzdem mitkommen, wenn es irgendwie möglich ist!" Tante Marion blieb skeptisch: „Ich weiß echt nicht, ob das so eine gute Idee ist. Schlimmstenfalls würde er mich verklagen und dich verstoßen, das ist dir bewusst, oder?" Jetzt schaltete sich Helga, die ihn eigentlich gar nicht so anfahren wollte, ein: „Lass das doch einfach diejenigen entscheiden, die die Aktion planen und durchführen." Tante Marion schüttelte den Kopf: „Nein, Helga, die Entscheidung müssen wir fällen. Immerhin ist Timmi noch nicht mündig und wurde vertrauensselig in meine Obhut gegeben, da trage ich eine Verantwortung, die ich unmöglich an deine Freunde delegieren kann!" Helga überlegte kurz: „Okay, dann müssen wir das auch nicht mehr diskutieren, dann ist es konsequenterweise deine eigene Entscheidung, ob Timmi mit darf. Egal, wie du dich entscheidest, meine Freunde haben da auch noch ein Wörtchen mitzureden, ob sie auf eine Kaninchenbefreiung mit Küken Lust haben!" Pia hatte sich bewusst zurückgehalten, sie wollte auch gerne mit. Bisher hatte ihre Mutter immer ein gutes Argument gegen die Teilnahme ihrer Tochter an solchen Aktionen gehabt, nun schien ihre große Stunde gekommen zu sein: „Mama, dann will ich aber auch mitkommen! Immerhin darf ich mich dann um die Tiere kümmern, dann ist es nur gerecht, dass ich auch an der Aktion teilnehmen darf!" Helga stöhnte gequält auf, das musste ja kommen, zu allem Übel stimmten Marion und Timmi zu: „Stimmt, da hat sie recht!", pflichteten sie gleichzeitig bei. „Na gut, Marion, dann gehen wir gleich in eine Klausurtagung", sagte Helga. „Nee, das brauchen wir nicht. Wenn deine Freunde das Risiko eher niedrig einschätzen und die Hilfe von zwei Nachwuchskräften gebrauchen können, dann meine ich, sollten beide mit. Ich fände es generell gut, aber halt nur, wenn es auch wirklich passt", stellte Tante Marion klar. Pia und Timmi sahen Helga an, Jim blickte sie ebenfalls an, als wolle er auch unbedingt einige Kaninchen befreien, ob er dies jedoch völlig uneigennützig machen würde, blieb sein Geheimnis. „Na gut, wenn ihr meint, aber verlangt nicht, dass ich begeistert bin", gab sich Helga geschlagen.

Pia und Timmi nickten sich kurz zu, sie glaubten, es wäre unbemerkt geblieben, doch sie täuschten sich – selbst Jim registrierte, dass er nicht das einzige Lebewesen war, dass sich für sein neues Herrchen interessierte.

Die Bademeister

Ehe sie vor den erneut aufziehenden Regenwolken flüchteten, besuchten sie die Ziege und die Eselin von Helga. Da es zu viert schnell ging, misteten sie noch den Stall von Trude, der Ziege und Möhrchen, der Eselin aus. Anhand Möhrchen demons-trierte Helga, weshalb sie zuversichtlich war, dass auch das Pony wieder aufleben könnte. Die mittlerweile knapp 20-jährige Eseldame kam vor einigen Jahren mehr tot als lebendig bei Helga an. Durch eine seltene Krankheit war das Tier nahezu erblindet und immer wiederkehrende Entzündungen in den Knien schränkten den Bewegungsdrang der Eselin schmerzhaft ein. Zudem schien auch noch ihr Gehör nachzulassen, wobei Helga unsicher war, ob dies auf eine Krankheit oder den krankhaften Starrsinn der alten Esel-Persönlichkeit zurückzuführen sei. Nichtsdestotrotz war Möhrchen sehr verschmust und für Möhren zu jeder Schandtat bereit, was sie auch an diesem Nachmittag bewies. Jim erschauderte sichtlich – dieses seltsame Lebewesen schien Möhren förmlich zu lieben, angewidert verließ er den Stall und suhlte sich in herrlich duftenden Hinterlassenschaften der Ziege. Er genoss behaglich die etwas andere Fellpflege und konnte die angeekelten Reaktionen der Zweibeiner absolut nicht verstehen. „Tja", lachte Helga, „jetzt kommen die Schattenseiten deines Traumhundes ans Tageslicht! Da kannst du gleich mal eure Beziehung testen, denn Duschen und Baden sind diesem Hund ein Gräuel." Pia grinste: „Stimmt, und wenn dann noch Hunde-Shampoo ins Spiel kommt, wird es richtig interessant!"

Wenig später bewahrheiteten sich die düsteren Prophezeiungen. Jim hatte definitiv kein Interesse an einem Vollbad. Timmi, bewusst von den anderen mit Jim alleine gelassen, bot sein gesamtes Repertoire an Überredungskünsten auf – ohne Erfolg. Der Hund, in dessen zotteligen Fell noch Ziegenhinterlassenschaften hingen, weigerte sich standhaft, in die im Gegensatz zu ihm wohlriechende Badewanne zu steigen. Mit seinem Latein am Ende war Timmi versucht, doch um Hilfe zu bitten, es musste schließlich einen Trick geben, Jim in die Wanne zu bekommen, nur kannte er ihn nicht. Da hatte er eine Idee: Jim folgte ihm doch Schritt auf Tritt, also entkleidete er sich kurzerhand, Jim würde ihm sicherlich in die Badewanne folgen. Er würde halt gemeinsam mit dem Hund baden. Just als Timmi sich vollständig entkleidet hatte, ging die Badezimmertür auf und Pia platzte herein. Sie war neugierig, ob Timmi den Hund mittlerweile in die Badewanne bekommen hätte, und wenn ja, wie er es geschafft hätte. Stattdessen erblickte sie nun den nackten Timmi! Beide wurden knallrot und Timmi versuchte hastig, seine Blöße zu bedecken.

Pia lachte: „Nicht nötig, schon alles gesehen! Außerdem kenne ich nackte Männer von den Stränden im Urlaub. Du gehst also jetzt mit dem Hund baden? Na, ich bin mal gespannt, ob das klappt." Timmi blieb sprachlos, die Situation überforderte ihn. „Na dann lasse ich die beiden Herren mal in Ruhe!", meinte Pia schelmisch. Kichernd lief sie zu ihrer Mutter und Marion und erstattete Bericht.

„Und du hast ja wohl richtig hingesehen!", war Tante Marions einziger Kommentar. „Marion!", die Art, mit der sie Helga ansprach, transportierte alle Inhalte. „Schon gut", schüttelte sie den Kopf, in manchen Dingen war Helga einfach erschreckend humorlos. Nach einiger Zeit kamen zwei frisch gebadete Wesen ins Wohnzimmer. Die Methode hatte funktioniert, immerhin.

Am Abend besuchte sie Helgas Bekannte Brigitte, die Timmi bereits von dem Abend auf der Kirmes kannte. Begleitet wurde sie von ihrem Mann und einem weiteren, jüngeren Mann, der sich als Heiko, der Kameramann, vorstellte. Brigitte erklärte erst mal im Detail, wie sie auf die Kaninchenmast aufmerksam gemacht wurden, dass Anlagen dieser Größenordnung in Deutschland selten seien und weiteres schmückendes Beiwerk. Dann kam sie endlich zu dem Punkt, dem Pia, aber auch Timmi entgegenfieberten, der bevorstehenden Aktion. „Also, wir waren letzte Nacht zum zweiten Mal dort, beim ersten Mal haben wir uns das Ganze erst mal angesehen, gestern waren wir dann auch in der Anlage drin. Heiko hat einige wirklich gute Aufnahmen gemacht, ich schlage vor, wir sehen sie uns an, dann wisst ihr Bescheid", erklärte Brigitte.

Sie sahen sich die DVD an, der Film ging etwa 20 Minuten. Als er zu Ende war, hinterließ er bedrücktes Schweigen, denn einige Szenen waren wirklich grausam gewesen. Die in Drahtkäfigen, vergleichbar den Legebatterien, zusammengepferchten Kaninchen hatten wunde, blutige Stellen an den Pfoten und Hinterteilen, vermutlich durch den Drahtboden der Käfige. Viele Tiere waren auch an anderen Körperstellen verletzt. Timmi vermutete, dass es in der qualvollen Enge zu Kämpfen unter den Tieren kam. Die mit Abstand entsetzlichste Szene war jedoch der Blick in eine große Mülltonne: Sie war mit toten Kaninchen in unterschiedlichen Verwesungsstadien gefüllt. „Na, da habt ihr aber ein lecker Filmchen gedreht!", sagte Tante

Marion, die mit dem ihr typischen Sarkasmus zuerst ihre Sprache wieder gefunden hatte. Helga schüttelte mal wieder den Kopf, manchmal zweifelte sie am Verstand ihrer besten Freundin. Brigitte erwiderte: „Nun ja, wenn du das lecker findest …! Trotzdem ist die Anlage für uns ein echter Glücksfall, denn–" Helga unterbrach sie: „Sag mal, geht es euch noch gut? Die eine findet das lecker, die nächste hält das Ganze für einen Glücksfall, was kommt als Nächstes?" Brigitte antwortete sofort: „Du weißt genau, wie ich das gemeint habe. Kaninchen landen immer häufiger auf deutschen Tellern, aber niemand kennt die entsetzlichen Bedingungen in der Mast. Zusätzlich glauben die Verbraucher, dass es den Tieren zumindest in Deutschland gut gehen würde, du weißt schon: Die Tierquäler sind doch immer die in den anderen Ländern. Jetzt haben wir zum ersten Mal Aufnahmen aus einer deutschen Kaninchenmastanlage, die beweisen, dass es auch bei uns mit dem Tierschutz nicht allzu weit her ist. Hinzu kommt, dass die Anlage absolut in der Pampa liegt, das nächste Haus ist über zwei Kilometer entfernt. Zu der Anlage führt nur ein Waldweg, der dort endet. Der Besitzer wohnt zwar an der Anlage in einer Art ausgebauten Holzhütte, er ist aber für einige Tage im Krankenhaus. Momentan füttert sein Bruder, der einige Dörfer weiter wohnt, einmal am Tag die Tiere. Nachts haben wir da unsere absolute Ruhe, letzte Nacht waren wir über zwei Stunden da drin." Brigittes Mann ergänzte: „Der Waldweg ist gar nicht so lang, wir können morgen die Tiere zur Landstraße tragen, mit den Autos vorfahren und fertig." Heiko, der Kameramann, meinte: „Das überlegen wir uns noch bis morgen, wie wir das im Einzelnen machen."

Helga hatte sich inzwischen wieder beruhigt. „Ja, morgen ist ein schönes Stichwort, was soll da bitte genau bei mir geschehen?", fragte sie Brigitte. Die schmunzelte: „Na, du organisierst ein Buffet für die Aktivisten und vielleicht lässt du dir auch noch ein nettes Rahmenprogramm einfallen! Nein, im Ernst: Die Anlage ist etwa 30 Kilometer von hier entfernt. Daher wäre es wirklich prima, wenn wir uns hier vorher treffen könnten, um die Vorbesprechung durchzuführen. Wir werden ungefähr 20 Aktivisten sein, die meisten haben eine gewisse Routine in solchen Dingen, trotzdem müssen wir das sorgfältig vorbereiten. Dann werden wir noch ein Kamerateam von einem überregionalen Sender im Schlepptau haben, die sicherlich einige kurze Interviews vor der Aktion machen wollen, so wie ich die Medienleute kenne. Die waren sehr angetan von Heikos Rechercheaufnahmen und haben sofort zugesagt. Gut, dann fahren wir von hier aus los, holen eben die Kaninchen da raus und treffen uns dann wieder hier zu einer kurzen Manöverkritik. Wahrscheinlich gibt es noch einige Abschlussstatements für die Fernsehleute und dann düsen die Aktivisten mit den Tieren ab nach Hause. Ein oder zwei Autos kommen extra aus München, wir werden also nicht noch lange hier bleiben." Helga nickte zustimmend: „Gut, solange die nicht mein Schlafzimmer filmen wollen, geht das klar." Brigitte feixte: „Gibt es da etwas Besonderes zu sehen? Nein, mach dir keine Sorgen, wir hatten das Fernsehteam schon mal bei einer anderen Aktion dabei, die sind echt gut drauf. Prima, toll, dass wir das so machen können. Sag mal Helga, wie viele Kaninchen könntest du eigentlich aufnehmen? Wir würden uns auch um die Weitervermittlung

kümmern, wir setzen die auf unsere Homepage, dann gehen die schon weg." Sie sah Helga fragend an. Diese seufzte und sah ihre Tochter Hilfe suchend an: „Na, ich würde mal sagen, so etwa zehn. Aber nur, wenn die alle weitervermittelt werden!" Brigitte runzelte die Stirn: „Zehn? Dürften es auch ein paar mehr werden? Die fressen doch nicht viel, machen nicht allzu viel Arbeit und, wie gesagt, die bleiben auch nicht lange hier." Die beiden Frauen begannen wie auf einem orientalischen Basar zu feilschen und einigten sich lachend auf keine bestimmte Anzahl. An Helga sollte es nicht scheitern, dass so viele Kaninchen wie möglich aus dieser Hölle gerettet werden könnten.
„Kommst du oder kommt ihr eigentlich auch mit, oder wollt ihr auf uns und die Kaninchen warten?", fragte der Mann von Brigitte. Helga zögerte, ehe sie antwortete: „Tja, also eigentlich wollten wir euch die Entscheidung überlassen …" Brigitte sah Helga verständnislos an. Tante Marion erklärte: „Ganz einfach, wir sind dabei, allerdings möchten mein Neffe und Pia mit von der Partie sein. Helga und ich hätten unter Umständen nichts dagegen, aber das sollt ihr entscheiden. Wir wissen nicht, wie hoch das Risiko wirklich ist, ob genug Platz in den Fahrzeugen ist und so weiter." Pia und Timmi sahen Brigitte, die Wortführerin des Trios erwartungsvoll an. Diese wiederum sah ihre Begleiter an, die zuckten mit den Schultern. „Mmh", Brigitte überlegte laut, „das mit dem Platz dürfte eigentlich kein Problem sein. Riskant wird Aktion aller Wahrscheinlichkeit nach auch nicht. Hinzu kommen zwei, drei grippebedingte Absagen von Newcomern. Was meint ihr?" Ihre angesprochenen Begleiter zuckten erneut mit den Schultern. Dann antwortete

ihr Mann: „Schwierig. Die Frage ist ja, was können die beiden machen? Nachts vor einer Kaninchenmastanlage herumstehen, ist ja nicht gerade der Brüller. Mit hinein nehmen möchte ich aber zumindest Pia nicht." Sie funkelte ihn zornig an: „Wieso nicht? Weil ich ein Mädchen bin?" Er schüttelte mit dem Kopf: „Nein, Pia. Du hast eben die Bilder gesehen, die waren ja schon übel, da drin live zu stehen, ist aber einige Nummern härter. Weißt du, ich mache so was schon lange, aber gestern Nacht ist mir fast schlecht geworden. Du hast so was noch nie live gesehen, bist also noch nicht so, wie soll ich sagen, abgehärtet oder so." Sie nickte. „Nun", fuhr er fort, „das wird dich psychisch also enorm belasten. Damit steigt dann aber auch das Risiko, dass du dich später in der Schule verquasseln wirst, obwohl du es eigentlich gar nicht wolltest. Jetzt stell dir bitte das Theater vor, wenn deine Lehrer zufällig von deinen Mitschülern erfahren, dass du nachts irgendwo Tiere rausholst." Er sah Helga an: „Deine Mutter bekommt einen Mörderstress, das ist sicher." „Ach Mann!", nölte Pia. „Aber den Timmi nehmt ihr mit, oder was?" Brigitte hatte verstanden, was ihr Mann meinte: „Der Unterschied liegt im Wohnort. Woher kommst du, Junge?", fragte sie ihn. „Aus der Nähe von Kiel", sagte er knapp. „Gut. Wenn du dich dort verplappern würdest, bekämen deine Eltern wahrscheinlich auch Stress, aber – und das ist der Unterschied – der Gnadenhof von Helga kommt bestimmt nicht ins Gerede. Wir haben nicht so viele Stellen, wie diese hier, wo wir zwanzig Tiere, die nachts irgendwo rausgeholt wurden, abgeben können, verstehst du, Pia?" Widerstrebend verstand Pia, was Brigitte und ihr Mann befürchteten. Brigitte hatte eine Idee: „Was hältst du davon: Wir bräuchten zwei Wachposten, beziehungsweise einen Wachposten an der Zufahrt zur Anlage und eine Person, die drinnen Funkkontakt zum Wachposten hält. Das macht ihr beiden, Timmi drinnen, du draußen, okay?" Beide nickten erleichtert. Brigitte sah beide ernst an: „Aber zum Schäkern und Turteln sind die Funkgeräte nicht da!" Beide versicherten eilig, dass sie gar nicht turteln würden und dies auch nicht vorhätten. Tante Marion sah dies anders, zwang sich aber zu schweigen.

Alles war geklärt, Brigitte und ihre Begleiter verabschiedeten sich herzlich. Zur Zerstreuung sahen sie sich noch eine Abend-Talkshow an und ließen dabei den Tag Revue passieren. Die Art, mit der Timmi den Hund überredet hatte, doch ein Vollbad über sich ergehen zu lassen, stand hierbei im Zentrum. Timmi und sein vierbeiniger Flokati verstanden die Belustigung der Damen nicht. „Ist doch gut, dass er einen Hund hat, jetzt badet er zumindest regelmäßig!", spottete Pia im allgemeinen Gelächter. Und seine Tante lachte: „Ihr seid meine Bademeister!"

Gauklers Ankunft

Timmi schwamm durch meterhohe Schaumkronen, gefolgt von einem großen schwarzen Hund, der seine Augen mit einer neongelben Taucherbrille vor der Seife schützte. Als neben ihnen eine Ziege in einem giftgrünen Taucheranzug aus den seifigen Fluten auftauchte, dämmerte es ihm, dass er wohl träumen würde. In der Tat schlief der Junge und träumte im Traum, dass er träumte, nach einiger Zeit verblassten die Bilder und er wachte auf. Von Jim fehlte jede Spur, Timmi erinnerte sich kurz an den Traum und fragte sich, wann er wohl endgültig überschnappen würde, angesichts seiner Träume schien der Zeitpunkt nahe zu sein. „Was soll's, lieber bekloppt mit Hund, als normal ohne!", dachte er sich und tapste gut gelaunt in Richtung Frühstück.

Gespannt, wer oder was ihn erwarten würde, trat er in die Küche. Sie hatten sich am Abend darauf geeinigt, dass an diesem Morgen angesichts der kommenden Belastungen kollektives Ausschlafen auf der Tagesordnung stand. Fünf Hunde ohne Frühstück empfingen ihn begeistert, Herbert und Guste schoben ihm sofort ihren leeren Futternapf vor die Füße. Er sah zur Uhr, sie zeigte kurz nach zehn. Na, die nahmen das aber wörtlich mit dem Ausschlafen. Er warf den Hunden etwas Trockenfutter in die Näpfe, setzte Kaffeewasser auf und genehmigte sich eine Birne. Eigentümlicherweise fanden die Hunde seine Birne viel spannender als das Trockenfutter in ihren Näpfen. Sie bedrängten ihn immer mehr, Jim versuchte gerade seinen Schoß zu erobern, als Helga in die Küche kam.

„Oh, guten Morgen!", begrüßte sie ihn. Sie setzte den Kaffee auf und verschwand wieder. Auch Pia und Tante Marion erschienen auf der Bildfläche, so gab es doch ein ungeplantes gemeinsames Frühstück.

Anschließend drehten Pia, Tante Marion, Timmi und fünf Hunde eine kurze Morgenrunde durch den Wald. Helga entdeckte währenddessen die versprochenen Bilder vom Domizil der Familie Hecker in ihrem elektronischen Postfach. Sie sah sich die Fotos kurz an und war zufrieden, es schien zu passen. Auch die Tierklinik meldete sich mit erfreulichen Nachrichten, das Pony machte gute Fortschritte. Sie könnten es bereits heute schon wieder abholen. Gut gelaunt wartete sie auf die Ankunft der Hundesportgruppe.

Kaum war die Morgenrunde beendet, fuhren alle zur Klinik, um das Pony abzuholen. Der Tierarzt Dr. Kleinhuf empfing sie herzlich: „Ah, Sie werden schon erwartet. Das Pony scheint zu ahnen, dass es heute raus darf. Es hat die Operation wirklich gut überstanden und ist seit heute Morgen richtig rappelig, ein gutes Zeichen, die Lebensgeister sind zurückgekehrt. Ich habe auch mit Ihrer Bekannten gesprochen, es kann sein, dass die Klinik die Kosten der Operation als Spende übernimmt, mal sehen." Er sah Helga an: „Sagen Sie mal, könnte ich mir ihren Hof ganz privat ansehen?" Helga lachte: „Na, ob Sie Ihren Beruf wirklich vergessen können, kann ich mir nicht vorstellen. Aber so oder so, kommen Sie ruhig vorbei, ich habe nichts zu verbergen!" Sie reichte ihm ein Visitenkärtchen, er steckte es sorgfältig in seine Brieftasche. Sie gingen in den Gebäudetrakt, in dem die Boxen für die genesenden Patienten waren. Das Pony schien sie wiederzuerkennen, es wieherte laut auf und schlackerte mit seinen Ohren. „Hey, das scheint sich ja wirklich zu freuen!", meinte Tante Marion. Auch Pia war ganz begeistert von dem guten Zustand des Ponys: „Kaum zu glauben, dass das echt dasselbe Tier ist, was wir vorgestern Abend halb tot von der Kirmes abgeholt haben. Das macht ja richtig Faxen!" Tante Marion sah den Arzt prüfend an: „Sie haben das Tier aber nicht gedopt oder einer Frischzellenkur unterzogen?" Der Tierarzt lachte: „Nein, nein, das Tier hat einen enormen Lebenswillen. Trotzdem sollte es noch geschont werden, also möglichst erst einmal nicht zu anderen Pferden gestellt werden. Vielleicht schränken Sie auch den Aktionsradius noch etwas ein, größere Anstrengungen müssen auf jeden Fall verhindert werden." Helga nickte: „Wir haben schon ein ganz kleines Stück von der Pferdekoppel separat abgetrennt. So können sich die Tiere beschnuppern, aber halt mit Sicherheitsabstand." Der Arzt nickte: „Gut, Sie scheinen zu wissen, was Sie tun." Eines interessierte Pia noch: „Haben Sie zufälligerweise schon etwas über die restlichen Ponys gehört?" Der Gesichtsausdruck von Dr. Kleinhuf wurde ernster: „Da ist noch nichts entschieden, wir haben morgen Vormittag einen weiteren Ortstermin. Vielleicht ergeben sich da weitere Anhaltspunkte für eine derart gravierende Tierquälerei, dass ein Eingreifen angeordnet wird. Aktuell begebe ich mich schon auf sehr dünnes Eis, indem ich euch dieses Pony überhaupt mitgebe." Er sah die Enttäuschung von Pia deutlich. „Ich weiß, du würdest am liebsten sofort alle Tiere da wegholen, aber ganz so einfach ist das alles nicht. So hart das klingt: Theoretisch könnte auch die Herausgabe dieses Tieres angeordnet werden, ich kann mir nicht vorstellen, dass es passiert, denkbar wäre es jedoch." Das Pony wieherte laut, allem Anschein nach hatte es die Worte des Arztes verstanden. Entsetzt sah Pia ihn an: „Das ist nicht Ihr Ernst! Der Typ schlägt einem Pony ein Auge aus und hat vielleicht sogar den Anspruch, dass er es weiter behalten darf?" Tante Marion mischte sich ein: „Theoretisch, Pia! Dafür bräuchte er aber einen verdammt guten Anwalt, glaubhaftere Zeugen als seinen eigenen Sohn und so. Warten wir es einfach ab." „Pah, die sollen mal kommen und versuchen das Pony abzuholen! Dann können die aber was erleben!", schäumte Pia vor Wut. Beruhigend legte Helga einen Arm um die Schulter ihrer Tochter: „Jetzt nehmen wir es aber erst einmal mit, überlegen uns einen Namen und dann werden wir weitersehen." „Also, einen Vorschlag hätte ich", sagte Timmi. „Das Pony scheint ja, zumindest wenn es ihm gut geht, gerne Schabernack zu machen und es kommt von der Kirmes. Ich hab mal gelesen, dass die Kirmes früher auch Jahrmarkt hieß und dass es dort Gaukler gab. Wollt ihr ihn nicht einfach Gaukler nennen?" Erneut wieherte das Pony auf. Helga und Pia grinsten: „Na ja, ein Er ist er ja. Gaukler?" Das Pony sah sie an. „Scheint ihm zu gefallen, gut, dann bist du ab jetzt Gaukler", beschloss Pia. Helga, Tante Marion und Dr. Kleinhuf sahen sich an, zuckten kurz mit den Schultern und nickten dann. „Gut, dann nehmen wir Gaukler aber jetzt mal mit", entschied Helga. Sie öffneten die Box, Pia ging hinein und streichelte Gaukler beruhigend. Anschließend legte sie ihm ein Halfter um. Gaukler ließ sich bereitwillig aus der Box holen und bestieg wenig später anstandslos den Anhänger. Der Tierarzt verabschiedete Gaukler und seine neuen Menschen herzlich: „Alles Gute, ich melde mich mal bei ihnen!" Als sie losfuhren, winkte er dem Gespann nach. „Also der Dr. Kleinhuf ist ja für einen Amtstierarzt echt ein netter Kerl. Ich glaube, der kann eine Menge Ärger dafür bekommen, dass er uns Gaukler ausgehändigt hat", sagte Helga, als sie den Parkplatz der Tierklinik verlassen hatten. „Aha, könnte es sein, dass dir dieser groß gewachsene Doktor mit seinen blauen Augen nicht nur wegen seiner Fachkompetenz gefällt?", fragte Tante Marion spöttisch. Sie ahmte Helga nach: „Kommen Sie gerne vorbei, ich habe nichts zu verstecken!" Pia und Timmi lachten. „Ach, seid doch alle ruhig, ihr seid doch doof!", maulte Helga, was mit noch lauterem Lachen quittiert wurde.

Als sie sich der Pferdekoppel näherten, wuchs die Spannung: Wie würde Gaukler sich verhalten? Sie öffneten das provisorische Tor zu der kleinen Weide und Pia führte das Pony aus dem Hänger auf die Wiese. Gaukler schien ungläubig zu staunen. Er schnupperte an dem frischen Gras und blinzelte in die Sonne. Er wieherte kurz auf und näherte sich vorsichtig den anderen Pferden, die das ganze Treiben als sehr neugierige Zaungäste verfolgten. Aber auch hier schien alles gut zu gehen. Die Pferde wollten den Neuankömmling zum Spielen auffordern, doch auf getrennten Koppeln funktionierte dies nicht. Nach der Vorstellungsrunde erkundete Gaukler seinen Unterstand, fraß etwas Hafer und nahm einen tiefen Schluck aus der alten Badewanne, die mit reichlich Regenwasser vom Vortag gefüllt war. Frisch gestärkt ging Gaukler wieder in die Sonne und legte sich ins Gras. Er blickte zu den Menschen und drehte sich auf den Rücken. „Na, der ist ja richtig happy!", kommentierte Tante Marion das Verhalten des alten Ponys. „Ja, der scheint sich sauwohl zu fühlen", pflichtet Pia ihr erleichtert bei. Sie sahen Gaukler noch eine Weile zu, es war wundervoll zu erleben, wie sehr das gequälte Tier seine Rettung genoss. „Schau dir das an, Timmi! Jetzt weißt du, warum einige Menschen alles auf sich nehmen, um Tieren in Not zu helfen. Kein Dankeschön auf der Welt ist schöner als dieser Anblick!" Timmi nickte bloß, es gab nichts hinzuzufügen.

Große Dinge werfen ihre Schatten ...

Sie sahen dem vergnügten Pony noch eine Weile zu und erfreuten sich an dem Anblick. Nicht nur Gaukler hatte einen gesunden Appetit, auch der Magen von Timmi meldete sich. So verabschiedeten sie sich von dem Pony und stärkten sich mit einer riesigen Salatplatte. Es war bereits später Nachmittag, die Zeit war wie im Flug vergangen und allmählich wuchs besonders bei Pia und Timmi die Aufregung.

Sie versuchten sich nichts anmerken zu lassen, was ihr Verhalten erst recht auffällig werden ließ. „Na, ihr hibbelt ganz schön rum", bemerkte dann auch Tante Marion. Helga wurde ebenfalls unruhiger, es war weniger die bevorstehende Kaninchenbefreiung, die sie besorgte, vielmehr erfüllte die Vorstellung, dass ihr Töchterchen die halbe Nacht alleine irgendwo auf einem Waldweg herumstehen würde, sie mit Sorge. Skeptisch dreinblickend meinte sie: „Ich weiß nicht, ob das alles so eine gute Idee ist. Ich meine Pia mitten in der Nacht draußen auf einem Waldweg mitten im Niemandsland, was da alles passieren kann." Doch Tante Marion sah das anders: „Du sagst doch selbst – Niemandsland, das bedeutet, da ist nichts und niemand, der ihr etwas antun könnte." Doch Helgas Sorgenfalten blieben hartnäckig: „Ich weiß nicht, und wenn doch jemand kommt?" Pia ahnte, dass die Bedenken ihrer Mutter ausgeräumt werden mussten: „Mama, wenn da jemand kommt, sage ich euch Bescheid, dazu bin ich schließlich da. Außerdem werde ich mich schon so verstecken, dass mich niemand sieht oder glaubst du ernsthaft, dass ich mich mitten auf den Waldweg setze?" Sie tippte mit ihrem Zeigefinger an ihre Schläfe. Tante Marion versuchte Helgas Bedenken zu zerstreuen: „Ich denke, dass die Gefahren für Pia sehr gering sind. Ich habe eine blühende Fantasie, aber ich kann mir nicht vorstellen, dass irgendwelche Triebtäter nachts entlegene Wälder nach minderjährigen Opfern absuchen. Nein – mach dir keine Gedanken! Oder glaubst du, Brigitte hätte der Idee zugestimmt, wenn sie Sorgen hätte, dass Pia dabei etwas passieren könnte?"

Das Telefon unterbrach das Gespräch. Es waren die Eltern von Timmi, die kurz sagten, dass sie übermorgen kommen würden. Tante Marion nahm den Gesprächsfaden wieder auf: „Helga, erstens: Da wird nichts passieren, ja? Zweitens hast du gestern zugestimmt, dass Pia einen Wachposten übernimmt, die Planungen von Brigitte wirst du ja wohl nicht zwei Stunden vorher wieder über den Haufen werfen wollen, oder?" Helga stimmte ihr zu, obwohl Logik und Gefühl in diesem Fall zwei Paar Schuhe waren.

Das Telefon läutete erneut, diesmal präzisierte Brigitte die Ankunftszeit der Aktivisten samt angekündigtem Fernsehteam. Sie würden etwas später als geplant kommen. Tante Marion sah die beiden aufgekratzten Teens an: „Ihr beiden macht mich allmählich auch nervös. Das ist auch alles furchtbar aufregend, ich weiß. Da es aber noch was dauert, bis die hier alle aufkreuzen, schlage ich vor, ihr wandert noch eine Runde mit den Hunden, okay!" Unterstützt wurde dieser Vorschlag mit einem „Wuff!" von Jim.

Das Hunderudel war angenehm überrascht von dem neuerlichen Ausflug. Stöckchen werfend tauschten Pia und Timmi ihre Hoffnungen und Befürchtungen aus, die Bewegung tat ihnen gut. Sie machten noch einen Abstecher zu den Pferden, da

Gaukler aber offensichtlich Angst vor den neugierigen Hunden hatte, gingen sie wieder.

Als sie zum Haus zurückkehrten, waren Tante Marion und Helga verschwunden. Sie durchsuchten das ganze Haus, selbst den Dachboden, aber die beiden waren nicht da! Komisch, Helga hinterließ Pia normalerweise immer eine Nachricht und jetzt, kurz vor dem großen Besuch, hatte sie sich samt Tante Marion aus dem Staub gemacht. Sie hatte sogar ihr Handy auf dem Wohnzimmertisch liegen lassen! Erst war Pia irritiert, kurze Zeit später machte sie sich Sorgen. Timmi versuchte sie aufzumuntern, bestimmt seien die beiden auch zu einem Spaziergang raus. Sein Versuch war nett, wie Pia ihm versicherte, jedoch ohne den gewünschten Erfolg. Zu allem Übel klingelte nun noch das Handy ihrer Mutter, Pia ging ran. Es war Brigitte, sie sagte, dass die Aktivisten in fünf Minuten ankommen würden! Pia fing an zu verzweifeln, das konnte doch nicht wahr sein. Rastlos rannte sie im Kreis, was sollte sie tun? Timmi war ebenfalls hilflos, am liebsten hätte er laut gelacht, die Situation war ganz schön absurd.

Da ging die Haustür auf und die beiden Frauen kamen nichtsahnend ins Wohnzimmer. Pia machte ihrer Mutter wilde Vorwürfe. Doch Helga und Tante Marion hatten eine sehr gute Erklärung: In der Hektik des Tages hatten sie vergessen, im Stall provisorisch Platz für einige Kaninchen zu schaffen, daher hatten sie kurzerhand einigen Krempel ins Freie geschafft, damit die Kaninchen zumindest vorübergehend untergebracht werden konnten. Es schellte, der Besuch hatte den Hof gefunden. Ein lebhaftes Durcheinander erfasste das kleine Häuschen:

Fünf Hunde begrüßten knapp zwanzig ihnen zumeist fremde Menschen in ihrem Revier. Während Helga und Pia versuchten, das Hunderudel ruhig zu stellen, kochten Timmi und seine Tante einige Liter Kaffee. Nach einer chaotischen halben Stunde drängten sich alle in das kleine Wohnzimmer.

Brigitte übernahm als Aktionsleiterin auch die Moderation der Vorbesprechung. In die Vorstellung wurde auch das Fernsehteam mit einbezogen, das kurz erklärte, für welche Sendung sie einen Bericht produzierten. Da es für alle Aktivisten selbstverständlich war, dass Aktionen auch der Öffentlichkeit gut präsentiert wurden, begrüßten sie das Kamerateam.

Die Zeit drängte, daher begann Brigitte die Vorbesprechung. Zur Einstimmung zeigte sie eine gekürzte Fassung des Films, den sie am Vorabend bereits gezeigt hatte. Diesmal löste der Film zwar auch Betroffenheit aus, aber auch eine deutliche Entschlossenheit bei den Aktivisten. Die Fragen, die anschließend gestellt wurden, bezogen sich nur auf den Ablauf der Aktion: Gab es in der Anlage nachts Licht, waren Wachhunde auf dem Gelände und dergleichen mehr. Dann ging es um den Ablauf der kommenden Nacht.

Timmi hörte aufmerksam zu, ihn verwunderte die Disziplin der Leute: Obwohl es wirklich eng war, sagte außer Brigitte keiner einen Ton. Er sah sich die bunte Aktivistenschar genauer an: die eine Hälfte Männlein, die andere Weiblein, alle etwa zwischen zwanzig und fünfzig Jahre alt, bis auf einen älteren, sehr sportlich wirkenden Herrn, der schon eher an die siebzig Jahre alt schien und dennoch einen sehr fitten Eindruck machte. Timmi überlegte, was all die Leute wohl sonst so machen, wenn sie nicht gerade irgendwelche Tiere befreien? Aber das konnte man ihnen wirklich nicht ansehen, zumal sie sich auf einen bestimmten Kleidungsstil geeinigt hatten: Dunkle Farben und eine Mischung aus robusten Armee- oder Trekkingsachen, die Anzahl der Taschen schien ebenfalls ausschlaggebend zu sein. Schwarze Turnschuhe, am besten knöchelhoch aus Goretex, schienen für ein Aktivisten-Dasein unverzichtbar. Eine weitere Gemeinsamkeit war die Sportlichkeit: Alle sahen aus, als könnten sie das „Goldene Sportabzeichen" aus dem Stand heraus erreichen, aber auch hier gab es zwei Ausnahmen: Zwei von den älteren Herrschaften hatten einen Körperumfang, der entschieden nicht mehr sportlich war, ob die wohl gleich auch durch den Wald wandern würden?

Timmi versuchte wieder der Aktionsvorbereitung zu folgen. Brigitte teilte die Leute entsprechend der Fahrzeuge in Teams ein. Timmi fragte sich, ob die wohl die ganzen Fahrzeuge vor der Anlage parken würden oder wie das funktionieren könnte. Aber auch das erklärte sie genau: Die Fahrer würden die Teams in der Nähe der Anlage absetzen und dann etwas weiter entfernt warten.

Ein Fahrzeug war für die Wachposten reserviert, Brigitte teilte einen weiteren Wachposten ein, da die Anlage auch über einen Feldweg von der anderen Seite erreicht werden konnte. Um unliebsamen Überraschungen vorzubeugen, wurde auch dieser Zugang abgesichert. Die Posten Pia draußen und Timmi drinnen blieben unverändert.

Ein Fahrzeug war ausschließlich für die Kaninchen bestimmt, ein Bekannter von Brigitte hatte ihr einen Umzugswagen geliehen. In diesem Kastenwagen befanden sich fünfzehn große Transportkisten, sodass 45 Kaninchen befreit werden konnten, für die kurze Zeit würden drei in eine Box passen. Brigittes Mann holte eine Kiste aus dem Auto, in der einige Funkgeräte waren. Pia, Timmi und der junge Mann, der Wachposten Nummer Drei war, bekamen je eins ausgehändigt und erklärt. Brigitte ermahnte besonders Pia und Timmi, nur die abgesprochenen Funkzeichen zu benutzen: Zweimal lang, falls alles ruhig war, ganz oft kurz hintereinander, falls etwas anderes passieren sollte, zum Beispiel ein sich näherndes Auto, Sprechen wirklich nur im absoluten Ausnahmefall. Den schien es für Brigitte jedoch nicht zu geben, sie nannte hierfür kein Beispiel. Des Weiteren verfügten die Funkgeräte über einen Ohrstecker, eine Art Kopfhörer, sodass die Signale keine auffälligen Geräusche verursachten. Zusätzlich bekamen die beiden Außenposten Nachtsichtgeräte ausgehändigt und erklärt. Pia kam sich vor wie im Technikunterricht in der Schule.

Die Aufnahmen von der Befreiung in der Anlage würde Heiko, unterstützt von einem Freund, machen. Da ergänzte der Kameramann des Fernsehteams, dass sie ausnahmsweise auch mit in die Anlage gehen würden. Normalerweise würden sie das nicht machen, aber diesmal vertrauten sie darauf, dass alles gut gehen würde, und die Bilder könnten sie wirklich gebrauchen. Die Aktivisten nickten anerkennend, in der Regel trauten sich die Fernsehleute so was nicht.

Dann rief Brigitte die beiden Außenwachposten zu sich, um anhand der Karte zu erklären, von wo eventuell ungebetene Gäste kommen könnten. Sie gab ihnen auch jeweils eine Kopie der Karte, für den Fall, dass sie doch mal flüchten müssten. So könnten sie sich anhand der Karte orientieren. Pia sah sich um, ihre Mutter war gerade in einem Gespräch mit einem der Fernsehleute, sie hatte diese Möglichkeit glücklicherweise nicht gehört!

Brigitte ermahnte alle Beteiligten mit Sorgfalt zu arbeiten, schließlich sollte kein Kaninchen ausbüxen. Sie kündigte an, dass sie nun noch ein kurzes Vorab-Interview geben würde, bevor es endlich losgehen würde.

„Halt!", rief der Mann von Brigitte in die Runde: „Eine Sache hat sie noch vergessen! Heute haben wir unsere Jacken die ganze Zeit an, also bereits, wenn wir aus den Autos steigen und in die Anlage reingehen. Sollte uns jemand wider Erwarten sehen, fallen wir eh auf, dann kommt es auf die Jacken auch nicht mehr an." Er lachte kurz und erklärte dann: „Aber die Bilder werden um Längen besser, okay?" Er deutete auf einen Umzugskarton, aus dem Windjacken quollen: „Jeder, der gleich rausgeht, nimmt sich bitte eine mit!"

Der offizielle Teil der Vorbesprechung war beendet und nun wurde die Gruppe lauter und lebendiger. Richtig anstrengend wurde die nächste Viertelstunde allerdings für die Toilette, so entschlossen und erfahren die Aktivisten auch waren, letzten Endes waren sie alle nur Menschen …

Eine lange Nacht

Nach und nach verließen die Aktivisten das Haus und standen bei den Autos. Einer der beiden stämmigen Herren rief alle Fahrer zu sich. Er erklärte kurz die Route und verteilte Kopien mit der exakten Wegbeschreibung, sodass eigentlich keiner verloren gehen konnte. Erstaunt bemerkte Timmi, dass einige Aktivisten rauchten. Er selber fand Zigarettenqualm abstoßend, andererseits war es ein sicheres Indiz, dass es sich bei den Aktivisten doch um ganz normale Menschen handelte.

Brigitte stand mit einigen Leuten zusammen, sie überlegten, den dritten Wachposten abzusetzen, bevor der Aktivisten-Tross zu der Anlage gehen würde. So könnten Überraschungen vermieden werden. Da ein Fahrzeug für die Späher vorgesehen war, beschlossen sie, die Wachposten vorab zu positionieren, das würde den Neulingen und auch dem Fernsehteam zumindest ein wenig mehr Sicherheit geben.

Der Fahrer dieses Fahrzeuges war der andere gemütlich wirkende Mann. Er sammelte Pia, Timmi und den dritten Wachposten, der sich als Björn vorstellte, ein. Sie verabschiedeten sich von dem restlichen Trupp, Brigitte scheuchte sie fort, es war bereits spät.

Bei Pia und Timmi stieg die Nervosität mit einem Schlag, doch Björn schaffte es geschickt, mit ihnen über die bevorstehende Nacht zu reden und ihnen gleichzeitig etwas von der Aufregung zu nehmen. „Wisst ihr, die Aufregung ist ganz normal. Ich mache solche Aktionen seit einigen Jahren, aber ein bisschen Aufregung gehört einfach dazu. Ist doch logisch, normalerweise gehe ich um diese Uhrzeit ins Bett, stattdessen schlage ich mir eine Nacht um die Ohren, von der ich nicht weiß, was sie bringt. Ist doch klar, dass mein Körper da Dinge ausschüttet, die mich aufgeregt machen. Das sorgt auch dafür, dass man nicht müde wird, oder seid ihr etwa müde?", fragte er die beiden Teens. „Jaja, das erste Mal ist immer das schwerste!", brummte der Fahrer in seinen Bart. Er wandte sich an Björn: „Pass auf, ich setz dich zuerst ab. Kennst du den Weg, weißt du, wo du am besten stehst? Oder soll ich hier noch mal anhalten, damit du einen Blick auf die Karte werfen kannst?" Björn schüttelte den Kopf: „Danke, nicht nötig. Ich war letztens dabei, als wir uns die Umgebung tagsüber angesehen haben." Der Fahrer schien kein begeisterter Redner zu sein, er brummte nur und nickte kaum wahrnehmbar.

Sie fuhren noch ein Stück durch die verlassene Gegend, es war ihnen seit der Abfahrt bei Helga kein einziges Auto begegnet, wenig später hielt der Wagen in der Wildnis: „So, dann mal viel Vergnügen da draußen!", brummte der Fahrer. „Ja, danke und euch alles Gute. Ihr sagt ja Bescheid, wenn es losgeht!?" Pia und Timmi nickten fast synchron.

Sie fuhren weiter und der Fahrer nahm sein Handy. Die anderen könnten nun losfahren, Nummer Drei sei jetzt auf dem Posten, brummte er in das Gerät. Timmi fragte sich, ob irgendjemand das Gebrummel verstanden hatte.

Zehn Minuten später steuerte der Fahrer eine Art Parkplatz an und ein Autokorso kam hinzu. Offensichtlich konnte jemand das Gebrummel des Fahrers deuten. So zuckelte die Karawane durch die sternenklare Nacht. Wenig später stoppten sie. Von Björn kam das vereinbarte Zeichen: Bei ihm war alles ruhig. Brigittes Mann sprang in den Umzugswagen und reichte die großen Transportkisten heraus. Jeder, der eine Kiste nahm, verschwand anschließend schnell in dem Waldweg. Die anderen Autos waren bereits losgefahren, auch der LKW fuhr nun ab. Timmi war baff, das Entladen hatte kaum länger als eine Minute gedauert. Der Aktivisten-Tross marschierte in den Wald, nach wenigen Metern stoppte Brigitte und sagte: „So, Pia hier in etwa suchst du dir jetzt ein lauschiges Plätzchen. Du solltest ja auch die Straße noch erkennen können!" Helga nahm ihre Tochter kurz in den Arm: „Alles Gute, meine Große!" Beide kicherten leise. Der Tross zog weiter, bald hörte Pia die Schritte von ihnen nicht mehr.

Sie sah sich um, die Sterne funkelten und der Mond schien hell, es war fast Vollmond. Ein Windstoß bewegte die Baumkronen, die Bäume schienen zu ächzen und die Bewegungen der Äste ergaben ein schauriges Schattenspiel. In dem bläulichen Mondlicht entdeckte sie einen Ameisenhaufen, der einige Meter vom Waldweg entfernt stand. Direkt daneben bewegte sich was! Sie sah genauer hin, es war ein kleines Gebüsch, das von einer Windböe bewegt wurde. Alles in allem ein scheinbar sicheres Versteck, schließlich wollte sie nicht die halbe Nacht mitten auf dem Waldweg verbringen, zumal das Licht des Vollmondes sehr hell war. Ganz vorsichtig bahnte sich Pia durch das Unterholz in die Richtung des schützenden Hügels. Obwohl sie wirklich leicht war und nahezu auf Zehenspitzen schlich, knackten einige Ästchen unter ihr. Unter normalen Umständen hätte sie diese Geräusche kaum wahrgenommen, jetzt aber erschien ihr der Lärm infernalisch. Sie war sicher, der Krach würde im nächsten Dorf die Bauern wecken. Auf halber Strecke verharrte sie regungslos und lauschte angestrengt. Doch sie hörte lediglich ihr Blut in ihren Ohren rauschen. Ihr fiel ein, dass sie dringend die erste Meldung machen müsste. Sie stöpselte den Ohrstecker ein und wollte schon die Morsetaste drücken, da fiel ihr der Code nicht mehr ein. Aus ihrem Funkgerät kamen zwei lang gezogene Töne, das beruhigende Signal, welches sie sogleich beantwortete. Es half alles nichts, sie musste weiter zu dem Ameisenhügel und dem Gebüsch. Sie lief eilig die wenigen Schritte und ignorierte die knackenden Äste. Geschafft. Sie hockte sich nieder und lauschte wieder angestrengt.

Timmi stand ähnlich unter Strom, allerdings war er nicht mutterseelenallein im Wald, sondern lief mit knapp zwanzig Leuten sehr eilig einen finsteren Waldweg entlang. Dieser machte zwar einen Bogen nach links und später einen nach rechts, aber enden wollte er nicht. Mit der Einschätzung der Sportlichkeit der Leute hatte er richtig gelegen. Brigitte, die vorneweg lief, stoppte ab. Stimmte etwas nicht? Nein, sie hatten endlich ihr Ziel erreicht, eine kleine, längliche Halle, neben der eine kleine Holzhütte stand. Die Halle befand sich direkt am Waldesrand, hinter ihr konnte Timmi Äcker und Wiesen erkennen. Der Weg selber endete in der Tat an der Anlage, nur ein kleiner Trampelpfad führte weiter auf die Felder. Irgendwo am Ende dieses Pfades musste Björn stehen, die waren ja echt sehr vorsichtig, wer sollte bitteschön mitten in der Nacht hier entlangkommen? Das Okay-Signal tönte zweimal in seinem Ohrstöpsel, wurde bestätigt und auch er drückte als Antwort zweimal die Morsetaste. Brigitte sah ihn an: „Alles okay?", flüsterte sie. Timmi nickte nur. Brigitte sagte auch nichts, sondern öffnete die Tür der Halle, die zu Timmis großem Erstaunen tatsächlich unverschlossen war. Einer nach dem anderen schlüpfte in die Halle, Timmi ging als einer der Letzten, der Mann von Brigitte kam hinter ihm und schloss die Tür.

Pia machte es sich derweil bequem, ihre Mutter hatte ihr dankenswerterweise ein Deckchen aus wasserabweisendem Stoff in die Jackentasche gesteckt. Sie hatte eine kleine Mulde entdeckt, die mit der Decke fast zu einem kleinen Natursessel wurde. Sie hoffte nur inständig, dass dies keine bewohnte Tierhöhle war, in den Allerwertesten gebissen zu werden, fehlte ihr noch. Irgendwo in der Nähe rief ein Käuzchen und bekam Antwort von einer Taube, die auch viel lauter als tagsüber klang. Ob die Tiere immer nachts lauter riefen als tagsüber? Ansonsten war alles ruhig, auch ihr Puls hatte sich wieder normalisiert.

In der Halle brannte schummriges Licht und die Luft war stickig. Ohne großartige Absprachen waren die Teams in den drei langen Gängen mit je einer Transportbox verschwunden. Die restlichen Boxen hatten sie im Eingangsbereich der Halle abgestellt. Timmi sah sich die Tiere in den engen Drahtkäfigen an. Wenige Kaninchen blickten ihn an, die meisten hockten apathisch auf- und nebeneinander. Von draußen kamen wieder die Okay-Signale, Timmi dachte kurz an Björn und Pia, die sich bestimmt fürchterlich langweilen mussten.

Bei Björn traf das zu: Er hatte es sich auf einem kleinen Jagdstand bequem gemacht, von wo aus er einen perfekten Überblick hatte. Bei Pia sah es etwas anders aus: Kaum hatte sich ihr Puls wieder normalisiert, da schnellte er wieder in die Höhe: Ein Auto näherte sich! Sie blickte an dem Ameisenhügel vorbei und sah schon den Lichtkegel der Scheinwerfer auf der Landstraße. Wenn das der Besitzer war?! Sie überlegte noch, ob dies ein Fall für ein Warnsignal sein könnte, da brauste der Wagen schon mit extrem hoher Geschwindigkeit vorbei. Sie kuschelte sich erleichtert wieder in ihre Mulde. In der anderen Jackentasche hatte sie etliche Bonbons, die ihre Mutter ihr ebenfalls zugesteckt hatte. Das musste man ihr lassen: Sie wusste genau, was in einer solchen Nacht wichtig war!

In der Halle herrschte geschäftiges Treiben, immer wieder wurden Boxen mit Kaninchen gegen leere getauscht. Etwa die Hälfte der Boxen war bereits gefüllt, Brigitte kam gerade wieder mit einer gefüllten Box an. Sie sah glücklich aus und lächelte Timmi an: „Alles klar?" „Ja, ihr habt ja schon über die Hälfte, kann ich das eben durchgeben, damit die Bescheid wissen?", fragte er zurück. „Ja, aber nur das!", wisperte sie ihm zu und verschwand mit der nächsten leeren Transportbox. „Hallo, hallo!", raunzte Timmi in sein Funkgerät. „Wir haben schon über die Hälfte, ihr müsst also nicht mehr lange warten!" Zur Bestätigung kam das Okay-Signal.

Pia hockte in ihrer Mulde, ihr Herz hatte einen kleinen Sprung gemacht, denn sie hatte sich noch nie so gefreut, Timmis Stimme zu hören. Am liebsten hätte sie eine Antwort zurück geflüstert, drückte dann aber wie vereinbart zweimal die Morsetaste. Sie wollte sich gerade gedanklich ein bisschen mit dem Besitzer der Stimme befassen, da hörte sie wieder ein Auto. Es schien langsamer zu fahren, viel langsamer als das erste! Es schlich förmlich die Straße entlang, was sollte das denn? Mit gemächlichem Tempo fuhr das Auto vorbei, als Pia ganz vorsichtig um den Hügel linste, erschrak sie: Es war ein Polizeiauto! Sofort zog sie sich in ihre Mulde zurück, damit sie nicht gesehen werden konnte. Ihr Herz raste und ihr Puls überschlug sich fast. Der Wagen fuhr weiter, bald konnte sie ihn nicht mehr hören, da piepsten wieder die Okay-Signale. Was sollte sie antworten? Das Polizeiauto war vorbeigefahren, es bestand also keine Gefahr mehr, oder? Immerhin könnten die wenden und doch noch einmal kommen. Sie überlegte, was sie tun sollte. Wieder piepste es, die anderen schienen auf ihre Bestätigung zu warten. Na gut, der Wagen war weg, also drückte sie routiniert die Morsetaste. Sie versuchte sich zu entspannen, was ihr ganz langsam gelang.

Da Timmi nichts zu tun hatte, bückte er sich zu den aufgeregten Kaninchen in den Transportboxen hinunter. Er hätte sich genauso gut in der Halle umsehen können, aber die Atmosphäre bedrückte ihn. So sprach er den Kaninchen in den Boxen Mut zu und ein Stückchen damit auch sich selbst. Das Fernsehteam entdeckte ihn dabei, ihnen gefiel die Szene und sie nahmen einige Sekunden lang auf, wie der Junge den Tieren gut zuredete.

Pia atmete tief durch, das mentale Training ihrer Torwarttrainerin machte sich auch in dieser Situation nützlich. Sie entspannte sich gerade mit einem weiteren Bonbon, als sie wieder Motorengeräusche hörte. Allmählich wunderte sie sich: War die Nacht nicht zum Schlafen da? Sie blieb einigermaßen ruhig, denn das aktuelle Geräusch klang anders als der Streifenwagen eben, es röhrte mehr. Hinzu fuhr der Wagen zügig, bis er plötzlich abrupt stoppte! Jetzt pochte ihr Herz doch wieder arg. Sie spähte vorsichtig um den Ameisenhügel herum und sah, wie ein Sportwagen langsam ein kleines Stück in den Waldweg hinein rollte! Oh, Gott! Pia beobachtete nervös, wie der Wagen nach etwa zehn Metern anhielt und den Motor ausmachte. So hörte sie nur noch die Musik, die ziemlich laut aufgedreht war. In dem Fahrzeug ging das Licht an, sie sah eine Frau und einen Mann, die sich küssten! Nein, das nicht auch noch! Pia sah auf ihre Uhr: Sie zeigte fast drei Uhr. Hatten die beiden kein Zuhause? Sie linste wieder zu dem Sportwagen, das Pärchen hatte es offensichtlich eilig, sie zogen sich küssend aus! Plötzlich hörte sie Timmis Stimme: „Die letzte Box wird gerade gefüllt, in zwei Minuten kommen wir raus!" Björn morste zweimal. Pia linste wieder zu dem Auto: Die beiden waren schwer beschäftigt, aber zwanzig Leute mit großen Kisten würden wahrscheinlich doch auffallen! Immerhin dröhnte die Musik so laut, dass sie flüsternd antworten konnte: „Hier ist gerade schlecht. Direkt vor mir steht ein Auto und darin treibt es gerade ein Pärchen!" Björn antwortete prompt: „Hey, hey!" Auch Timmi: „Ähm, mach jetzt keine Witze, Pia!" Sie lugte wieder um den Hügel herum: Die beiden waren, nun ja, zugange! „Kein Scherz, Timmi! Die stehen hier und poppen!" Wenig später hörte sie die Stimme von Brigitte: „Bei dir ist irgendwas?" Pia wiederholte wispernd das bereits Gesagte. „Na, super! Wie lange brauchen die wohl? Wir wollten eigentlich jetzt los!" Pia flüsterte, dass sie es nicht vorhersehen könne. Brigitte antwortete, sie würden einige Minuten abwarten und dann entscheiden. Brigitte und Helga diskutierten flüsternd, aber heftig, was nun zu tun sei. Noch ohne konkretes Ergebnis funkten sie Pia wieder an: „Und wie sieht es aus?" Pia flüsterte zurück: „Glaubst du etwa, ich sehe mir das an? So wie eben. Der Wagen steht mit Licht an auf dem Weg und das Pärchen amüsiert sich." „Kommst du unbemerkt weg?" Pia linste noch einmal hinüber und sagte dann: „Glaube ich nicht. Die sind keine fünfzehn Meter entfernt, wenn ich jetzt aufstehe und gehe, werden die das wahrscheinlich merken!" „Okay, wir überlegen noch mal, over!"

Pia setzte sich wieder in die Mulde, sie konnte sich nicht vorstellen, dass die beiden im Auto irgendetwas mitbekamen, so versteckt fühlte sie sich trotzdem sicherer. Sie überdachte ihre Situation, die irgendwie zum Schreien komisch war. Sie hockte mitten in der Nacht irgendwo in einem Wald und vor ihrer Nase …! Sie grinste kurz, zwang sich nicht zu lachen. Andererseits war das wirklich nicht witzig, so wie es aussah, würde sie wohl oder übel warten müssen, bis die beiden wieder abhauten. Nur, wie lange konnte das dauern? Zehn Minuten, eine Stunde oder doch bis zum Sonnenaufgang?

Auch in der Anlage war die Unsicherheit groß. Die Aktivisten hatten alle Transportkisten voll, eigentlich konnten sie jetzt gehen. Tante Marion sprach leise mit Brigitte und Helga. Helga wollte auf der Stelle zu ihrer Tochter. Die anderen beiden versuchten sie zu beruhigen und davon abzubringen, denn es würde niemandem etwas bringen, außer dass die gesamte Aktion gefährdet würde. Brigitte und auch Tante Marion waren überzeugt, dass das Pärchen kurz nach ihrem Vergnügen, also sicherlich bald, das Weite suchen würde. Bis dahin, so Brigitte, wäre es das Beste, wenn sie über den Trampelpfad zu der anderen Landstraße gehen würden. Bis dahin würde das Paar wieder weiterfahren und sie könnten Pia einfangen. Von dieser Idee hielt Helga gar nichts. Ihre Tochter weiter alleine im Wald lassen, während diese Perversen ihre Triebe auslebten? Auf keinen Fall! Tante Marion versuchte erneut, Helga davon zu überzeugen, dass sie die gesamte Aktion sprengen würde, wenn sie jetzt zu Pia gehen würde! Brigitte wiederholte dieselben Bedenken, ihr war auch nicht wohl bei der Vorstellung, aber wenn sie die Kaninchen wie geplant befreien wollten, blieb ihnen keine andere Möglichkeit! Zähneknirschend stimmte Helga zu, schließlich wollte ihre Tochter unbedingt mitkommen, das hatte sie nun davon!

Pia sah auf ihre Uhr: Das verflixte Pärchen war noch keine Viertelstunde da! Kopfschüttelnd griff sie nach einem weiteren Bonbon, als ihre Mutter per Funk fragte, ob es in Ordnung sei, erst mal die Tiere wegzuschaffen. Pia hatte sich bereits mit diesem Schicksal abgefunden und flüsterte zurück, dass sie es wahrscheinlich überleben würde.

Brigitte sagte Björn per Funk Bescheid, dass sie zu ihm kommen würden. Er antwortete, dass bei ihm alles ruhig sei. Sie verließen zügig die Halle. Brigitte schloss die Tür und setzte sich an die Spitze des Aktivistenzuges. Sie schüttelte den Kopf, so etwas hatte sie in all den Jahren noch nicht erlebt! Und ausgerechnet das wohlbehütete Töchterchen von Helga hatte jetzt das fragwürdige Vergnügen. Gleichzeitig war sie froh, vorsorglich Björn auf diesen Wachposten gesetzt zu haben, so hatten sie einen weiteren Weg zur Verfügung.

Die Karawane zog langsam über die Felder, der schmale Trampelpfad war holprig, immerhin schien der Mond hell. Trotzdem war es kein Vergnügen mit den beladenen Transportboxen, die über anderthalb Kilometer lange Strecke zu gehen. Auch nagten Ungewissheit und Schuldbewusstsein nicht nur an Helga, sondern unterschwellig an allen Beteiligten. Zwischendurch sagten sie den Fahrern, dass diese bitte zum Punkt B kommen sollten. Als sie endlich Björn erreichten, war es Timmi wie eine halbe Ewigkeit vorgekommen, die Kaninchen waren wirklich schwer.

Auch Pia hatte den Eindruck, die Zeit würde nicht vergehen, langsam aber sicher schmolzen ihre Bonbonvorräte. Sie überlegte, wie sie sich verhalten könnte, wenn das verdammte Pärchen bis zum Sonnenaufgang bleiben würde. Sie hatte keine Idee und bald auch keine Bonbons mehr, zusätzlich kroch die Kälte langsam in ihr hoch. Endlich machte das Pärchen Anstalten, sich doch anzuziehen. Tatsächlich startete wenig später der röhrende Sportwagen und der Spuk war beendet! Unendlich erleichtert funkte sie Timmi an.

Sie stiegen gerade in die Fahrzeuge, als Pias erlösender Funkspruch kam. Helga, die seit geraumer Zeit ein Wechselbad der Gefühle nahm, sagte ihrer Tochter nun glücklich, dass sie in zehn Minuten abgeholt werden würde.

Pia hörte erneut Motorengeräusche, diesmal waren es mehrere, ein gutes Zeichen. Kurz darauf erhielt sie die Aufforderung, an die Straße zu kommen, das Warten hatte ein Ende. Im Wagen wurde erleichtert gelacht und gequatscht, aber die Krönung war der gebrummelte Kommentar des Fahrers, jetzt sei sie immerhin aufgeklärt!

Während sie auf der Heimfahrt ein Dorf durchquerten, sahen sie, wie eine Polizeistreife einen Sportwagen untersuchte, es war das Pärchen. „Das geschieht ihnen recht!", schnaubte Pia. Alle lachten, immerhin lenkte das Pärchen jetzt die neugierigen Beamten von ihnen ab, was im Gegensatz zum vorherigen Liebesspiel sehr hilfreich war.

Auf dem Hof von Helga luden sie schnell die Tiere ab. Zehn kamen in das provisorische Gehege im Stall, die übrigen wurden auf die anderen Kisten verteilt, so hatten sie zumindest ein bisschen mehr Platz, bis sie ihr neues Zuhause erreichen würden. Das Fernsehteam machte einige Aufnahmen, beschloss aber, die Kaninchen am Tag auf der grünen Wiese zu filmen, das wäre das passende Happy End ihrer Reportage.

Die Aktivisten tranken noch gemeinsam einen Kaffee, auf die Abschlussbesprechung verzichteten sie, denn es hatte von ihrer Seite aus alles bestens geklappt. Selbst ein liebeshungriges Pärchen hatten sie indirekt mit in ihre Planungen einbezogen, in dem sie einen zweiten Fluchtweg abgesichert hatten. Obwohl das Pärchen die Aktion um nahezu eine Stunde verlängert hatte und Pia in eine sehr unangenehme Situation gebracht hatte, konnten jetzt alle herzlich darüber lachen. Als die Aktivisten die Heimfahrt antraten, verkündete ein roter Streifen am Himmel bereits den Anbruch eines neuen Tages.

Der Tag danach

Einige Stunden später wurde Timmi von einer feuchten Hundenase sanft wachgeschubst. Es war halb elf, Timmi war absolut nicht einverstanden, als Jim, auf einen Wink von Tante Marion hin, ihm die Bettdecke wegzog. Sie lehnte grinsend im Türrahmen, sollte sich der Hund mal unbeliebt machen. Es war weniger böse Absicht, dass sie den Jungen schon jetzt weckte, sondern eher die Erfahrung, dass der Biorhythmus nach einer solchen Nacht besser mit zeitigem Aufstehen und frühem Zapfenstreich zurechtkommt, als anders herum.

Als Timmi mit halb geöffneten Augen in der Küche saß und drohte, vor seinem Kakao wieder einzuschlafen, jagte sie ihn einfach unter die kalte Dusche. Auch den anderen hatte sie bereits geholfen, die Augen zumindest halbwegs geöffnet zu bekommen.

Das Tagesprogramm sah allerdings auch nicht vor, bis in den Mittag zu schlafen. Zuerst kamen die Kaninchen an die Reihe, sie mussten untersucht werden, benötigten dringend eine andere Behausung und am Nachmittag sollten sie auch noch Fernsehstars werden. Helga hatte bereits die befreundete Tierärztin angerufen, sie hatte zugesagt, in der Mittagszeit vorbeizuschauen. Das Telefon schellte, es war das Fernsehteam, sie würden am Nachmittag kommen. Direkt darauf meldete sich Brigitte an, sie würde noch ein Interview geben, außerdem wollte sie die Kaninchen noch einmal sehen.
Sie ließen die Hunde vorsichtshalber im Garten zurück, als sie zum Stall aufbrachen. Jim hatte dafür besonders wenig Verständnis, Helga bestand jedoch darauf, dass die Kaninchen schon in der Nacht eine Überdosis Aufregung abbekommen

hatten. Hunde, die in ihnen entweder ein interessantes Spielzeug oder aber eine willkommene Speiseplanergänzung sahen, waren völlig überflüssig. Die Kaninchen hatten bereits einen anderen Fan: Felix saß aufmerksam vor dem provisorischen Gehege. „Na, das war klar!", meinte Helga und verscheuchte den neugierigen Kater. Fluchend verzog sich Felix nach draußen. Sie überlegten kurz, ob die Katzen den Kaninchen gefährlich werden könnten. Tante Marion sah sich die stattlichen Langohren an: „Nein, das glaube ich nicht. Felix wird sein blaues Wunder erleben, wenn er ihnen zu nahe kommt." Helga überlegte: „Wenn die Freigang bekommen sollen, haben wir jede Menge zu tun. Die haben zwar noch nie in ihrem Leben gebuddelt, aber ich nehme an, dass sie es trotzdem können. Das bedeutet, der Zaun des Außengeheges muss tief eingegraben werden." Aus einer Ecke holte sie einen Spaten und drückte ihn Timmi in die Hand: „Du bist doch sicherlich so lieb und beginnst damit, vielleicht löst dich ja auch irgendjemand ab!" Sie lächelte ihn zuckersüß an. „Jaja, emanzipiert seid ihr ja!", lachte Timmi. „Ich würde es ja selber machen, aber ich habe eine Idee, wie wir uns eventuell den Bau einer Schutzhütte ersparen können. Dazu muss ich allerdings eine Freundin anrufen, und wenn ich ganz viel Glück habe, auch besuchen." Sie verschwand, Pia und Tante Marion hingegen bewaffneten sich mit Hacke und Spaten: „Auf geht's! Durch Jammern ist noch kein Kaninchengehege entstanden!", munterte Tante Marion die beiden auf, die Wirkung der Dusche ließ offenbar schon wieder nach.

Helga rief eine gute Bekannte aus der Umgebung an, sie hatte Glück, diese war zuhause. Ohne Umschweife fragte Helga, ob ihre Bekannte immer noch die überdimensionale Hundehütte hatte, obwohl ihre beiden Bernhardiner schon länger tot waren. Wieder hatte Helga Glück: Die Hütte war noch da und sie könne sie zumindest vorübergehend bekommen. Prima, freute sich Helga und sagte, dass sie gleich vorbeikommen würde. Pfeifend schlenderte sie zu den Bauarbeiten, begutachtete den kleinen Graben und meinte: „Na, das macht ihr aber fein!" Sie bekam keine direkte Antwort, die Blicke der anderen machten allerdings Apfelmus aus ihr. Helga erklärte, dass sie nun schnell eine Hundehütte abholen würde. Die Blicke der anderen waren nun weniger mörderisch, eher fragend und skeptisch. Tante Marion schüttelte ihre Locken: „Du bist eine tolle Tierbefreierin! Käfige sind böse, aber zehn Kaninchen in eine Hundehütte stopfen – das ist toll?" Helga erklärte ihr grinsend, dass dies eine Spezialhütte für zwei ausgewachsene Bernhardiner sei, der Platz dürfte für die zehn Kaninchen mehr als ausreichend sein. Die anderen schaufelten während des gesamten Gespräches weiter und Helga zog von dannen, sie kam sich irgendwie blöd vor. Sie beschloss, auf dem Rückweg Kuchen zu kaufen.

„Eins muss man ihr lassen, wenn es drauf ankommt, ist sie weg!", lästerte Tante Marion kurz darauf. „Nun ja, eine Hütte hätten wir heute aber nicht mehr fertigbekommen", stellte Timmi fest, als das Ergebnis der bisherigen Bemühungen betrachtete. Schweigend buddelten sie weiter, allmählich nahm der Graben Gestalt an. Nach einer kurzen Verschnaufpause legten sie einen Endspurt ein, es war nicht das größte Freigehege, für den Anfang würde es aber reichen. Sie versenkten gerade die Zaunpfeiler, als Helga wieder zurückkam. „Wow!", staunte sie über die Fortschritte. Ehe sie wieder höhnische Kommentare erntete, holte sie den Kuchen aus ihrem Auto.

Sie saßen gerade im Schatten der Scheune, als die Tierärztin kam. Diese war einem Stück von dem Kuchen nicht abgeneigt. Während die anderen weiter an dem Zaun arbeiteten, ging Helga mit ihr zu den Kaninchen. Die Tierärztin holte einen großen Untersuchungskoffer aus ihrem Wagen und begann mit den Routineuntersuchungen der Tiere. Nach und nach hellte sich ihre skeptische Miene auf: „Die haben alle etwas Übergewicht, aber ansonsten scheinen sie recht gesund zu sein." Helga war zwar davon ausgegangen, dass die Kaninchen gesund waren, die Bestätigung tat trotzdem gut. Die Tierärztin überprüfte das letzte Tier, dann packte sie ihre große Tasche wieder zusammen. „Na, da hast du dir ja ausnahmsweise mal gesunde Tiere angelacht!", schmunzelte sie. Sie schauten noch kurz bei Gaukler vorbei, dem es zusehends besser ging. Während Helga ihn streichelte, schlich Felix um ihre Beine und brachte sie auf eine Idee: „Ach, und die Kätzchen kennst du auch noch nicht!"

Sie gingen wieder in die Scheune zu dem in der Ecke stehenden Anhänger, auf dem die Katzenfamilie döste. Helga erklärte ihrer vorwurfsvoll blickenden Freundin die Geschichte und dass sie bereits Plätze für den eigentlich unerwünschten Nachwuchs habe. Die Freundin, Tierärztin durch und durch, nahm sich, den Protest der Katzenmutter ignorierend, eines der Jungen. Sie streichelte es, schaute ihm in die Augen: „Na, der könnte im Gegensatz zu den Kaninchen aber noch etwas auf den Rippen vertragen." Sie setzte es wieder ab und griff sich den Nächsten, der Befund war derselbe: augenscheinlich gesund, aber etwas mager. Sie sah Helga an: „Ich glaube, du solltest ein bisschen zufüttern, vielleicht produziert die junge Katzenmutter einfach zu wenig Milch." Helga nickte gehorsam. Dann wollte ihre Freundin wieder los, denn es warteten noch einige Patienten auf sie.

Kaum stand der provisorische Zaun, luden sie die überdimensionale Hundehütte von dem Anhänger ab. Sie bestand aus wenigen großen Einzelteilen und ließ sich leicht aufbauen. Zum Abschluss der Bauarbeiten befestigten sie den Zaun noch an den Seitenwänden und überprüften das Gehege, die neue Freiheit der Kaninchen sollte schließlich nicht grenzenlos sein. Sie setzten gerade die letzten Kaninchen in das Freiluftgehege, als das Kamerateam anrückte. Nach kurzem Hallo besprachen sie kurz mit Helga, was sie noch filmen wollten und bereiteten alles vor. Sie wollten einige Szenen von den Kaninchen drehen und abschließend noch ein Kurzinterview mit Brigitte, die gleich hinzukommen würde.

Für die erste Szene stieg der Kameramann in das Gehege, argwöhnisch und neidisch beäugt von den Hunden, die zwischenzeitlich auch aus dem Haus geholt worden waren. Für eine interessantere Perspektive legte sich der Kameramann der Länge nach auf den Boden, was Pia irgendwie komisch fand, sie begann zu kichern. Kaum hatte sie sich beruhigt, kam Brigitte an. Erneut gab es ein großes Hallo, der Kameramann blickte genervt auf, auch er war nicht ausgeschlafen. Sie beschlossen, ihn alleine im Gras liegen zu lassen und besuchten die Katzenfamilie, die ihre Besucher freundlicher empfing. Nach einiger Zeit gesellte sich auch der Kameramann zu ihnen, er hatte endlich die gewünschten Aufnahmen und war zufrieden.

Für das Interview ließ sich Brigitte überreden, eines von den Kaninchen auf den Arm zu nehmen. Offenbar widerstrebte dies nicht nur ihr, das Langohr zappelte dermaßen auf ihrem Arm, dass an ein Interview nicht zu denken war. Sie setzte sich stattdessen zu den Kaninchen in das Gehege, was auch nett aussah, und gab das Interview. Kurz nach dem Interview verabschiedete sich das Fernsehteam, sie wollten den Bericht fertig schneiden. Brigitte blieb noch ein bisschen, später aßen sie gemeinsam zu Abend. Ein anstrengender Tag klang behaglich aus.

Eine angenehme Überraschung

Der nächste Morgen fing mit einem gemütlichen Frühstück an. Alle waren von den Aufregungen der letzten Zeit mitgenommen, da tat es gut, dass außer der erwarteten Ankunft von Timmis Eltern nichts auf dem Programm stand. Doch bei so vielen Tieren gibt es immer eine sinnvolle Beschäftigung. Ehe Helga einen Arbeitseinsatz koordinieren konnte, beschloss Tante Marion erst mal eine Runde mit dem Hunderudel zu wandern, danach ließe sich über alles reden. Timmi schloss sich sofort an, während Pia ihr heutiger Zahnarzttermin einfiel.

So gingen Tante Marion und Timmi mit den Hunden in den Wald. Während sie die Hunde beschäftigten, fragte Tante Marion: „Und, wie hat es dir hier gefallen?" Timmi antwortete spontan: „Toll! Ist zwar ein ganz anderes, irgendwie aufregenderes Leben als bei uns daheim, aber ich fand die Zeit hier viel zu kurz." „Nun, so viel Trubel ist auch nicht ständig, es passiert auch mal fast eine ganze Woche lang nichts!", lachte Tante Marion. „Darf ich dich mal was fragen?", Timmi klang etwas schüchtern. „Nur zu!", ermutigte sie ihn schmunzelnd. „Ich weiß nicht, wie ich es sagen soll …", begann er zaghaft. „Na, versuch es einfach, meinst du Pia?", wollte sie wissen. „Nein!", entgegnete Timmi etwas zu prompt. „Ich meine, würdest du dein Leben noch mal so leben, so mit den Tierrechten und so, also ich meine, das war doch bestimmt nicht immer alles leicht, falls du weißt, was ich meine?" Tante Marion überlegte lange, bevor sie antwortete: „Den größten Teil würde ich zumindest wieder ähnlich machen, gleich bestimmt nicht, immerhin kenne ich jetzt die Konsequenzen. Ein paar Sachen würde ich aber gewiss ganz anders machen oder aber ganz weg lassen, zum Beispiel würde ich mich nie wieder mit meiner Familie so verkrachen, bloß weil die meine Einstellung nicht hundertprozentig teilen. Also, dass ich meinen Eltern dermaßen weh getan habe und dann nie wieder Kontakt zu ihnen hatte, wir also meinen blöden Streit nicht mehr beigelegt haben, das verzeihe ich mir nie! Das macht mich echt fertig! Und ich habe keine Chance mehr, das irgendwie geradezubiegen …" Sie unterbrach sich und sie wanderten einige Zeit schweigend weiter. Nachdenklich sagte sie nach einigen Minuten: „Pass auf, dass du solch einen Fehler nie machst. Ansonsten würde ich sagen, dass ich mir es nie leicht gemacht habe. Aber ich habe noch nie meine Ideale verraten und das gibt mir einige Zufriedenheit. Ob ich mit dem ganzen Engagement etwas erreiche, frage ich mich selten, und selbst wenn das nicht der Fall sein sollte, dann habe ich es zumindest versucht. Man entwickelt sich aber auch weiter: Früher habe ich über Leute wie Helga gelacht, denn ich glaubte, man müsse die Welt verändern und sich nicht mit ein paar Einzelschicksalen aufhalten, während gleichzeitig überall Milliarden von Tieren gequält werden. Heute sehe ich die Sache anders, ich glaube, das ergänzt sich ganz gut. Im Krieg sagt auch niemand zu einem Verletzten: Ich muss noch eben den Krieg stoppen, dann verarzte ich dich! Unmenschlichkeit und Abstumpfung verändern die Welt bestimmt nicht zum Besseren. Oder aber die Sachen, die dein Vater macht: Mitgliedsbeiträge und Sommerfesteinnahmen des Tierschutzvereins zu verwalten, da hätte ich früher drüber gelacht, heute weiß ich, dass so etwas auch gemacht werden muss." Wieder schwiegen sie eine Weile, bis Timmi versuchte das Gespräch wieder zu beleben:

„Also, ich finde beides toll: Deine Abenteuergeschichten und das Leben von Helga." Tante Marion erwiderte: „So gegensätzlich ist das gar nicht, Helga war früher auch so eine Wilde wie ich, aber Pia und der Hof haben halt ihre Richtung beeinflusst. Manchmal bin ich sogar ein bisschen neidisch." Timmi blickte sie fragend an. „Na ja, ein bisschen. Aber das, was du Abenteuergeschichten nennst, das habe ich halt einfach erlebt. Hier erlebe ich nun, dass man nicht in den Urwald ziehen muss, um ein aufregendes Leben zu haben." Timmi dachte an die Erlebnisse der letzten Tage und stimmte ihr zu. Sie liefen weiter und Tante Marion sah Timmi von der Seite an: „Ich habe den Eindruck, du würdest am liebsten hier bleiben und von hier aus meinen Lebenslauf nachmachen, oder? Abgesehen davon, dass dies natürlich nicht geht, warne ich dich trotzdem: Auch hier gibt es die Schulpflicht und Pia ist auch nicht immer nur nett …" Timmi sah sie irritiert an: „Na ja.", ihm fiel auf, dass er an seiner Schlagfertigkeit noch arbeiten musste. Tante Marion lachte ihn an: „Aber ich kann dir ein ganz einfaches Rezept verraten, wie du an ein ähnliches Leben kommst." Timmi schien an ihren Lippen zu hängen und sie fuhr fort: „Also, versuche dir immer eine eigene Meinung zu bilden, wenn dir jemand etwas erzählt, frage dich immer, warum er dir das erzählt und ob das so ist oder ob er nur glaubt, dass es so sei. Wenn du eine Meinung hast, tu' sie kund und steh dazu. Stell dich auf die Seite der Schwächeren und lasse dich niemals einschüchtern! Folge meinen Ratschlägen und – Simsalabim: Dein Leben wird garantiert nicht langweilig." Timmi staunte: „Das ist alles?" Seine Tante nickte: „Mehr habe ich streng genommen auch nicht

Eine angenehme Überraschung

gemacht. Alles in meinem Leben hat sich genau aus diesem Prinzip ergeben. Ich habe lange darüber nachgedacht, als ich die Knubbel in meiner Brust gespürt habe, denn da ist mir klar geworden, dass ich nicht unendlich bin. Und da habe ich auf mein bisheriges Leben zurückgeblickt und überlegt, wie das alles so kam, wie es kam." Timmi wollte noch mehr fragen, aber sie waren bereits wieder beim Anwesen von Helga angekommen. Er ahnte aber, dass seine weiteren Fragen unbeantwortet bleiben würden, woher sollte seine Tante auch wissen, was seine persönliche Zukunft bringen würde, schließlich besaß sie weder eine Glaskugel, noch konnte sie zuverlässig die Sterne deuten … Nein, seine Zukunft lag einzig und allein in seinen eigenen Händen.

Helga traf die ersten Vorbereitungen für das Mittagessen und lud Timmi ein, sich zu beteiligen. Pia traf pünktlich zum Essen ein. Sie hatten gerade begonnen, da schellte es an der Tür. Die Hunde fanden den Zeitpunkt der Störung äußerst ungünstig, entsprechend laut bellend positionierten sie sich an der Haustür. „Na, das werden doch wohl nicht schon deine Eltern sein?", fragte Helga und ging zur Tür, nicht ohne das Rudel um Ruhe zu bitten – erfolglos. Es waren nicht Timmis Eltern, es war die junge Polizistin von der Dorfkirmes in Begleitung eines nur unwesentlich älteren Kollegen. Helga war arg überrascht und bat die Polizisten unsicher hinein, sie waren nicht etwa der Kaninchen wegen bei ihr? Die beiden Beamten bemerkten, Sherlock Holmes wäre stolz auf den Spürnasen-Nachwuchs gewesen, gleich, dass sie unpassend gekommen waren. Sie entschuldigten sich höflich und lehnten ebenso höflich das Angebot ab, sich ebenfalls zu stärken. Sie wollten sich auch nicht dazu setzen, Helgas Verunsicherung wuchs. Ohne Umschweife erklärte die junge Polizistin den Grund ihres unangemeldeten Erscheinens: Die Belegschaft ihrer Dienststelle hatte Geld zusammengelegt, für die Behandlungskosten des misshandelten Ponys, darüber hinaus wollten sie eine Patenschaft für Gaukler übernehmen! Ungläubig starrte Helga sie an, einen kurzen Moment herrschte Schweigen bis Tante Marion, wie so oft, zuerst die Sprache wieder fand: „Na, das ist doch mal eine tolle Überraschung!" Die Polizistin holte einen Scheck hervor und ein Begleitschreiben, dass alle Beamten der Wache unterschrieben hatten, als Privatperson, wie ein Nachsatz betonte. Freudig überrascht nahm Helga das Geschenk entgegen und bot an, dem Pony einen Besuch abzustatten. Dieses Angebot nahmen die beiden lachend an, denn sie wollten auch Fotos von dem neuen Maskottchen der Dienststelle machen. Die beiden jungen Polizisten waren begeistert, als sie Gaukler sahen, er sah dem halb toten Pony im Kirmeszelt sehr ähnlich, wirkte allerdings wie ausgewechselt. Der Besuch dauerte einige Zeit, schließlich präsentierte Helga ihnen nicht nur einen fröhlichen, genesenden Gaukler, sondern stolz den ganzen Hof. Die Polizisten waren beeindruckt und ließen sich zum Abschluss doch noch zu einem Kaffee überreden, den sie allerdings kaum austrinken konnten, da sie zu einem Einsatz gerufen wurden. Hastig, aber herzlich verabschiedeten sie sich.

Weitere Besucher

Kaum waren die Polizisten verschwunden, Helga hatte sich gerade wieder gesetzt, schellte es erneut. „Haben die etwas vergessen?", ulkte Pia. Abermals stürzten die Hunde lauthals bellend zur Tür, offenbar hatten sie heute keine Lust auf Besuch. Helga versuchte die Bande zu zähmen, öffnete die Tür und schaute Timmis Eltern ins Gesicht. „Huch?" Sie sagten nichts und gingen ins Wohnzimmer: „Also, die Polizisten sind ganz schön gealtert!", lachte Helga, ehe es ein großes Hallo gab. Nach einer ausgiebigen Vorstellungsrunde wurde die Kaffeetafel fortgesetzt. Jim schien instinktiv zu wissen, wer da gekommen war und präsentierte sich als absoluter Prinz Charming. Innerhalb kürzester Zeit hatte er die Mutter von Timmi, bekanntlich die größte Skeptikerin in Sachen „Hund", quasi um den Finger gewickelt. Sie kraulte den lebendigen Teddy und war, wie sie zu ihrem großen Erstaunen bemerkte, völlig hin und weg. „Na, Jim betätigt sich mal wieder als Herzensbrecher, was?", wurde sie von Tante Marion gefragt. „Ja, ja", lautete die verträumte Antwort, diese Knopfaugen, das weiche Zottelfell und das sanfte Wesen hatten sie absolut in Beschlag genommen. Das Gespräch der anderen bemerkte sie kaum, es plätscherte im Hintergrund vorbei. So verpasste sie auch die blumig ausgemalten Schilderungen über die Rettungsaktion von Gaukler. Der Name jedoch ließ sie aufhorchen: „Gaukler?" Sie erntete Spott und Gelächter als Antwort, bis ihr Mann Bernd erklärte: „Während du auf einer Traumreise warst, ist dir gerade entgangen, was unser Sohn in dieser kurzen Zeit so alles angestellt hat." Er lachte kurz, ehe er fortfuhr: „Unter anderem war er dabei, wie ein Kirmespony gerettet wurde, das jetzt den

Namen Gaukler trägt und bei Helga auf der Weide steht." Timmi ergänzte, immer noch beeindruckt von der Polizistin: „Und die Polizei hat sogar die Patenschaft für ihn übernommen!" Hilde bemerkte, wie Pia ihren Sohn ansah, ob der noch mehr angestellt hatte? Pia hingegen glaubte, in Timmis Augen bei der Erwähnung der jungen Polizistin einen gewissen Glanz zu entdecken, der ihr gar nicht gefiel. Tante Marions Gespür für Gefühle anderer meldete ihr das eine wie das andere, sie schmunzelte. Um die Situation zu entschärfen, schlug sie vor, Gaukler zu besuchen. Ihr Vorschlag kam gut an und so stand Gaukler bald im Mittelpunkt der Aufmerksamkeit. Das alte Pony wunderte sich, dass all die Menschen immer zu ihm kamen und keiner von ihnen je Anstalten machte, auf seinen Rücken zu steigen, was ihm eigentlich nur recht war.

Hilde war nicht nur von dem Hund an ihrer Seite, sondern auch von der Landschaft und dem Hof mit all den Tieren begeistert: „Also, wenn du gesagt hättest, dass du länger hier bleiben möchtest, könnte ich dich jetzt verstehen." Timmi legte seine Stirn in Falten: „Nun habe ich ja keine Wahl mehr, schließlich seid ihr jetzt hier, um Jim und mich abzuholen." Der Hund reagierte mit einem tiefen „Wuff!" auf seinen Namen. Sie tätschelte den Hund kurz: „Ja, du bist auch ganz toll!" Von dem Pony aus führte Helga ihre Gäste in Richtung Pony und Esel, eigentlich wollte sie die Kaninchen aussparen, denn sie wollte verhindern, dass sich irgendjemand verplappern würde. Doch das kleine Kaninchengehege mit der riesigen Hundehütte war unübersehbar. „Was ist das? Du hast ja auch normale Tiere", meinte Bernd als er die Langohren erblickte. „Was heißt hier

normale Tiere?", empörte sich Helga. „Na, mein Bruder hat
es halt eher mit Hund, Katze, Maus in seinem örtlichen Tierschutzverein zu tun", erinnerte sie Marion. „Ach ja, hatte ich
schon wieder vergessen, Entschuldigung." „Kein Problem. Sind
die auch neu bei dir?", fragte Bernd. „Äh – ja", antwortete Helga
ausweichend. Bernd wunderte sich über die spärliche Auskunft,
bei den anderen Tieren erzählten Helga und Marion immer
ausführlich, aus welch grausigen Umständen die Schützlinge
kamen. Es beschlich ihn eine Ahnung, die bestärkt wurde, als
Helga unverzüglich weitermarschierte. Er beschloss, Timmi
bei Gelegenheit unter vier Augen zu fragen, bestimmt bestand
zwischen den Augenringen seines Sohnes und den Kaninchen
ein Zusammenhang, auch die anderen sahen etwas übermüdet
aus … Er behielt diesen Verdacht aber für sich, seine Frau hatte
bereits skeptisch ausgesehen, als sie hörte, dass ihr Sohn bei
der Pony-Aktion mit von Partie gewesen ist. Obwohl – war die
Polizei vielleicht gar nicht wegen einer Patenschaft bei Helga
gewesen? Später bei dem Esel und der Ziege spielte seine Frau
etwas abseits mit Jim, so stellte er endlich die Frage. „Nein, die
waren nur wegen des Ponys hier, von den Kaninchen haben
die gar nichts mitbekommen", erklärte Marion. „Was vielleicht
auch ganz gut war, oder?", mutmaßte Bernd. „Sagen wir mal so,
die müssen nicht alles wissen", zwinkerte ihm seine Schwester schmunzelnd zu, auch Bernd musste grinsen, er hatte also
mit seinem Verdacht richtig gelegen. Marion wunderte sich
etwas, es schien ihrem Bruder gar nichts auszumachen, welche
Abenteuer Timmi hier erlebt hatte. Bernd dachte an den ersten
Besuch bei seiner Schwester vor einiger Zeit, da hatte Timmi noch

einen anderen Fan: „Was ist denn eigentlich mit der Katze, die Timmi so toll fand, ich komme gerade nicht auf den Namen?", erkundigte er sich. Marion lachte: „Oh, du meinst Felix, der war gar nicht faul, kommt mal mit!", sagte sie. So zog die Besuchergruppe in den Schuppen zur Familie Samtpfote. Etliche Ahs und Ohs später beschloss Felix, dass Besuch schön und gut ist, wenn er nicht gerade einen zu groß geratenen Hund im Schlepptau hat. Ehe es zu einer Rauferei zwischen einem stolzen Katzenfamilienoberhaupt und einem neugierigen Teddybären kommen konnte, nahm Timmi Jim nach draußen, gefolgt von Pia. „Na, deine Alten sind doch gar nicht so übel, ich habe mir die irgendwie spießiger vorgestellt", meinte sie. „Hm, eigentlich sind die auch ganz okay, aber trotzdem geben sie sich hier lockerer, als sie es zuhause sind." Pia zuckte mit den Schultern: „Weiß nicht, aber ich glaube, dein Vater weiß, woher die Kaninchen kommen, der hat eben mit Marion so komisch geflüstert." Timmi sah sie groß an: „Meinst du echt? Also, ich glaube, zumindest meine Mutter würde einen Monsterstress machen." Pia war sich nicht so sicher, da aber gerade die anderen hinzukamen, schwieg sie lieber. Die beiden standen relativ dicht beisammen, was besonders die Fantasie von Timmis Mutter beflügelte, sie verkniff sich nur mühsam einen Kommentar. Wieder am Haus angekommen, drückte Helga den gähnenden Eltern von Timmi Kaffeepötte in die Hand. Da sie möglichst viel in der Eifel sehen wollten, waren sie sehr früh aufgebrochen, was sich nun bemerkbar machte. „Ich würde vorschlagen, ihr macht mit den Hunden einen Spaziergang, während ich ein Abendessen zaubere", sagte sie, nachdem sie die Gäste mit einer Extraportion Koffein versorgt hatte. „Immerhin habt ihr sehr lange im Auto gesessen, es würde euch also nicht schaden und die Hunde brauchen auch Bewegung, die sind heute irgendwie unruhig." Mit diesem Zusatz versuchte Helga den Befehlston, der sich unabsichtlich in ihren Vorschlag geschlichen hatte, abzumildern, was ihr aber kaum gelang. „Zu Befehl, Chefin!", spottete Marion und zu den anderen: „Kommt, wir gehen lieber." So trollten alle, bis auf Helga, durch die umliegenden Wälder. Die auf eigenen Wunsch Verlassene konnte sich ihren Stimmungsumschwung nicht erklären. Während sie in der Küche wirbelte, dachte sie an den Bruder von Marion und kam über gedankliche Umwege doch zum Ziel: Er war nett, ja, aber ihr Problem mit ihm war ein anderes – sie würde sich von Jim trennen! Die Ankunft der Eltern verdeutlichte ihr schmerzhaft den bisher verdrängten Abschied von diesem tollen Hund! Sie lachte erleichtert auf, als ihr bewusst wurde, was ihren Gefühlshaushalt derart durcheinander gewirbelt hatte und fing an, sich selbst zu schelten. Ein Glück, dass sie die anderen vor die Tür gesetzt hatte! Einige Zeit später war für sie wieder alles im Lot, manchmal war die Vermittlung von Pflegetieren trotz der Freude über ein tolles neues Zuhause, das Jim zweifelsohne bekommen würde, schwer. Sie seufzte noch einmal, dann war das Kapitel für sie abgeschlossen. Als die anderen wieder zurückkamen, wurden sie von verheißungsvollen Gerüchen und einer scheinbar ausgewechselten Helga empfangen.

Sie wollten gerade mit dem Essen beginnen, als das Telefon schellte: Es waren die Fernsehleute, die den Sendetermin ihrer Reportage ankündigten – an diesem Abend! Helga überlegte, wie sie damit umgehen sollte, ließ sich dieses Mal aber nichts anmerken. Als später beschlossen wurde, den Abend mit einem Gesellschaftsspiel ausklingen zu lassen, stutzten nur Timmis Eltern über die vorauseilende Entschuldigung von Helga, sie wolle jedoch zwischendurch dringend fernsehen …

Pünktlich zum Beginn des Nachrichtenmagazins brüskierte sie Bernd und Hilde tatsächlich mit einer Spielunterbrechung und schaltete den Fernseher ein. Timmis Eltern hatten die Vorwarnung als Scherz aufgefasst. Nach einigen Minuten kam dann eine Reportage über eine groß angelegte Mastkaninchenbefreiung, was das Verhalten von Helga sehr verständlich machte. Der Bericht war relativ ausführlich und trotz des objektiven Stils weckte er Sympathien für die Aktion und die Tierschützer. Zu Marions großer Erleichterung hatte der Redakteur Wort gehalten, weder Timmi noch Pia waren in dem Bericht zu sehen, so fanden auch die Eltern von Timmi die Sache letztendlich gut. Helga war sehr zufrieden, denn der Bericht war wirklich gelungen, was sie allerdings wunderte, war die zustimmende Haltung von Hilde und Bernd, ähnlich ihrer Tochter hatte sie die beiden konservativer eingeschätzt, als sie in Wirklichkeit waren. Nachdem alle ihre Begeisterung zum Ausdruck gebracht hatten, wurde das Spiel fortgesetzt, danach löste sich die Runde langsam auf.

Später ...

„Tim, aufwachen!" Pia rüttelt sanft an seiner Schulter, der Traum verblasst allmählich. In der Grauzone zwischen Schlaf- und Wachzustand entscheidet er, die Welt könne sich auch ohne ihn weiterdrehen und bleibt reglos liegen. Erneut schubst ihn seine Frau vorsichtig und haucht ihm einen Kuss in seinen Nacken. „Timmi, aufstehen! Ich weiß, dass du wach bist, komm schon!", flötet sie in sein Ohr. Demonstrativ bleibt er weiter liegen, auch wenn er weiß, dass er Pia nichts vormachen kann. Als sie erneut zu einem Versuch ansetzt, kapituliert er. Wider-willig dreht er sich etwas und öffnet ansatzweise ein Auge. Bruno, eine Mischung aus Shetlandpony und Bernhardiner kommt in den Raum geschossen, hebt, wie Tim aus dem Au-genwinkel beobachtet, nur scheinbar in Zeitlupe ab und landet mit einem satten „Wuff!" auf ihm. Pia lacht laut auf, während ihr Mann, begraben unter 45 Kilo Hund, sich fragt, was in sei-nem Leben schief gelaufen war, dass er dies erdulden muss. Die Antwort kennt er nur zu gut, schließlich hatte er sie gerade als ziemlich realistischen Traum präsentiert bekommen.

Etwas später, er ist dem verlockenden Kaffeeduft erlegen, sitzt er in der Küche. „Na, was hast du Abenteuerliches erlebt, ich meine, du hast im Schlaf immer wieder gekichert."
„Habe ich? Nun, ich habe im Traum noch mal die gesamte Anfangsgeschichte zwischen uns, damals vor zwanzig Jahren bei Tante Marion, erlebt …", antwortet Tim noch schlaftrunken.
„Und die hübsche Polizistin, die meinem Timmi die Augen verdrehte, hatte natürlich eine Hauptrolle, oder?"
Er stöhnt auf, gegen seine Frau war ein Elefant ein vergessliches und großherziges Wesen. „Na, wer die Hauptrolle innehatte,

darfst du dir aussuchen", meint er Kaffee schlürfend.

Sie hatten sich damals bald aus den Augen verloren und waren sich etliche Jahre später zufällig an der Universität Hamburg wieder über den Weg gelaufen, dieses Mal ließen sie sich allerdings keine einzige Minute mehr aus den Augen, schließlich hatten sie keine Lust, weitere siebzehn Jahre auf einen erneuten Zufall zu warten …

Obwohl die Zeit weit zurücklag, haben die damaligen Erlebnisse sie geprägt, beide engagieren sich in einem großen Netzwerk für die Rechte nichtmenschlicher Lebewesen. In diesem Bereich hat sich sehr viel gebessert, mit teilweise befremdlichen Auswüchsen: So haben die USA den Schutz der nahezu ausgerotteten Wale für sich entdeckt, für den sie sich nun ebenso unbarmherzig einsetzen, wie sie wenige Jahre zuvor den Kampf um die letzten Ölreserven geführt hatten. Im Bereich der sogenannten Nahrungsmittelproduktion, also der landwirtschaftlichen Tierhaltung, sind viele Haltungsformen dank der europäischen Einigung in allen beteiligten Staaten rigoros verboten worden. Der Verzehr von toten Tieren gilt als unschicklich, der Konsum ist um 70 % gesunken. Allerdings werden die Tiere immer noch geschlachtet: Ihr Fleisch wird durch neue Techniken sehr lange haltbar gemacht und in die entlegensten Regionen der Welt verfrachtet. Die Wirtschaft profitiert so weiterhin und kann sich auch noch einen „humaneren" Anstrich geben, während die westeuropäische Bevölkerung ein gutes Gewissen hat, obwohl sich am Verwertungs- und Vermarktungsprozess nur Details geändert haben.

Doch der menschliche Egoismus und die daraus resultierende Rücksichtslosigkeit lassen die Aktivisten nicht ruhen. So war Tim, im normalen Leben Redakteur bei einem Nachrichtensender, in der vergangenen Nacht einem illegalen Schlachtermeister auf der Spur gewesen, der in einem Untergrundbetrieb Gänsestopfleberpasteten produziert. Die Abnehmer solcher fragwürdigen illegalen Delikatessen sollen Informanten zufolge im Umfeld ultrakonservativer Neu-Reicher zu finden sein, die den längst verstorbenen „British way of living" wieder aufleben lassen. Gerüchten zufolge würden sie ihre Frauen für eine gute Tasse Tee verkaufen. Diese eigentlich harmlosen Irren benötigen für ihren „Old English"-Kult neben Tee, Tabak und karierte Kleidung offensichtlich auch Produkte aus schierer Tierquälerei. Dieses Treiben konnten sie in der vergangenen Nacht dokumentieren, ein wichtiger Baustein in der geplanten Dokumentation über aktuelle Auswüchse der Tierquälerei. Tim kann manchmal, wie in diesem Fall, seine Passion mit seinem Beruf verbinden. Pia gelingt dies als Lehrerin seltener, obwohl sie mit der Fächerkombination aus Biologie, Philosophie und Deutsch in Nischen vordringen kann, die im offiziellen Lehrplan unberücksichtigt bleiben.

Zusätzlich engagieren sich beide in dem Trägerverein des örtlichen Tierheimes, in dem der Vater von Tim mittlerweile der Vorsitzende ist. Tim kümmert sich um die Öffentlichkeitsarbeit, Pia um die Nachwuchsarbeit. Allen Fortschritten zum Trotz ist auch die klassische Tierschutztätigkeit leider weiterhin dringend notwendig.

Tim wollte gerade, die zweite Tasse Kaffee beginnt soeben ihre belebende Wirkung zu entfalten, auf die Ereignisse der letzten Nacht eingehen, aber Pia interessiert sich mehr für seinen Traum. Dieser könnte sich, vermutet sie, anders und doch ähnlich wiederholen, schließlich sei die Tochter von Helgas Stiefschwester samt ihrem kleinen Sohn seit einiger Zeit vermutlich in Kanada, nachdem sie sich mit ihrer Familie überworfen hatte. Grund des Zerwürfnisses waren in diesem Fall weniger die Tiere, sondern der Schutz oder, wie sie es ausdrückte, die Rechte der Erde. Wenn auch vieles anders als bei Tante Marion schien, erkannte diese jene doch grundlegenden Parallelen und wer, wenn nicht sie, sollte dies beurteilen können? Zusätzlich würde Tim gleich von Pia losgeschickt werden, die gemeinsame Tochter vom Reitunterricht abzuholen … Er verwarf diesen Gedanken, der Altersunterschied ist definitiv zu groß und überhaupt. Abgesehen davon kann er das Gequatsche, die Erde sei ein Lebewesen und habe als solches Rechte, absolut nicht nachvollziehen. Er ist noch zu müde, um zu entdecken, dass er gravierende Ähnlichkeiten zu seinen Eltern aufweist, denkt Pia. Sie schmunzelt und lenkt das Gespräch nun auf den bevorstehenden Besuch bei den beiden alten Damen in der Eifel, wie sie ihre Mutter und Tante Marion liebevoll nannte. Sie leben immer noch auf dem alten Hof im Niemandsland und kümmern sich weiterhin aufopferungsvoll um diverse Not leidende Tiere. Seit der Geburt ihres Töchterchens vor einigen Jahren besuchen Pia und Tim die beiden regelmäßig monatlich. Nicht nur die Kleine, sondern auch Pia und Tim genießen die dortige Atmosphäre, es erscheint ihnen als wäre dort die Zeit stehen geblieben und die Besuche dort sind auch Ausflüge in ihre eigene Jugend.

Und wer weiß, vielleicht greift der Zauber dieses Ortes irgendwann auch in das Leben der nächsten Generation über …?

Tierschutz Verlag, Essen
Internet: tierschutzverlag.eu

Im Vertrieb von animal peace Tierhof e.V.